中國學術思想研究輯刊

二四編

林 慶 彰 主編

第2冊

先秦儒家仁政思想研究

張 傳 文 著

花木蘭文化出版社

國家圖書館出版品預行編目資料

先秦儒家仁政思想研究／張傳文 著 -- 初版 -- 新北市：花木蘭文化出版社，2016〔民 105〕
目 2+274 面；19×26 公分
（中國學術思想研究輯刊 二四編；第 2 冊）
ISBN 978-986-404-714-7（精裝）
1. 儒家 2. 先秦哲學
030.8 105013470

ISBN-978-986-404-714-7

中國學術思想研究輯刊
二四編 第 二 冊 ISBN：978-986-404-714-7

先秦儒家仁政思想研究

作　　者 張傳文
主　　編 林慶彰
總 編 輯 杜潔祥
副總編輯 楊嘉樂
編　　輯 許郁翎、王筑　美術編輯 陳逸婷
出　　版 花木蘭文化出版社
社　　長 高小娟
聯絡地址 235 新北市中和區中安街七二號十三樓
電話：02-2923-1455／傳眞：02-2923-1452
網　　址 http://www.huamulan.tw 信箱 hml 810518@gmail.com
印　　刷 普羅文化出版廣告事業
封面設計 劉開工作室
初　　版 2016 年 9 月
全書字數 241294 字
定　　價 二四編 11 冊（精裝）新台幣 20,000 元

先秦儒家仁政思想研究

張傳文 著

作者簡介

張傳文，男，1971 年生，安徽省肥東縣人。先後就讀於安徽師範大學、合肥工業大學、南京師範大學，獲法學博士學位。生於農家，成年後當過中學教師、律師，自 2000 年起任教於安徽農業大學人文社會科學學院，現爲副教授。

自幼喜歷史，愛玄想。攻讀博士期間，接受導師的建議，研究中國古代政治哲學。目前在各類學術期刊發表論文 30 餘篇，與他人合作學術專著三部。著述內容廣泛，但是立足於古聖賢思想並闡發其現代意義與價值，是其一貫的旨趣。

提　要

正義作爲社會制度的首要價值與普遍性要求，在不同時代與不同民族之間體現出不同的特點與創造性。中國先秦儒家在這方面的創造是提出了仁政的理念與制度設計。

仁政的根本規定在於以仁政否定暴政，造就和諧的政治關係與社會秩序。仁政的本體根據是先秦的社會結構及其倫理要求，也即禮制秩序；仁政的政治內核是以德代暴，以德統法；仁政的人性根據是孔子的忠恕理念及孟子與荀子的人性論。仁政的制度框架，在政權根據上，強調民本取向及得民心要求；在經濟制度上，強調富民、制民之產及具體的「井田制」規劃；在行政運作上，強調賢良政治、愛民親民。秦以後的二千年歷史，可以看作是仁政的實踐過程與實踐檢驗，其得在於造就了漢、唐、宋、明等中華帝國的強盛，使中華民族相較於古代其它民族更爲富庶、更爲和諧、更爲文明開化；其失在於無法擺脫「民本——君本」、「愛民——馭民」、「德治——人治」的悖論，進而造成一治一亂、激烈衝突的歷史興亡周期律，其根源主要在於古代中國的小農經濟基礎及其宗法等級社會結構。仁政的現代轉化，要求由民本提升爲民主，由小農經濟提升爲成熟完善的市場經濟，由賢良政府提升爲法治爲民政府，要言之，現代仁政應當是法治正義基礎上的正義理念與制度。

目次

前　言

一、選題的理由與意義

選擇「先秦儒家仁政思想研究」爲論文題目，主要基於先秦儒家思想對於中國歷史與現實的重大影響。號稱「一生反封建」的蔡尚思先生說：「只要涉及中國古代的歷史和文化思想，就必然要研究孔子及其學說；不僅如此，即在以研究近代現代的中國歷史和文化思想爲範圍者，如非從孔子研究下來，至少對孔子有起碼的認識，也仍然是搞不通的。」〔註 1〕孔子學說的核心概念是「仁」，以仁的思想治國是爲「仁政」，孟子即一再聲稱以「仁政」治國如運之於掌般地容易順暢。所以以孔子、孟子、荀子爲主要代表的先秦儒家的政治理論，可稱爲「仁政」。本文研究的目的就是要揭示儒家仁政的本質、內容及其對中華民族的影響。

本文首先試圖揭示仁政是什麼，孔子、孟子、荀子從他們的時代出發提出了什麼樣的治國理念。先秦是百家爭鳴的時代，墨家、道家、法家對儒家的仁政學說是如何批評的，儒家是如何回應的。在揭示仁政本質屬性的基礎上，也試圖對仁政的操作模式作出描繪。

其次，本文試圖揭示先秦儒家仁政思想對兩千年封建社會的影響。高兆明教授說：「道德生活演進在其內容上是全息演進。」「在事物的特定存在與演化狀態中，隱匿記載著整個既有世界——曾有、現有、將有——的相關信息，或者說正是既有世界的全部相關因素的作用，才使得此事物在此時此地

〔註 1〕蔡尚思：《十家論孔》，上海人民出版社，2006 年版，第 263 頁。

成爲此樣的。道德生活演進亦不例外。」〔註 2〕先秦儒家思想作爲重要的文化遺傳因子，對封建社會的繁榮與發展產生了哪些積極的影響，它的內在缺陷是什麼，以及如何導致中華民族周期性社會動蕩的。先秦儒家仁政思想作爲與時俱進的思想體系，受兩千年封建社會政治經濟的影響，如何積極回應，產生了哪些變化，等等。

再次，本文試圖揭示先秦儒家仁政思想對中國現代化進程的影響。先秦儒家仁政思想與現代政治生活屬於不同的時代，二者間的根本區別何在？相對於現代社會，先秦儒家仁政的合理性何在，根本缺陷何在，中華民族如何批判繼承，取其長而棄其短，並做出何種根本變革，才得以進入現代性社會，在這一過程中如何再度喚醒古老的仁政思想的生機與活力。中華民族的現代化與儒學的再生應該是同一過程。

二、國內研究現狀

筆者尚未檢索到關於儒家仁政問題的專著。但這並不意味著學者們對此問題沒有研究過，恰恰相反，這方面的研究成果可謂浩如煙海。儒家思想兩千年來是中國傳統文化的主幹，研究傳統文化及其對歷史與現實的影響，必然或多或少地涉及儒家及其仁政思想。如梁啓超的《先秦政治思想史》（東方出版社，1996 年版），胡適的《說儒》（陝西師範大學出版社，2005 年版），劉澤華的《中國政治思想史》（先秦卷）（浙江人民出版社，1996 年版），馮友蘭的《中國哲學史新編》（人民出版社，1998 年版），侯外廬的《中國古代思想學說史》（遼寧教育出版社，1998 年版），蔡尙思的《中國傳統思想總批判》（上海古籍出版社，2006 年版），牟宗三的《歷史哲學》、《政道與治道》（廣西師範大學出版社，2006 年版），任繼愈的《中國哲學發展史》（先秦卷）（人民出版社，1983 年版），朱貽庭的《中國傳統倫理思想史》（華東師範大學出版社，2003 年版），張豈之的《中國儒學思想史》（陝西人民出版社，1990 年版），李幼蒸的《仁學解釋學》（中國人民大學出版社，2004 年版），滕新才的《仁》（中國社會科學出版社，2006 年版），等等。這些專著出自著名學者，包含了大量的關於儒家仁政的研究成果。另外，有些專著是專門談禮的，如陳來的《古代宗教與倫理——儒家思想的根源》（三聯書店，1996 年版）、楊

〔註 2〕高兆明：《存在與自由：倫理學引論》，南京師範大學出版社，2004 年版，第 186～187 頁。

華的《先秦禮樂文化》（湖北教育出版社，1996 年版）、楊志剛的《中國禮儀制度研究》（華東師範大學出版社，2003 年版）、陳戍國的《先秦禮制研究》（湖南教育出版社，1991 年版）、鄒昌林的《中國禮文化》（社會科學文獻出版社，2000 年版）等，但孔子說「克己復禮爲仁」，言仁必及禮，上屬專著必然包含關於儒家仁政的研究內容。

自 2001 年中共中央提出「以德治國」的治國方略以來，國內掀起了一次研究傳統德治與仁政思想資源的熱潮，文獻之多難以窮舉。德治相對於法治、人治而言，仁政相對於虐政、苛政而言，二者視角有異，但常常是一體兩面之事，反對暴政與酷政是二者的基本內涵。高兆明教授的《中國古代「德治」發微》（載《江蘇社會科學》2002 年第 3 期）指出，古代德治的原初意蘊是以德代暴，仁者賢者主政。遺憾的是德治最終嬗變爲人治，重治者之主觀，輕制度之客觀，以德代法，給中華民族帶來了不良後果。朱貽庭的《「卡里斯瑪」崇拜與中國古代「德治」》（載《倫理學研究》2002 年第 1 期）指出，中國傳統德治是主張魅力型的聖人治國，終究是人治，作用是有限的。焦國成的《論作爲治國方略的德治》（載《中國人民大學學報》2001 年第 4 期）指出，儒家德治的主張是：聖君當政、賢臣得用、民眾幸福、德教昌明。然而封建社會的現實常常是：當政非聖人，賢臣被姦臣淘汰，民眾困苦，德教虛僞。溫克勤的《略談孔子「論政」——兼論先秦儒家政治、倫理相貫通的倫理政治思想》（載《倫理學研究》2002 年第 7 期）詳細梳理了孔子的「論政」、孟子的「仁政」、荀子的「禮治」，以及《大學》、《禮運》、《祭義》、《孝經》等先秦儒家典籍的政治倫理思想，並與西方倫理思想進行了比較。溫克勤的《說「人治」》（載《道德與文明》2002 年第 6 期）則認爲，儒家的人治是主張賢人政治，並不排除法治。龍靜雲的《仁政：先秦儒家政治倫理的核心及其借鑒價值》（載《道德與文明》2000 年第 3 期）指出，仁政是先秦儒家政治倫理的核心，其具體內容是富國裕民、爲政以德、寬猛相濟、禮治德教、尊賢使能等。李亞彬的《對我國古代德治的分析》（載《哲學研究》2002 年第 4 期）對我國古代德治從何以可能、具體內涵、本質、作用四個方面進行了分析。馮國超的《論先秦儒家德治思想的內在邏輯與歷史價值》（載《哲學研究》2002 年第 4 期）則指出，先秦儒家德治以道德社會爲理想目標，以德治爲根本途徑，以教化及統治者的表率作用爲具體手段。單純的《論古代儒家辨析齊法家與三晉法家的意義》（載《中國哲學史》2007 年第 4 期）辨析了儒家德治與齊法家的相融性及與晉法家的排斥性，分析經秦漢劇變而儒法合流從而影響中國二千年的原因。趙敦華的《中國古代的價值律與政治哲學》（載《北京大學學報》（哲社版）2005 年第 9 期）認爲，儒家以道德律爲指導，追求統治者與被統治者的共同利益；墨家以非道德的銅律爲指導，追求社會和諧；法家以反道德的鐵律爲指導，追求的是統治者的最大利益。夏偉東先後發表《儒家德治爲什麼產生了人治的結果》（載《道德與文明》2004 年第 4 期）、《爲什麼法家的「法治」是人治的一種表現形式》（載《倫理學研究》2004 年第 5 期），認爲中國古代無論是儒家之德治還是法家之法治，本質上都是人治，根源在於一人之治的封建君主專制制度。李蘭芬的《中西方德治思想比較研究》（載《道德與文明》2002 年第 6 期）從德治主體、領域、規範範圍、人性基礎、價值指歸五個方面比較了中西方德治的差異，並試圖尋求其最初的文化基因差異。郁建興的《法治與德治論衡》（載《哲學研究》2001 年第 4 期）認爲，中共中央提出依法治國是對道德主義的拒斥，但法治本身也存在道德屬性問題。周永坤的《尋求憲法原則下的德治》（載《法學》2002 年第 4 期）認爲，傳統德治與憲法原則下的法治不相容，應進行脫胎換骨式的改造，方能適應現代社會。

從上面簡單梳理可知，國內學界對先秦儒家仁政問題的研究成果是豐碩的。但是在筆者看來，前人的研究有其不足之處。最大的問題在於前人的認識成果缺乏穿透性、深刻性與系統性：先秦儒家政治倫理思想的核心概念是何？該核心概念與學說系統內的其它要素是何關係？該核心概念作爲儒家政治倫理思想的遺傳基因如何在往後的中國歷史中遺傳與變異？對於上述問題前人的研究顯然是不夠的。本文希望能在這方面有所突破，力圖揭示仁政即是此核心概念，力圖以仁政爲核心重新把握整個先秦儒家政治倫理思想，力圖揭示仁政理念對中國歷史的影響及在歷史發展過程中的變異，力圖揭示仁政的現代形態，等等。

可能有人會批評筆者，你所說的仁政問題，難道前人都沒有說過嗎？說得還少嗎？這也一度困擾筆者。後來筆者在閱讀黑格爾所說的「炒冷飯」問題時，疑慮消除。「著作家特別是哲學家的任務是發現眞理，闡述眞理，傳播眞理和正確的概念。但是……我們會發現，老是原來的一盆冷飯，一炒再炒，重新端出，以饗大眾。」而之所以必須如此，「我們也會看到，從一方面提出的這類眞理卻被其它方面提供的同樣眞理所排擠和沖掉。在這些紛至沓來的眞理中，究竟什麼是不新不舊、恒久不變的，應該怎樣從那些形式靡定、反覆無常的考察中提取恒久不變的東西，又應該怎樣對它加以識別和證明，——除了通過科學，還有其它什麼辦法呢？」〔註3〕英國人密爾認爲，任何思想的活力都在於討論，「意見不論怎樣眞確，若不時常經受充分的和無所畏懼的討論，那麼它雖得到主張也只是作爲死的教條而不是作爲活的眞理」〔註4〕。晚年的馮友蘭先生根據辯證唯物主義認識論寫道：「主觀的認識總不能和其所認識的客觀對象完全符合。所以認識，一般地說，充其量也只是相對眞理。寫的歷史同本來的歷史也不能完全符合。所以自然科學永遠要進步，自然科學家永遠有工作可做。寫的歷史也永遠要重寫，歷史家也永遠有工作可作。」〔註5〕根據上述大哲們的觀點，筆者自信本文的寫作是有意義與有必要的。

二、基本思路、重難點、創新點及研究方法

1、論文寫作的基本思路

本文除導論及尾言之外，分四章予以展開。第一章，仁政之形上理念。主要是在一般意義上揭示先秦儒家仁政思想的具體內容。從三個維度展開。一是仁政的禮制規定。仁政的客觀規定性在於當時的社會結構與倫理秩序，這在先秦的具體表現就是禮。需探究當時的禮的內容爲何，性質爲何，禮與仁是如何相互規定的。二是仁政的德性規定。仁政的原初發端在於以德代暴。何爲德，德何以代暴，能否代暴，需要搞清楚。三是仁政的人性規定。先秦儒家爲仁政提出了什麼樣的人性根據，其人性內容爲何，合理性何在，根本缺陷何在。

第二章，仁政的實踐圖式。主要討論先秦儒家仁政思想滲透於社會生活各個方面的具體表現。一是國家的存在根據在於民本。得民心者才能得天下，有天下者必須造福於民。二是統治者對民眾的態度應是愛之利之。應當富民，對人民剝削應有度，應對民眾進行道德教化。三是官吏應具有親民美德。官吏在職業活動中應恪守道義，應該有舉薦賢吏淘汰惡吏的運行機制。

〔註3〕〔德〕黑格爾：《法哲學原理》，范揚、張企泰譯，商務印書館，1982年版，序言2～3頁。
〔註4〕〔英〕密爾：《論自由》，許寶騤譯，商務印書館，2005年版，第40頁。
〔註5〕馮友蘭：《中國哲學史新編》（上），人民出版社，1998年版，第2頁。

第三章，古代仁政實踐的內在悖論。主要是揭示先秦儒家仁政思想的宗法家長制本質。此本質通過先秦儒家仁政思想的內在矛盾及其在秦以後中國兩千年封建社會政治生活中具體表現之。從三個維度展開，一是從歷代封建王朝的興亡中，從王朝統治的價值目標上探討民本與君本的內在悖論。二是從封建統治者與人民的關係中，探討統治者愛民、利民與其牧民、馭民的內在悖論。三是從封建社會的治國方式上，探討封建時代德治與人治的內在悖論。

第四章，仁政的現代轉化。是在第三章基礎之上，進一步深入探討先秦儒家仁政思想的現代轉化及其可能。從三個方面展開，一是討論現代仁政的基石，就是以民主取代民本、君本，並以憲政對民主加以保證。二是現代仁政的吏治，應是以法爲治，權力有限的爲民服務的政府行爲。三是現代仁政的目的，以人民的自由與發展爲旨歸，實現社會的公平與正義。

2、重難點

（1）理清先秦儒家仁政思想的內容及其實踐圖式。此爲本文的基礎性工程，很大程度上決定了本文的後續部分的質量。

（2）分析與揭示先秦儒家仁政思想及其實踐的內在悖論，揭示其演進的邏輯路徑。此項工作之重要如錢穆先生所言：「革新固當知舊。不識病象，何施刀藥？」〔註 6〕

（3）仁政思想的現代轉化及其可能邏輯過程。從歷史與現實，世界現代文明之普遍性與中國現代文明之特殊性的結合點，探討先秦儒家仁政的現代範式。努力揭示作爲一種民族精神的仁政的內涵，爲中國現代化建設尋求民族思想資源。此爲本文的落腳點。

3、創新點

（1）立足於先秦文本又跳出先秦，不囿於先秦，在兩千年中華民族文明史中把握與理解先秦儒家仁政思想。

（2）從作爲民族精神的高度把握先秦仁政思想。藉以解讀兩千年中華民族政治生活史，揭示民族精神演進史，尋求爲現代化建設服務的作爲民族精神的思想資源。

（3）內在地把握仁政。以先秦的禮制秩序來理解仁政，從古代中國的社

〔註 6〕錢穆：《國史大綱》，商務印書館，2009 年版，引論第 2 頁。

會結構來把握分析先秦儒家仁政的內在悖論。

4、研究方法

首先是運用文本分析法。深入到孔子、孟子、荀子等儒學宗師的傳世文本，以及諸子百家的經典文本，《春秋》、《史記》等史學文本，力求全面而眞實地把握先秦儒家仁政思想。其次是運用辯證唯物主義與歷史唯物主義的方法論。主要是運用馬克思主義的唯物史觀以把握先秦儒家仁政的本質、功能與作用。再次是運用思辨分析法。面對紛繁的史料，進行艱苦的腦力勞動，由現象到本質，由感性到理性，探究仁政的本質與眞相。另外，詮釋法也是本文運用的重要方法。探究重要概念的文字學起源，以準確把握先民的精神發展史。從歷代先哲的傳、箋、注、疏入手，把握古奧的先秦典籍的眞實精神，爲論文寫作服務。

第一章　仁政的形上理念

本章是在一般意義上揭示先秦儒家仁政思想的具體內容。研究先秦儒家仁政思想，首先要搞清楚仁政是在什麼歷史背景下提出的，其針對性何在，其存在根據是什麼，它對統治者提出了什麼樣的德性要求，它要求統治者如何對待自己的統治對象。回答上述問題，本章從禮、德、仁三個方面予以展開分析。

第一節　禮：仁政的本體規定

本節旨在理清仁政的起源，它的本體依據，仁與禮二者的關係。

一、「仁政」思想的提出

儒家之所以提出仁政，是與時代背景密切相關的。周王朝自從代商而起後，經過周公等政治家的勵精圖治，取得了「郁郁乎文哉」(《論語・八佾》)的盛世成就。但自平王東遷後，卻進入了持久的、愈演愈烈的動蕩期。司馬遷謂當時的政局「弒君三十六，亡國五十二，諸侯奔走不得保其社稷者不可勝數」(《史記・太史公自序》)。後人謂當時的社會秩序爲「禮壞樂崩」(《春秋穀梁傳序》)。這一混亂時期也是酷政橫行、人民極爲困苦的時期。西周以來的主要文化形式是詩歌，胡適先生謂之「詩人時代」〔註 1〕。《詩經》中留下了大量反映酷政虐民的詩篇。如：

〔註 1〕《胡適選集》，吉林人民出版社，2005 年版，第 32 頁。

> 碩鼠碩鼠，無食我黍！三歲貫女，莫我肯顧。逝將去女，適彼樂土。樂土樂土，爰得我所！（《詩經・國風・碩鼠》）

孔穎達疏：「國人疾其君重斂畏人，比之碩鼠。言碩鼠碩鼠，無食我黍，猶言國君國君，無重斂我財。君非直重斂於我，又不修其政。我三歲以來事汝矣，曾無於我之處肯以教令恩德眷顧我也。君既如是，與之訣別，言往將去汝之彼樂土有德之國。」

> 人有土田，女反有之。人有民人，女覆奪之。此宜無罪，女反收之。彼宜有罪，女覆說之。（《詩經・大雅・瞻卬》）

孔疏：「幽王承父宣王中興之後，以行惡政之故，而令周道廢壞，故刺之也。」斷定為批評幽王未必可信，但抨擊惡政當是無疑的。

> 匪鶉匪鳶，翰飛戾天。匪鱣匪鮪，潛逃于淵。（《詩經・小雅・四月》）

鄭玄注：「言雕鳶之高飛，鯉鮪之處淵，性自然也。非雕鳶能高飛，非鯉鮪能處淵，皆驚駭辟害爾。喻民性安土重遷，今而逃走，亦畏亂政故。」

> 魚在于沼，亦匪克樂。潛雖伏矣，亦孔之炤。憂心慘慘，念國之爲虐。（《詩經・小雅・正月》）

孔疏：「魚在於沼池之中，爲人所驚駭，不得逸遊，亦非能有樂。退而潛處，雖伏於深淵之下，亦甚於炤炤然易見，不足以避網罟之害，莫知所逃也。」絕望之情溢於言表。

如何改變這種酷政橫行的局面？人民自下而上的暴力反抗是一種方式，如春秋時期影響很大的盜跖與莊蹻所領導的人民起義。「盜跖從卒九千人，橫行天下，侵暴諸侯。……所過之邑，大國守城，小國入保。」（《莊子・盜跖》）傳說跖臨死的時候，要求手握金錐而葬，說是去陰間後「下見六王、五伯，將敲其頭」（《呂氏春秋・當務》），可見反抗意志何其堅決。但是人民推翻暴政後，建立什麼樣的政權仍然是懸而未決的問題。成功地破壞一箇舊世界，並不等於能成功建立一個新世界。證諸史實，農民起義出身的劉邦、朱元璋、洪秀全（後者未完全成功）建立的新王朝與舊王朝並沒有多大差別。與人民暴力反抗相區別的是勸告統治者改變統治方式，重建社會秩序。先秦諸子百家基本上都屬於這一類，其中立場鮮明，對當時及後世影響尤著者爲儒、墨、道、法四家。梁啓超先生說：「春秋戰國間學派繁茁，秦漢後，或概括稱爲百家語，或從學說內容分析區分爲六家爲九流。其實卓然自樹壁壘

者，儒墨道法四家而已。」〔註2〕

先看道家、墨家與法家的主張。孟子在抨擊道家與墨家的時候說：「楊氏爲我，是無君也；墨氏兼愛，是無父也。無父無君，是禽獸也。」（《孟子・滕文公下》）孟子的批評有其門戶的偏見，但也抓住了道家與墨家的本質。就道家來說，孟子批楊朱而不提老了，大概楊朱爲道家的早期代表。孟子說：「楊子取爲我，拔一毛而利天下，不爲也。」（《孟子・盡心下》）楊朱似爲極度自私。而韓非子卻說：「今有人於此，義不入危城，不處軍旅，不以天下大利易其脛一毛，世主必從而禮之，貴其智而高其行，以爲輕物重生之士也。」（《韓非子・顯學》）由此看來道家的根本主張是讓人民自由自在地生活，政府不要擾民，不要強爲，類似於無政府主義。徵諸《老子》：「道常無爲而無不爲。侯王若能守之，萬物將自化。」（《老子・三十七章》）「治大國若亨小鮮。」（《老子・六十章》）關鍵是統治者要克治貪欲，勿過度剝削。「民之饑，以其上食稅之多，是以饑。民之難治，以其上有爲，是以難治。」（《老子・七十五章》）「去甚，去奢，去泰。」（《老子・二十九章》）與道家的「人各自利論」相反，墨家倡「兼愛」：「凡天下禍篡怨恨，其所以起者，以不相愛生也。是以仁者非之。」「視人之國若視其國，視人之家若視其家，視人之身若視其身。……天下之人皆相愛，強不執弱，眾不執寡，富不侮貧，貴不敖賤，詐不欺愚。」（《墨子・兼愛中》）墨家由兼愛而反戰：「今有一人，入人園圃，竊其桃李，眾聞則非之，上爲政者得則罰之。此何也？以虧人自利也。……今至大爲攻國，則弗知非，從而譽之，謂之義。此可謂知義與不義之別乎？殺一人，必有一死罪矣。……今至大爲不義攻國，則弗知非，從而譽之，謂之義。」（《墨子・非攻上》）墨子爲推行其「兼愛」與「非攻」主張極其勞苦。批評墨子的孟子也承認「墨子兼愛，摩頂放踵利天下」（《孟子・盡心上》）。莊子說：「後世之墨者，多以裘褐爲衣，以跂蹻爲服，日夜不休，以自苦爲極。」（《莊子・天下》）胡適先生說墨子是一個極熱心救世的人，是一個宗教家〔註3〕。墨子的境界雖高，但很難爲他人廣泛地信奉與踐行。法家的主張也就是孟子所不贊成的霸道，「仲尼之徒無道桓、文之事者。」（《孟子・梁惠王上》）霸道的要義是以強力來恢復秩序，以法制來規範社會。法家主張撥亂反正，立場極其鮮明。商鞅說：「古者，民藂生而群處，亂，故求有

〔註2〕《梁啓超全集》（第十二卷），北京出版社，1997年版，第3636頁。
〔註3〕《胡適選集》，吉林人民出版社，2005年版，第99頁。

上也。然則天下之樂有上也，將以爲治也。今有主而無法，其害與無主同；有法不勝其亂，與無法同。」（《商君書・開塞》）法家認爲整頓社會秩序，強力是必要的。「今有不才之子，父母怒之弗爲改，鄉人譙之弗爲動，師長教之弗爲變。夫以父母之愛，鄉人之行，師長之智，三美加焉，而終不動，其脛毛不改。州部之吏，操官兵，推公法，而求索姦人，然後恐懼，變其節，易其行矣。故父母之愛不足以教子，必待州部之嚴刑者，民固驕於愛，聽於威矣。」（《韓非子・五蠹》）規制臣民的行爲，法制是極重要的工具：「釋法術而任心治，堯不能正一國。去規矩而妄意度，奚仲不能成一輪。廢尺寸而差短長，王爾不能半中。使中主守法術，拙匠執規矩尺寸，則萬不失矣。」（《韓非子・用人》）而規制社會的總機關是君主手握權柄，至高無上。韓非子以虎犬喻君臣明之：「虎之所以能服狗者，爪牙也。使虎釋其爪牙而使狗用之，則虎反服於狗者。人主者，以刑德制臣者也。今君人者釋其刑德而使臣用之，則君反制於臣矣。」（《韓非子・二柄》）

儒家反對道家、墨家與法家的主張，認爲救春秋亂世者唯「仁政」。

「仁政」離不開「仁」。先民最早所說的「仁」字何義？許慎《說文解字》說：「仁，親也，從人二。」段玉裁引《禮記》注：「『以相人耦爲敬也』。……按人耦猶言我親密之詞，獨則無耦，耦則相親，故其字從人二。」近代文字學家指出許、段二人的解釋是錯誤的，犯了以後儒對仁的理解推論先民的偏差。如某些人所認爲的「二」爲「仁」構字中的重文符或合文符，則應爲「從」字而非「仁」字。「仁」字的原初構形爲「上身下心」，即熱愛生命之謂也〔註 4〕。「仁」字多次出現於戰國金文、璽印文中，也見於《尚書》、《左傳》等先秦典籍中，如《左傳・昭公十二年》載，孔子在評價楚靈王時說：「古也有志：『克己復禮，仁也。』」孔子之語也證明了「仁」是個古老的概念。

儒家創始人孔子沒有使用過「仁政」一詞，但孔子學說的核心範疇是「仁」。根據楊伯峻先生的統計，《論語》出現「仁」字達 109 次（楊伯峻《論語譯注》）。孔子對仁作了許多方面的規定，其中最根本的規定是「愛人」（《論語・顏淵》），深得「仁」字古義。孟子並且寫道：「仲尼曰：『始作俑者，其無後乎！』爲其象人而用之也。」（《孟子・梁惠王上》）可見孔子對人民大眾

〔註 4〕 劉翔：《中國傳統價值觀詮釋學》，上海三聯書店，1996 年版，第 157～160 頁。

生命的重視與孔子的人道情懷。孔子對仁的使用很廣泛，既從個體倫理方面使用仁，也從社會倫理方面使用仁。以「仁」來規定政治，即是仁政。孔子的社會理想是「天下歸仁」(《論語・顏淵》)。弟子仲弓問何爲仁時，孔子說：「出門如見大賓，使民如承大祭。己所不欲，勿施於人。在邦無怨，在家無怨。」(《論語・顏淵》) 孔子此處闡明統治者對待民眾的正確態度。祭祀是上古時代的大事，「國之大事，在祀與戎」(《左傳・成公十三年》)。孔子要求「使民如承大祭」、「己所不欲，勿施於人」，就是要求統治者以極嚴肅、極慎重、爲人民所接受的方式對待民眾。孔子要求「國」範圍內與「家」範圍內都能做到「無怨」，要求是很高的。孔子是堅決反對酷政的，孔子曾對子路說：「苛政猛於虎也。」(《禮記・檀弓下》)

明確使用「仁政」一詞的是孟子。檢閱《孟子》一書，使用「仁政」一詞計 10 次。爲準確把握仁政一詞的含義，我們不妨從《孟子》的文本入手，分析「仁政」的所指。孟子第一次使用「仁政」是在與梁惠王的對話中。梁惠王說，魏國的強大是孟子所知道的，然而在對外戰爭中接連敗於齊、秦、楚，長子戰死，割地秦、楚。他感到很恥辱，問孟子如何才能雪恥。孟子說：

> 地方百里而可以王。王如施仁政於民，省刑罰，薄稅斂，深耕易耨。壯者以暇日修其孝悌忠信，入以事父兄，出以事其長上，可使制梃以撻秦楚之堅甲利兵矣。彼奪其民時，使不得耕耨以養其父母，父母凍餓，兄弟妻子離散。彼陷溺其民，王往而征之，夫誰與王敵？故曰：「仁者無敵。」王請勿疑！(《孟子・梁惠王上》)

孟子的回答是：想雪恥，行仁政。所謂「仁政」，就是減省刑罰，減輕賦稅，減輕兵役、徭役，使人民能夠努力耕作，然後再對人民進行忠孝方面的教化。如此得民心，則人民即使使用棍棒這樣的粗劣兵器也足以抵禦秦楚的堅盾利矛。而另一方面，如果敵國不行仁政，殘酷剝削，人民無法耕作與生存，怎麼會爲其國王賣命呢？兩相比較，所以說「仁者無敵」。

孟子第二次使用「仁政」一詞，是在與齊宣王的對話中。燕國因燕王噲禪讓于相國子之而引起內亂，齊國趁勢入侵。齊國進入燕國後胡作非爲。齊國的暴行遭到了燕人民的反對，也引起了其它國家的聯合干涉。齊宣王問孟子怎麼辦。孟子說：

> 今燕虐其民，王往而征之。民以爲將拯己於水火之中也，簞食

> 壺漿，以迎王師。若殺其父兄，係累其子弟，毀其宗廟，遷其重器，如之何其可也？天下固畏齊之強也。今又倍地而不行仁政，是動天下之兵也。王速出令，反其旄倪，止其重器，謀於燕眾，置君而後去之，則猶可及止也。(《孟子・梁惠王下》)

孟子說燕國統治者虐待人民，所以當齊軍進入時，燕民以爲是救其於水深火熱之中，所以熱烈地歡迎齊軍。誰知齊軍進來後盡幹殺人、破壞、盜竊的勾當，所以燕國人民才堅決反對。孟子此處主要從反面描述燕王與齊王二者均「不行仁政」的情況。並奉勸齊宣王改弦更張，安置好燕國後，退出燕國。

孟子第三次使用「仁政」一詞是在與鄒穆公的對話中。在鄒與魯的戰爭中，官吏戰死很多，而民眾卻見死不救，鄒穆公很憤怒，問孟子該如何處置民眾。孟子第四次使用「仁政」一詞是在與弟子公孫丑的對話中。公孫丑根據聖賢如周文王、武王也須百年才能得天下的史實，對孟子所謂齊國統一天下易如反掌的結論表示懷疑，孟子予以回答。茲一併抄錄如下：

> 孟子對曰：「凶年饑歲，君之民老弱轉乎溝壑，壯者散而之四方者，幾千人矣；而君之倉廩實，府庫充，有司莫以告，是上慢而殘下也。曾子曰：『戒之戒之！出乎爾者，反乎爾者也。』夫民今而後得反之也。君無尤焉。君行仁政，斯民親其上、死其長矣。」(《孟子・梁惠王下》)

> 文王猶方百里起，是以難也。……夏后、殷、周之盛，地未有過千里也，而齊有其地矣；雞鳴狗吠相聞，而達乎四境，而齊有其民矣。地不改辟矣，民不改聚矣，行仁政而王，莫之能禦也。且王者之不作，未有疏於此時者也；民之憔悴於虐政，未有甚於此時者也。饑者易爲食，渴者易爲飲。孔子曰：「德之流行，速於置郵而傳命。」當今之時，萬乘之國行仁政，民之悅之，猶解倒懸也。故事半古之人，功必倍之，惟此時爲然。(《孟子・公孫丑上》)

這兩段文字中孟子對「仁政」一詞的使用，含義與第一、二次基本一致，茲不贅述。

從孟子對「仁政」一詞的使用，我們可以得出初步的結論，孟子總是在與酷政、虐政、苛政相對應的意義上使用「仁政」一詞的，而仁政也就是要求統治者愛民、惠民，以人道的方式對人民進行統治。

荀子沒有使用過「仁政」一詞，但荀子的儒家本色，決定他不可能不承認與重視仁政。且看荀子之言：

> 彼王者不然：仁眇天下，義眇天下，威眇天下。仁眇天下，故天下莫不親也。(《荀子・王制》)
>
> 故王者富民，霸者富士，僅存之國富大夫，亡國富筐篋，實府庫。(同上)
>
> 馬駭輿，則君子不安輿；庶人駭政，則君子不安位。……傳曰：「君者，舟也，庶人者，水也；水則載舟，水則覆舟。」此之謂也。故君人者，欲安則莫若平政愛民矣。(同上)

荀子習慣於在王者、霸者、僅存之國者、亡國者的序列中來討論政治問題。與孟子有別，荀子並非絕對地否定霸道，但荀子一再申明王道是終極理想。王者與亡國者的兩極，明顯反映出前者是愛民的，而後者是虐民的。荀子並且從「君舟民水」的思辨層次，勸告統治者「平政愛民」。

總而言之，孔子、孟子、荀子等儒學宗師提出仁政主張，是相對於暴政、酷政而言的，充滿了對民眾的人道情懷，包含對恢復社會秩序的強烈訴求。但如進一步地問，仁政是爲當時的社會結構所允許、所要求的嗎？質言之，仁政有無客觀的倫理根據。如果缺失這樣的倫理根據，仁政就成了無源之水、無本之木，就成了空洞無力的愛的說教。先秦儒家倡導仁政的倫理根據是存在的，這就是當時的禮制秩序。

二、禮制秩序的倫理屬性

禮的起源極爲久遠。許慎《說文解字》中說：「禮，履也。所以事神致福也。從示，從豊，豊亦聲。」「豊，行禮之器也。從豆，象形。」許慎的見解一直爲後人所尊崇。王國維說，豊者，二玉置於「豆」(容器) 中以祭祖也。郭沫若辯駁說，「豆」非容器，乃祭祖所擊鼓也〔註 5〕。無論如何，禮淵源於祭祀活動。人類早期的文化活動大多表現於宗教之中，而中國的宗教活動很早就表現爲祖先崇拜與祭祀〔註 6〕。中國先民早期的行爲規範均是寓於祭祀的

〔註 5〕劉翔：《中國傳統價值觀詮釋學》，上海三聯書店，1996 年版，第 103～107 頁。

〔註 6〕《梁漱溟選集》，吉林人民出版社，2005 年版，第 200 頁。李澤厚先生也寫道：「祖先崇拜是華夏文化的重要特徵……據何炳棣的研究……『只有在累世生於斯死於斯葬於斯的最肥沃的黃土地帶，才有可能產生人類史上最高發展的

禮儀規則之中，而漸次演化至極豐富的形態。章太炎先生說：「禮者，法度之通名，大別則官制、刑法、儀式是也。」（章太炎《檢論》）

人類的生產與生活離不開各種規範的約束引導，這在中國上古時期即表現爲禮制規範。從孔子所言「殷因於夏禮，所損益，可知也；周因於殷禮，所損益，可知也。」（《論語・爲政》）「夏禮吾能言之，杞不足徵也；殷禮吾能言之，宋不足徵也。文獻不足故也。足則吾能徵之矣。」（《論語・八佾》）可知夏禮、殷禮、周禮的存在，也說明進入文明社會以來，夏、商、周三個王朝都是以禮治國的。特別是周公系統地整理與變革禮制，對上古社會有重大的影響，也使中國的奴隸制文明達到了高峰。孔子所言「周監於二代，郁郁乎文哉！吾從周。」（《論語・八佾》）就反映了這一史實。進入春秋以來，出現了「禮崩樂壞」的情況，舊的禮制秩序趨於瓦解，新的禮制秩序正在生長。在這混亂的年代，人們愈益認識到禮的重要性。

《左傳》中多次談到禮的重大價值。《左傳・隱公十一年》載，齊、魯、鄭三國以許國有罪而伐之，打敗許國後鄭莊公以許國服罪而安定之，時人評論說：「鄭莊公於是乎有禮。禮，經國家，定社稷，序民人，利後嗣者也。」《左傳・莊公二十三年》載，魯莊公去齊國觀看社神祭祀，曹劌說：「不可。夫禮，所以整民也。」曹劌認爲，禮是用於規制百姓的，而魯莊公的行爲是純粹的娛樂，與禮的精神是相違背的。《左傳・僖公十一年》載，周天子賞賜晉侯，晉侯接受瑞玉時弔兒郎當，使臣內史過說：「禮，國之幹也。敬，禮之輿也。不敬則禮不行，禮不行則上下昏，何以長世？」《左傳・昭公十五年》載，周天子居喪期間宴會遊樂並向晉國索要禮器，叔向批評說：「禮，王之大經也。一動而失二禮，無大經矣。」前引《左傳・昭公十二年》孔子語「古也有志：『克己復禮，仁也。』」說明孔子的重要命題「克己復禮爲仁」是古已有之的。

孔子是儒學的創立者，仁是其最大的創見。但並不代表孔子不重視禮。恰恰相反，禮也是孔子學說的核心概念，根據楊伯峻先生的統計，《論語》一書中 75 次談到禮。試舉幾例：

> 能以禮讓爲國乎？何有？不能以禮讓爲國，如禮何？（《論語・里仁》）

家族制度和祖先崇拜』。」（李澤厚：《新版中國古代思想史論》，天津社會科學出版社，2008 年版，第 335 頁。）

禮樂不興則刑罰不中，刑罰不中則民無所措手足。(《論語・子路》)

克己復禮爲仁。一日克己復禮，天下歸仁焉。……非禮勿視，非禮勿聽，非禮勿言，非禮勿動。(《論語・顏淵》)

君子義以爲質，禮以行之，孫以出之，信以成之。(《論語・衛靈公》)

恭而無禮則勞，慎而無禮則葸，勇而無禮則亂，直而無禮則絞。(《論語・泰伯》)

不學禮，無以立。(《論語・季氏》)

從孔子的論述可知，孔子對禮的強調是無以復加的。在孔子看來，離開禮是無法治國的，因爲離開禮，統治者與民眾都會「無所措手足」。離開了禮，人也不能成其爲人，「無以立」。禮對其它德性起著制約作用，「恭、慎、勇、直」等德性都以禮爲準繩。如果說仁是孔子最大的創見，但孔子明確說「復禮」才是仁。孔子以禮注仁，認爲離開禮的規定，無法把握仁爲何物。

孟子是孔子學說的重要繼承者與闡發者。孟子主要弘揚的是孔子的仁的思想。但作爲儒學宗師的孟子，不可能忽視禮的價值。孟子說：

上無禮，下無學，賊民興，喪無日矣。《孟子・離婁上》)

無禮義，則上下亂。(《孟子・盡心下》)

夫義，路也；禮，門也。(《孟子・告子上》)

無辭讓之心，非人也；……辭讓之心，禮之端也。(《孟子・公孫丑上》)

君子所以異於人者，以其存心也。君子以仁存心，以禮存心。(《孟子・離婁下》)

非仁無爲也，非禮無行也。(《孟子・離婁下》)

孟子不僅如孔子一樣，把禮看作是成人與治國的根本，而且更明確地在人的存在的意義上來看待禮，「無禮非人」。另外，孟子的重大創見是「五倫」學說：「父子有親，君臣有義，夫婦有別，長幼有序，朋友有信。」(《孟子・滕文公上》)「五倫」實際上是封建時代的禮的總綱，對社會生活有根本性的規制意義。

荀子作爲先秦儒學的集大成者，他區別於孟子的地方在於他緊緊地抓住了孔子的「禮」的思想。荀子無處不言禮，據郭沫若先生統計，《荀子》全書言禮計 375 次〔註 7〕。舉例如下：

人無禮則不生，事無禮則不成，國家則不寧。(《荀子・修身》)

禮者，法之大分，類之綱紀也。(《荀子・爲學》)

先王之道，仁之隆也，比中而行之。曷謂中？曰：禮義是也。(《荀子・儒效》)

禮者，人主之所以爲群臣寸尺尋丈檢式也。人倫盡矣。(《荀子・儒效》)

請問爲人君？曰：以禮分施，均遍而不偏。請問爲人臣？曰：以禮待君，忠順而不懈。請問爲人父？曰：寬惠而有禮。請問爲人子？曰：敬愛而致文。請問爲人兄？曰：慈愛而見友。請問爲人弟？曰：敬詘而不苟。請問爲人夫？曰：致功而不流，致臨而有辨。請問爲人妻？曰：夫有禮則柔從聽侍，夫無禮則恐懼而自竦也。(《荀子・君道》)

荀子以清晰的語言告訴我們，人倫盡在禮中。所謂處事得體，中庸無偏，就是依禮而爲。作爲一個合格的君、臣、父、子、兄、弟、夫、妻等等，標準都在於行爲合於禮制。

究竟什麼是禮？可以有兩個維度的理解，其一，可以把禮理解爲行爲規範、規矩準則。荀子所言「禮之所以正國也，譬之：猶衡之於輕重也，猶繩墨之於曲直也，猶規矩之於方圓也，既錯之而人莫之能誣也。」(《荀子・王霸》)「水行者表深，使人無陷；治民者表亂，使人無失。禮者，其表也，先王以禮義表天下之亂。今廢禮者，是棄表也。」(《荀子・大略》)講的就是行爲規範意義上的禮制。其二，可以把禮理解爲一定歷史階段的客觀的倫理關係、倫理秩序。荀子說「公輸不能加於繩墨，聖人不能加於禮。禮者，眾人法而不知，聖人法而知之。」(《荀子・法行》)「禮有三本：天地者，生之本也；先祖者，類之本也；君師者，治之本也。」(《荀子・禮論》)雖然有視民眾爲愚昧的缺陷，並且把禮的起源神秘化了。但還是認識到禮在本質上是客觀的，不以人的意志爲轉移的。把「天地」與「先祖」作爲禮之本，實際上

〔註 7〕郭沫若：《十批判書》，人民出版社，1982 年版，第 249 頁。

是從一定歷史階段的生產方式與社會結構來探究禮的本質。「天地」作爲禮的生之本，揭示的是人如何通過勞動從自然界獲取物質資料的事實。「先祖」作爲禮的類之本，揭示的是延續一定歷史時期的客觀的社會關係與交往類型。禮的兩個維度的理解都是正確的，但從第二個維度來加以理解，才能更深刻地把握禮的本質。

借鑒黑格爾的學說，我們可以更好地理解禮的倫理秩序的本質。黑格爾寫道：「如果我們從客觀方面來觀察倫理，那麼可以說，人們在其中不自覺具有倫理觀念。安悌果尼就是從這一含義宣稱，誰也不知道法律是從什麼地方來的；法律是永恒的，這就是說，法律是自在自爲地存在的，它們是從事物本性中產生出來的規定。」「因爲倫理性的規定構成自由的概念，所以這些倫理性的規定就是個人的實體性或普遍本質，個人只是作爲一種偶性的東西同它發生關係。個人存在與否，對客觀倫理說來是無所謂的，唯有客觀倫理才是永恒的，並且是調整個人生活的力量。因此，人類把倫理看作是永恒的正義，是自在自爲地存在的神，在這些神面前，個人的忙忙碌碌不過是玩蹺蹺板的遊戲罷了。」〔註 8〕黑格爾把個人的主觀努力比作「玩蹺蹺板的遊戲」，很容易讓中國人想到老子所言「天地不仁，以萬物爲芻狗」(《老子・第五章》)，認爲人在客觀倫理秩序面前是無能爲力的與渺小的。崇尚自由的黑格爾當然不會相信宿命論，不過在此處強調倫理秩序的客觀性而已。

黑格爾從倫理秩序的客觀性出發，依次從家庭、市民社會、國家三個層次深入研究了他所處時代歐洲資本主義的倫理關係與倫理秩序。遵循他的方法，我們不妨分析一下孔子、孟子、荀子所處的先秦時期的倫理關係與倫理秩序的根本特點。

人類社會的演進有其共同的規律，如馬克思所說的有一個從人對人的依賴階段到人對物的依賴階段再到未來的人的自由聯合的階段的演化過程。但各個民族的歷史演變也有其特點。中國與歐洲最初進入文明社會的歷史就有很大的不同。侯外廬先生比較中國與歐洲進入文明社會的路徑區別時說，古典的古代是從家族到私產製再到國家，國家代替了家族。亞細亞的古代是由家族到國家，國家混合在家庭裏面。中國古代的維新制度與親親的宗法政治，使得早熟的國家沒有來得及清算氏族制度，而是在它的廢墟上建立了「公族

〔註 8〕〔德〕黑格爾：《法哲學原理》，范揚、張企泰譯，商務印書館，1982 年版，第 165 頁。

國家」〔註9〕。筆者理解，以古希臘羅馬為代表的歐洲最初的國家建立時，氏族血緣關係徹底崩潰了，社會斷然區分為奴隸主與奴隸兩大階級，兩大階級是赤裸裸的統治與被統治、剝削與被剝削的關係。中國則不是這樣，氏族血緣的關係並未徹底崩潰，而是以變形的形式頑強地存在於上古、中古幾千年的文明社會。這就造成了中國悠久的家族宗法制傳統。就經濟來說，家族與家庭勞動是長達幾千年的最基本的勞動方式。在春秋以前，是成千成百的家族成員混合部分奴隸的集體勞動。春秋以後慢慢演變為汪洋大海般的小自耕農生產勞動方式。家長是天然的生產勞動的領導者。這種經濟體制也造成了中國古代政治上的家天下與君主專制主義的傳統。中國古代這種特定的交往關係與倫理秩序是理解中國古代社會的鑰匙。

三、仁禮關係

仁與禮二者是什麼關係。對此學者們的分歧很大。檢索近期文章，吳光認為：「在孔子的仁學中，『仁』是最根本、最具普遍意義的道德範疇；……『禮』以『仁』為存在的根據。」〔註10〕顏炳罡說：「孔子建立了以仁為本源，以禮為表徵，仁禮合一的思想系統。」〔註11〕李祥俊的觀點特別一些，認為仁禮互為體用〔註12〕。就近代學術大家而言，馮友蘭、匡亞明、楊伯峻等認為仁是根本，陳灃、趙紀彬、蔡尚思等認為禮才是根本。蔡尚思說：「我以數十年的認真研究，同意禮是孔子中心思想一說，孔子是儒家禮教的祖師。孔子以『克己復禮』為『天下歸仁』，即以視、聽、言、動皆不違禮，用禮武裝全身才是仁。」蔡尚思先生並且從沒有禮無以成人、沒有禮則沒有仁、禮高於仁與智等21個方面詳細考證《論語》一書中強調禮的證據〔註13〕。但蔡尚思先生的結論主要立足於文本考據，筆者希望能在學理上加以補充。

如果把仁理解為道德，把禮理解為倫理秩序，則仁與禮的關係就便於理解。道德與倫理是密不可分的，在大多情況下是一體兩面之事。但道德側重

〔註9〕侯外廬：《中國思想通史》（第一卷），人民出版社，1992年版，第17頁。
〔註10〕吳光：《仁本禮用——儒家人學的核心觀念》，《文史哲》1999年第3期。
〔註11〕顏炳罡：《依仁以成禮，還是設禮以顯仁——從儒家的仁禮觀看儒學發展的兩種方式》，《文史哲》2002年第3期。
〔註12〕李祥俊：《近現代儒學仁、禮關係論》，《江西社會科學》2007年第12期。
〔註13〕《蔡尚思文集》，上海人民出版社，2001年版，第571～577頁。

個體的主觀修養，而倫理側重社會的客觀秩序。「倫理被看做人與人之間合理的經過人爲治理的關係，道德被看做倫理秩序應有的調節規範和人之德操、風尚。德是普遍性的道應用於體現著個性的特殊方面；換句話說，道只有在個體行爲和群體的風尚那裏才有顯現的形態和現實性。」〔註 14〕黑格爾明確告訴我們，倫理是道德的本體。「無論法的東西和道德的東西都不能自爲地實存，而必須以倫理的東西爲其承擔者和基礎。」「一個人必須做些什麼，應該盡些什麼義務，才能成爲有德的人，這在倫理性的共同體中是容易談出的：他只須做在他的環境中所已指出的、明確的和他所熟知的事就行了。」「德毋寧應該說是一種倫理上的造詣。」〔註 15〕如果我們檢索先秦的文本，可以認爲儒學宗師們也是這樣判斷仁、禮關係的。孔子說：「克己復禮爲仁。」（《論語・顏淵》）就是說仁的具體的客觀的內容，只能從禮中獲得規定。荀子說：「先王之道，仁之隆也，比中而行之。曷謂中？曰：禮義是也。」（《荀子・儒效》）就是說仁必須做到中，而中的標準也就是禮義。

困難的問題在於，爲仁必須依從禮，而上文說過，禮有兩個維度的理解：外在的社會規範與內在的倫理關係、倫理秩序。前者是外在的、形而下的，易於理解與把握，後者是內隱的、形而上的，不能直觀地理解與把握。不能直觀地理解與把握的東西，並非一定是虛構、不存在的，有時恰恰是最本眞的存在物。摩爾的發現很重要：「『形而上學者們』堅決主張不要把我們的認識局限在我們能摸到、能看到、能感到的事物的範圍之內，這乃是他們的偉大功績。……從柏拉圖時代到現在，這樣的『普遍』眞理在形而上學者的論證中起了巨大的作用。他們注意這類眞理同我所謂『自然客體』之間的區別，這乃是他們對認識所作出的主要貢獻。」摩爾並且以數學作喻，「二加二等於四。然而，這並不意味二或四實存著。但是這無疑意味著某種事物。無論如何有二，儘管它並不實存」〔註 16〕。

就禮的兩個維度來說，外在規範層次是次生的，而內在倫理結構才是本源，且二者均處於不斷的變化、發展過程中。二者在根本上是一致的，但又

〔註 14〕宋希仁：《倫理與道德的異同》，《河南師範大學學報》（哲學社會科學版）2007 年第 5 期。

〔註 15〕〔德〕黑格爾：《法哲學原理》，范揚、張企泰譯，商務印書館，1982 年版，第 162、168、170 頁。

〔註 16〕〔英〕喬治・摩爾：《倫理學原理》，長河譯，上海人民出版社，2005 年版，第 106～107 頁。

經常發生矛盾。恩格斯說：「『法的發展』的進程大部分只在於首先設法消除那些由於將經濟關係直接翻譯成法律原則而產生的矛盾，建立和諧的法的體系，然後是經濟進一步發展和強制力又一再突破這個體系，並使它陷入新的矛盾（這裏我暫時只談民法）。」〔註 17〕恩格斯此處是針對法的發生與演變來說的，但對於一切社會規範都是適用的。恩格斯此處只談經濟關係對民法的制約作用，此處所說的經濟關係顯然是具有必然性的倫理關係與倫理秩序的一部分。依恩格斯的論述，人類有一個不間斷的由倫理關係與秩序向外在社會規範的「翻譯」與「重新翻譯」的過程。這也就是外在社會規範的演化過程，對於中國先秦來說就是外在的禮制規範不斷地與倫理性的禮制秩序發生矛盾與解決矛盾的過程。

先秦儒學的尚仁守禮的追求，一定程度上就是使外在的禮的規範符合必然性的倫理秩序的過程。主要是做兩方面的工作，一是外在禮制的正本清源，二是禮的演革。就禮的正本清源來說，外在的禮容易蛻變成爲形式主義的、僵化的儀式與準則。《左傳》中多次要求區分禮與儀，就是這方面的努力。如《左傳・昭公五年》載，魯昭公爲權臣季孫驅逐流亡國外，在晉國舉手投足表現得彬彬有禮，晉侯深爲讚歎，然晉臣女叔齊卻說：「是儀也，不可謂禮。禮所以守其國，行其政令，無失其民者也。今政令在家，不能取也。有子家羈，弗能用也。奸大國之盟，陵虐小國。利人之能，不知其私。公分四室，民食於他。思莫在公，不圖其終。爲國君，難將及身，不恤其所。禮之本末，將於此乎在，而屑屑習儀以亟。言善於禮，不亦遠乎？」女叔齊認爲作爲國君之禮的關鍵在於能治理好國家，如果在這方面不合格，而去追求舉止上的合乎禮制，實在是本末倒置。這也就是孔子主張「君君，臣臣，父父，子子」（《論語・顏淵》）以及要求「正名」（《論語・子路》）的眞實用意。孔子以仁釋禮的艱辛努力均在於對禮的正本清源。牟宗三先生就此寫道：「周文之所以失效，沒有客觀的有效性，主要是因爲那些貴族生命腐敗墮落，不能承擔這一套禮樂。……孔子也知道貴族生命墮落，當然周文也成了掛空，但是孔子就要把周文生命化。要使周文這套禮樂成爲有效的。」〔註 18〕孔子關於禮的正本清源論說很多，如：「禮云禮云，玉帛云乎哉？樂云樂云，鐘鼓云乎哉？」（《論語・陽貨》）「子曰：『人而不仁，如禮何？人而不仁，如

〔註 17〕《馬克思恩格斯選集》（第四卷），人民出版社，1995 年版，第 702 頁。
〔註 18〕牟宗三：《中國哲學十九講》，上海古籍出版社，2006 年版，第 49 頁。

樂何？』」「林放問禮之本。子曰：『大哉問！禮，與其奢也，寧儉；喪，與其易也，寧戚。』」（《論語・八佾》）孟子說：「非禮之禮，非義之義，大人弗為。」（《孟子・離婁下》）

關於禮的變革，孔子說：「殷因於夏禮，所損益可知也；周因於殷禮，所損益可知也。」（《論語・為政》）「麻冕，禮也；今也純，儉，吾從眾。」（《論語・子罕》）孔子是主張因時而變禮的。當然，在春秋戰國時期，儒家的基調是傾向於保守的。孟子「言必稱堯舜」（《孟子・滕文公上》），認為「今有仁心仁聞而民不被其澤，不可法於後世者，不行先王之道也。……遵先王之法而過者，未之有也」（《孟子・離婁上》）。連善於取百家之長的荀子也說「王者之制：道不過三代，法不二後王」（《荀子・王制》）。而從某種意義上說由儒家分化出去的法家代表人物商鞅、韓非等卻是高揚變革的旗幟。商鞅說：「法者所以愛民也，禮者所以便事也。是以聖人苟可以強國，不法其故；苟可以利民，不循其禮。」（《商君書・更法》）韓非說：「聖人不期修古，不法常可，論世之事，因為之備。……今欲以先王之政，治當世之民，皆守株之類也。」（《韓非子・五蠹》）法家變法的直接目的在於爭霸，並且有任意枉為的成分，由此也埋下了酷政虐民、暴政亡秦的種子。至董仲舒倡導「獨尊儒術」時，董氏所說的儒術已是儒法合流，充分吸收了法家乃至多家合理因素的儒術了。儒家、法家的歷史表明，由不斷變化中的內在的禮制秩序向外在的禮的規範的「翻譯」是必須的，也是必然的，但翻譯的根據只能是客觀性的倫理關係與倫理秩序。

總之，儒家基本政治理念是仁政，但仁政的本體依據在於一定歷史階段的禮制倫理秩序。

第二節　德：仁政的德性

仁政是有善的屬性的統治方式與統治狀態。政權的善的倫理屬性意味著統治者的權力來源是合理合法的。先秦時期，人們對政治權力的合法性根據的認識有一個從神秘不可知的天命到統治者優良德性的轉變過程。

一、以德配天

在遠古的蒙昧時代，君權神授是一個很普遍的思想。這在中國上古時期即表現為君權天授。

何謂天？甲骨卜辭中的「天」字的構形通常是張手站立的人形，而特別誇張其頭部，意謂：天，人之頭頂也。古人由頭頂推廣演繹，可以指稱頭頂上高廣之蒼天，進而可以指稱想像中的神秘的不可知的神之居所。所以許慎《說文解字》中說：「天，顛也。至高無上。」段玉裁注：「顛者，人之頂也，以爲凡顛之稱。……然則天亦可爲凡顛之稱。臣於君，子於父，妻於夫，民於食，皆曰天是也。」段注有爲董仲舒之「三綱」辯護之意，與先民之意無涉，但也不能說違背了天的本意。焦國成先生就此寫道：「由此看來，天是一個極爲抽象的詞；凡至高無上者、其大無二者，皆可以稱天。」〔註 19〕

與「天」字有關，上古先民使用的另一個字是「帝」。許慎《說文解字》中說：「帝，諦也，王天下之號也。從上朿聲。」近代文字學家認爲其不合本意。王國維從甲骨卜辭得出結論說：「帝者蒂也……象花萼全形。」(《觀堂集林》卷六) 華夏先民有植物崇拜的思想。「就植物而言，開花結果，生生不息，花蒂是其根本。植物花蒂的這種帶根本性的神異力量，很自然會引起人類的重視和崇拜，進而成爲自然界至尊神的化身。」〔註 20〕在先民看來，「帝」具有極大的神通，徵諸甲骨卜辭：

帝其於生一月令雷。貞：帝其及今十三月令雷。(《殷虛文字乙編》3282)

貞：翌癸卯帝其令風。(《殷虛文字綴合》195)

自今庚子至於甲辰帝令雨，至甲辰帝不其令雨。(《殷虛文字乙編》6951)

庚戌卜，貞帝其降堇。(《殷虛書契前編》3・24・4)

王封邑，帝若。(《卜辭通纂》373)

以上五條卜辭分別是探尋「帝」何時令打雷、颳風、下雨、降饑荒及是否允許建都城。可見「帝」可隨心所欲地安排自然之事與社會之事。可憐的人類只能通過占卜來探尋其不可測的天意。更進一步，人類以豐厚的祭祀來討好這個喜怒無常的帝，希望能夠降福免災。徵諸甲骨卜辭：

己亥卜，貞：方帝一豕四犬二羊，二月。(《殷虛文字甲編》3432)

〔註 19〕焦國成：《中國倫理學通論》(上)，山西教育出版社，1997 年版，第 34 頁。
〔註 20〕劉翔：《中國傳統價值觀詮釋學》，上海三聯書店，1996 年版，第 11 頁。

甲辰卜，爭貞：我伐馬方，帝受我祐，一月。（《殷虛文字乙編》5408）

上兩條卜辭其一記載了祭祀帝的用品，其二是希望通過祭祀讓帝保祐對外征伐。

天與帝是何關係？郭沫若等人認爲殷人崇拜帝，而到了周人才崇拜天，並由此推斷現存夏商文獻中含有「天」字者皆爲僞作。陳來等人認爲此說過於偏激。可信的文獻如《尚書・湯誥》有「各守爾典，以承天休。爾有善，朕弗敢蔽；罪當朕躬，弗敢自赦，惟簡在上帝之心。」等多處天、帝並用與混用之語。聯繫《甘誓》、《湯誓》、《洪範》等夏商可信文獻，天、帝應是異名而同指〔註21〕。焦國成先生分析說：「既然殷人承認有上帝、鬼神的存在，那麼，這些上帝鬼神們總要有一個住處吧？實際上，從我們接觸的材料中可以很容易看出，殷人認爲上帝、鬼神是住在人頭頂以上的天上的。」〔註22〕上帝獎懲人類也總是從天而「降」的。

既然上古是一個迷信鬼神的時代，神職人員在社會中的地位必然是顯赫的。當時的神職人員男曰「覡」，女曰「巫」。氏族與部落首領當然是最重要的神職人員。鬼神祭祀是最重要的政治活動，部落首領也必然從天帝的神意來論證他們統治權力來源的合法性。

孔子曾讚揚大禹說：「禹，吾無間然矣。菲飲食，而致孝乎鬼神；惡衣服，而至美乎黻冕；卑宮室，而盡力乎溝洫。禹，吾無間然矣。」（《論語・泰伯》）孔子讚美大禹的兩大美德，其一是盡力於鬼神祭祀，其二是盡力於平息水患。而且從語言的次序來看，似乎尊崇鬼神是更重要的美德。愛屋及烏是人之常情，愛首領而及其子也是很普遍的現象。禹的兩大美德爲其子啓獲得部分氏族的支持得以破壞禪讓制實行家天下創造了條件，而啓也一定以天命所歸的方式主張繼位。雖然其具體內容史無記載，但啓以天意爲根據來誅滅反對他繼位的有扈氏卻是記載在冊。《尚書・甘誓》載，啓宣佈討伐有扈氏的理由：「有扈氏威侮五行，怠棄三正，天用剿絕其命，今予惟恭行天之罰。」「五行」據劉起釪先生考證就是金星、木星、水星、火星、土星之「五星」。焦國成先生說：「『五行』雖然是從星象活動來的，但這個概念的本來含

〔註21〕陳來：《古代宗教與倫理：儒家思想的根源》，北京三聯書店，1996年版，第164～165頁。

〔註22〕焦國成：《中國倫理學通論》（上），山西教育出版社，1997年版，第52頁。

義肯定是與我們現在理解的自然的天象活動是不同的。……認爲其背後一定是有一個大神操縱的；不敬天象，當然也就是不敬上帝。……加給有扈氏這樣一個『天大』的罪名，然後冠冕堂皇地舉起上帝的旗號去討伐反叛，自然就是『正義』的行爲了。」〔註23〕

祭祀當有祭品，祭品是分等級的。動物祭品優於植物祭品，以人牲爲祭品又優於動物祭品，所以殷墟中發現數量驚人的祭祀人牲。而最高規格的祭品當以神職人員特別是宗教領袖自身爲祭品。文獻記載商湯就進行過這樣的祭祀活動。

昔者湯克夏而正天下，天大旱，五年不收，湯乃以身禱於桑林，曰：「余一人有罪，無及萬夫。萬夫有罪，在余一人。無以一人之不敏，使上帝鬼神傷民之命。」於是翦其髮，櫪其手，以身爲犧牲，用祈福於上帝，民乃甚說，雨乃大至。（《呂氏春秋・順民》）

據此記載，湯通過鳴條之戰敗桀而代夏，卻遭遇了五年大旱，商朝的合法性受到了質疑：「難道天不屬商？」湯可能面臨眾叛親離之窘境。商湯爲挽救頹勢，只好以自己爲人牲自焚求雨以化解危局。這眞是一場豪賭。如果天不降雨，湯就可能被活活燒死。也一定有過很多人就這樣無謂地犧牲了。萬幸的是天適時降雨，商湯賭勝。而這場豪賭的獲利也是豐厚的。商湯從此爲萬民擁戴，開創了五百年之久的商王朝。商人可能也因此之故，特別迷信鬼神，凡事必卜，從而留下了數量浩繁的甲骨卜辭，無意中爲中華文明做出了巨大貢獻。商人又特別尚武，大肆征伐，動機之一是獲得大批俘虜以作人牲，供祭祀鬼神之用。商紂王在周人來勢洶洶、政權風雨飄搖之際，仍自信地宣稱「我生不有命在天」（《尚書・西伯戡黎》）。商紂的盲從鬼神，使他的失敗不可逆轉。

將統治權的來源及其合法性歸於天意，不僅是上古先民的思想，後世之睿智哲人也常有此觀念。如孟子與弟子萬章討論舜何以有天下時，還是說「天予之」（《孟子・萬章上》）。而後世之歷代帝王也毫無例外地以天命作爲其統治合法性的論證方式。迄袁世凱復辟帝制，也還要到天壇祭天，喻示他的帝位是上天允許的。

但即使在遠古蒙昧時期，人民擁戴某人爲王爲后，也並非純粹以天意爲依歸，而是自覺不自覺地以此人的美德與功勞做依據。韓非子對此有精彩的

〔註23〕焦國成：《中國倫理學通論》（上），山西教育出版社，1997年版，第43頁。

揭示：

> 上古之世，人民少而禽獸眾，人民不勝禽獸蟲蛇。有聖人作，構木為巢以避其害，而民悅之，使王天下，號之曰有巢氏。民食果蓏蚌蛤，腥臊惡臭而傷害腹胃，民多疾病。有聖人作，鑽燧取火以化腥臊，而民悅之，使王天下，號之曰燧人氏。中古之世，天下大水，而鯀、禹決瀆。（《韓非子・五蠹》）

韓非子以天才的想像描繪了中華遠古的文明發展史，同時指出為文明作出巨大貢獻的人都被人民擁戴為王。

《尚書》中也分別記載了被擁戴為帝王的堯、舜、禹的美德：

> 曰若稽古，帝堯，曰放勳，欽明文思安安，允恭克讓，光被四表，格於上下。克明俊德，以親九族。九族既睦，平章百姓。百姓昭明，協和萬邦。黎民於變時雍。（《尚書・堯典》）

> 曰若稽古，帝舜，曰重華，協於帝。濬哲文明，溫恭允塞，玄德升聞，乃命以位。愼徽五典，五典克從。納於百揆，百揆時敘。賓於四門，四門穆穆。納於大麓，烈風雷雨弗迷。（《尚書・堯典》）

> 帝曰：「來，禹。降水儆予，成允成功，惟汝賢。克勤於邦，克儉於家，不自滿假，惟汝賢。汝惟不矜，天下莫與汝爭能。汝惟不伐，天下莫與汝爭功。予懋乃德，嘉乃丕績，天之歷數在汝躬，汝終陟元后。」（《尚書・大禹謨》）

堯舜禹時代，統治者的產生實行禪讓制。民主推選在人類社會的早期是普遍現象。錢穆先生說：「此如烏桓、鮮卑、契丹、蒙古，其君主皆由推選漸變而為世襲，唐、虞時代之禪讓，正可用此看法。」〔註 24〕因為禪讓是自下而上的推選，非品德優秀而功勳卓著者不可能被推選。所以遠古蒙昧時期，統治者及其統治權的產生，既源於天命，也源於德性，可說是以德配天的完美契合。但是因為此時暴君與暴政產生的幾率很小，人們並未深刻體驗到暴政之苦，從而也就不能深刻感受美德之重要。善與惡是結伴而生的，不深刻地體會惡也就不能深刻體會到何為善。所以說原始先民對統治者優良德性的感知只能是樸素的與自發的。然而隨著「暴君代作」（《孟子・滕文公下》），這種情況就改變了。

〔註 24〕錢穆：《國史大綱》，商務印書館，2009 年版，第 12 頁。

二、以德代暴

何爲德？許愼在《說文解字》中說：「德，升也，從彳德聲。」但又在訓德之異體字「悳」時說：「悳，外得於人，內得於己也。」孰是孰非，後世學者聚訟紛紜。劉翔先生在梳理了周代金文中各種寫法後，總結到：「德字最主要的構形，一是從心從徝，一是從心從直，後者是前者的訛變，實爲同字異構。……許氏訓『德』非而說『悳』是，乃因他不明瞭德字形體演變過程，這是歷史的局限使然。」「德」從直，「即如一人張目處於十字街口，舉目直視前方的『丨』形物象，目不斜視不旁顧之狀。直字的造文初義當是舉目正視。」「德字從心從直，本義即是正見於心，所謂端正心思，『內得於己』之意。」〔註 25〕以此而推己及人，即「外得於人」也。焦國成先生從「以德配天」的意義上發揮說：「在我看來，此字解釋成『內得於己，外得於人，上得於天也』，恐怕更合乎古義。」〔註 26〕

啓壞禪讓而取得統治權，父子兄弟相及的家天下政治從此成中國政治的主要形態，「天子」觀念從此產生。梁啓超先生寫道：「天的觀念與家庭的觀念互相結合，在政治上產生出一新名詞焉，曰『天子』。……邃古之『巫覡政治』，不過憑附一人以宣達天意，政治完全隸屬於宗教之下。此種『天子政治』，則認定一人以執行天意，故曰；『天工人其代之』。天而有代理人。」〔註 27〕世襲之天子與禪讓之共主的重要區別，一則是前者具有後者所沒有的巨大權力。《尚書・洪範》說：「天子作民父母以爲天下王。」《詩經・小雅・北山》說：「溥天之下，莫非王土；率土之濱，莫非王臣。」二則天子的血統是高貴而神秘的。《詩經・商頌・玄鳥》說；「天命玄鳥，降而生商。」玄鳥者，一說是黑色的燕子，一說是神秘的鳳凰，後說的神意更濃。無論作何解釋都是炫耀商之始祖契及其後裔乃天生貴種也。

其實揭開「天子」的神秘面紗，家天下的根源在於，一是禪讓制的內在困境。古人心目中的禪讓繼位者應是卡里斯瑪式的天才人物。非此類人物則缺少公信力。此類人物不常有從而導致禪讓不能。伯益缺乏禹的聲譽與威信，不孚眾望，甚至遜於啓，是啓壞禪讓的重要原因。二是君權帶來越來越多的利益的誘惑。韓非子說：「夫古之讓天子者，是去監門之養，而離臣虜之

〔註 25〕劉翔：《中國傳統價值觀詮釋學》，上海三聯書店，1996 年版，第 92～95 頁。
〔註 26〕焦國成：《中國倫理學通論》（上），山西教育出版社，1997 年版，第 59 頁。
〔註 27〕《梁啓超全集》（第十二卷），北京出版社，1997 年版，第 3618 頁。

勞也，古傳天下而不足多也。今之縣令，一日身死，子孫累世絜駕，故人重之。是以人之於讓也，輕辭古之天子，難去今之縣令，薄厚之實異也。」（《韓非子・五蠹》）夏啓集團不惜用武力誅殺有扈氏以奪取統治權，謀利可能是更突出的動機。

家天下政治內在地產生暴政。陳來先生說：「早期中國政治思想傳統的核心問題是暴君與暴政問題，它體現的是統治者（君王）與被統治者（民眾）間緊張關係這一永久性的政治學原理。……暴君問題的出現，當然與政治組織制度的變化有關，部落聯盟的禪讓制度或選舉制下，是不會出現異化的暴君的。正是夏代開始的政治權力家庭繼承制（無論是父子間還是兄弟間），嚴格說是在父系宗親之間傳遞政治權力的過程中，才開始產生這一問題。」〔註28〕

暴政總是不合法的，是應當被否定的。暴君與暴政問題的解決，最有效的方法是民主政治。可惜這一方法在夏商時期不太可能產生。關於其原因，陳來先生寫道：「與希臘相比，顯然是因爲夏代就不是一個小城邦，它的政治統治與管理無法訴諸城邦民主。」〔註29〕華夏先民選擇的路徑是以德代暴。具體的方式是革除現任君主的天命，簡稱「革命」。其前提是現任君主是暴君，而恰巧又出現了一位卡里斯瑪式的候選仁君。韓非子說：「夫兩堯不能相王，兩桀不能相亡。亡、王之機，必其治亂、其強弱相踦者也。」（《韓非子・亡徵》）中國上古時期出現過兩次著名的革命，即商革夏命與周革商命。夏的末代君主桀是有名的暴君，「夏王率遏眾力，率割夏邑。有眾率怠弗協，曰：『時日曷喪？予及汝皆亡！』」（《尚書・湯誓》）孔安國傳：「言桀君臣相率爲勞役之事以絕眾力，謂廢農功。相率割剝夏之邑居，謂徵賦重。」孔穎達正義：「鄭云：『桀見民欲叛，乃自比於日，曰：『是日何嘗喪乎？日若喪亡，我與汝亦皆喪亡。』引不亡之征以脅恐下民也。』」而商湯有美德，「湯出，見野張網四面，祝曰：『自天下四方皆入吾網。』湯曰：『嘻，盡之矣！』乃去其三面，祝曰：『欲左，左。欲右，右。不用命，乃入吾網。』諸侯聞之，曰：『湯德至矣，及禽獸。』」（《史記・殷本紀》）商湯以賢人伊尹爲相，內修德政，外連諸侯。商湯通過鳴條之戰，擊敗並放逐了夏桀，商王朝取代了夏

〔註28〕陳來：《古代宗教與倫理：儒家思想的根源》，北京三聯書店，1996年版，第297頁。

〔註29〕陳來：《古代宗教與倫理：儒家思想的根源》，北京三聯書店，1996年版，第298頁。

王朝。

周代商的「文武革命」的歷史影響更大。王國維曾說：「中國政治與文化變革，莫劇於殷周之際。」〔註 30〕殷商是極爲強盛的王朝，從現在出土的歷代商王室墓葬的豪華可以想見當時物質財富的豐腴。後期的商人也是極其墮落的，商末重臣微子說：「我用沈酗于酒，用亂敗厥德于下。殷罔不小大，好草竊奸宄。卿士師師非度，凡有辜罪，乃罔恒獲。小民方興，相爲敵讎。今殷其淪喪，若涉大水，其無津涯。」（《尚書・微子》）說明商貴族酗酒、盜竊、枉法成風，人民怨聲載道。商的末代帝王辛「資辨捷疾，聞見甚敏；材力過人，手格猛獸」（《史記・殷本紀》）。堪稱能文能武。多次征伐淮夷，開疆拓土，戰功甚偉。但帝辛更是出了名的暴君，「好酒淫樂，嬖於婦人。……以酒爲池，縣肉爲林，使男女倮相逐其間，爲長夜之飲。百姓怨望而諸侯有畔者，於是紂乃重刑辟，有砲格之法。」（《史記・殷本紀》）

相對於商人，周人是地處西陲的落後小邦。但周人的性格與商人頗爲不同。與商人迷信鬼神，崇尚武力不同，周人偏於理性，重視文德。徵諸《詩經》，《商頌》喜歡誇耀商人的天生貴種，及其赫赫武功。如：「天命玄鳥，降而生商，宅殷土芒芒。古帝命武湯，正域彼四方。」（《詩經・商頌・玄鳥》）「武王載旆，有虔秉鉞。如火烈烈，則莫我敢曷。苞有三蘖，莫遂莫達。九有有截，韋顧既伐，昆吾夏桀。」（《詩經・商頌・長發》）「撻彼殷武，奮伐荊楚。深入其阻，裒荊之旅。」（《詩經・商頌・殷武》）而《周頌》則著重宣揚文王等人的美德。如：「維天之命，於穆不已。於乎不顯，文王之德之純。」（《詩經・周頌・維天之命》）「於穆清廟，肅雍顯相。濟濟多士，秉文之德。」（《詩經・周頌・清廟》）《禮記・表記》集中對比了周人與商人的不同：「殷人尊神，率民以事神，先鬼而後禮，先罰而後賞。……周人尊禮尙施，事鬼敬神而遠之，近人而忠焉。」經過文王、武王父子兩代的銳意經營，周人籠絡了眾多的邦國，以致「三分天下有其二」（《論語・泰伯》）。於武王時舉起反商大旗，公佈商紂王的罪行：「今商王受惟婦言是用，昏棄厥肆祀弗答，昏棄厥遺王父母弟不迪，乃惟四方之多罪逋逃，是崇是長，是信是使，是以爲大夫卿士。俾暴虐于百姓，以奸宄于商邑。」（《尚書・牧誓》）表示奉天命伐之，以「戎車三百兩，虎賁三百人」（同上）牧野一戰而殺紂代商。商人不甘心失敗，故太子武庚聯合與周公姬旦不合的武王二弟管叔、蔡叔發動叛亂。

〔註 30〕郭沫若：《十批判書》，人民出版社，1982 年版，第 7 頁。

周公經過三年苦戰平息叛亂。周公認爲武力不能解決根本問題，轉而從思想上說服殷之頑民，由此而發表了《多士》、《多方》等誥命，總結出「德必代暴」的歷史規律。如：

> 爾殷多士……我聞曰：「上帝引逸。」有夏不適逸，則惟帝降格。向于時夏，弗克庸帝，大淫泆有辭。惟時天罔念聞，厥惟廢元命，降致罰。乃命爾先祖成湯革夏，俊民甸四方。
>
> 自成湯至于帝乙，罔不明德恤祀。亦惟天丕建保乂有殷，殷王亦罔敢失帝，罔不配天其澤。在今後嗣王，誕罔顯于天，矧曰其有聽念于先王勤家？誕淫厥泆，罔顧于天顯民祇，惟時上帝不保，降若茲大喪。惟天不畀不明厥德，凡四方小大邦喪，罔非有辭于罰。
>
> 爾殷多士，今惟我周王，丕靈承帝事，有命曰：「割殷，告敕于帝。」（《尚書・多士》）

周公用夏商周三代史替的歷史說明，讓人民安寧快樂是上帝的最高命令。夏人違背了這一命令，且不聽天帝的告誡，所以天帝命令你們的祖先商湯革了夏的天命，取而代之。商朝從成湯至帝乙的歷代君主都是有德的，能夠謹慎地遵循天命，所以能安享天下。而後面的幾任君主無德，特別是末代君主帝辛，極其荒淫而又無視上天的警告，所以天帝命令我們有德的周王取而代之。周公從三代更替的歷史事實提煉出「德必代暴」的歷史規律，以此來說明周之代商的合法性，是有很強的說服力的。

針對商人的血統優越論，周公等人也利用或編造了周人血統高貴的神話。《詩經・大雅・生民》中說：「厥初生民，時維姜嫄。生民如何？克禋克祀，以弗無子。履帝武敏歆，攸介攸止。載震載夙，載生載育，時維后稷。」對此，《史記・周本紀》有更通俗的說法：「周后稷，名棄。其母有邰氏女，曰姜原。姜原爲帝嚳元妃。姜原出野，見巨人跡，心忻然說，欲踐之，踐之而身動如孕者。」簡而言之，周人如同商人一樣乃天生貴種也。後來周人更大膽地提出，所有人都是上天之子，無分貴賤。「王司敬民，罔非天胤」（《尚書・高宗肜曰》）就是說君王必須善待百姓，因爲萬民都是上天的兒子。此語雖出自《商書》，但學者們認爲反映的應當是周人的思想〔註31〕。

〔註31〕焦國成：《中國倫理學通論》（上），山西教育出版社，1997年版，第61頁。

周人最後把政權存廢的規律概括爲簡要的一句話，即「皇天無親，惟德是輔」(《尚書・蔡仲之命》，又見《左傳・僖公五年》)。上天是公正的，並不隨意地偏愛某一家一姓，而誰有德就讓其做上天的代理人，以統治與造福萬民。現任的君主無德，上天就會命令有德的人替代之，即「皇天上帝，改厥元子」(《尚書・召誥》)。元子即天子。

周公的「以德代暴」革命說，爲先秦儒家所一再弘揚。孔子提出「正名」說，要求「君君」(《論語・顏淵》)，君主必須是合格的君主，隱含以德代暴的必要性。孟子在回答齊宣王問湯武爲臣可否「弒君」時說：「賊仁者謂之『賊』，賊義者謂之『殘』。殘賊之人謂之『一夫』。聞誅一夫紂矣，未聞弒君也。」(《孟子・梁惠王下》) 荀子說：「天下歸之之謂王，天下去之之謂亡。故桀紂無天下，湯武不弒君，由此傚之也。湯武者，民之父母也；桀紂者，民之怨賊也。」(《荀子・正論》)《易經・革卦》中也說：「湯武革命，順乎天而應乎人，革之時義大矣哉！」在後世王朝政權的更替中，誅滅暴君與暴政是最常見、最正當的口實。

「以德代暴」論證的是新王朝替代舊王朝的原因及其合法性，那麼得到政權後又該如何施政呢？周公作爲有遠見的思想家，一面說服商之遺民服從周人的統治，一面又告誡周人如何保持其得來不易的政權。此即「爲政以德」。

三、爲政以德

周公決不相信周人統治權是上天眷顧、理所當然的，他反覆說「天不可信」、「天命不易，天難諶」(《尚書・君奭》)、「天畏棐忱」、「惟命不于常」(《尚書・康誥》)、「天命靡常」(《詩經・大雅・文王》)。他認爲是文王、武王的優良德性使他們取得了統治權。而如果要繼續保有統治權，就必須繼承與發揚文王等人的優良德性。周公在眾多誥命中對周人反覆申述，不厭其煩。如：

> 小子封。惟乃丕顯考文，克明德慎罰，不敢侮鰥寡，庸庸，祇祇，威威，顯民。用肇造我區夏，越我一二邦以修。我西土惟時怙冒，聞于上帝，帝休。天乃大命文王，殪戎殷，誕受厥命，越厥邦厥民，惟時敘。乃寡名勖，肆汝小子封，在茲東土。(《尚書・康誥》)

封，汝念哉！今民將在祗遹乃文考，紹聞衣德言。往敷求于殷先哲王，用保乂民。汝丕遠惟商耇成人，宅心知訓。別求聞由古先哲王，用康保民。弘于天，若德裕乃，不廢在王命。（《尚書・康誥》）

乃穆考文王，肇國在西土。厥誥毖庶邦庶士越少正、御事，事夕曰：「祀茲灑。」……越小大邦用喪，亦罔非酒惟辜。（《尚書・酒誥》）

在昔殷先哲王，迪畏天，顯小民……罔敢湎于酒。……在今後嗣王酣身……惟荒腆于酒……庶群自酒，腥聞在上，故天降喪於殷。（《尚書・酒誥》）

《康誥》是周公代成王封武王幼弟康叔去衛國統治殷頑民時的誡命。他告訴康叔，是文王、武王的眾多美德感動了上天，令其代替殷命。他要求康叔務必保持文王、武王的美德，並且學習殷代先哲乃至夏代先哲的美德，才能永遠保持其封國。《酒誥》是周公對康叔的又一篇誥命，他告訴康叔，文王規定酒只是爲祭祀準備的，也只能在祭祀時才能喝酒；許多邦國都是因酗酒而滅亡的。並特別指出，殷代前幾代的君主都小心謹慎，不酗酒，所以能安享政權，而末代君主紂辛，自己酗酒，也放縱群臣乃至百姓飲酒，所以亡了國。把亡國歸因於喝酒，過於簡單化了，但是因生活奢華而喪德亡國確是必然的規律。

周公等周初政治家忠實貫徹「爲政以德」的祖訓，節制欲望，敬德保民；加之封建、制禮等一系列創造與革新，使西周出現了二百餘年的繁榮景象，造就了「周監於二代，郁郁乎文哉！」（《論語・八佾》）的文明成就。但是統治權爲一家一姓所獨享的家天下政治必然會走向墮落。英國人密爾說：「有一個時常改革弊政的君主，就有九十九個只知道製造弊政的專制君主。」〔註 32〕西周後期的幽厲二王即是出名的昏君，也直接導致了西周的滅亡。史入春秋，更是「暴君代作」。面對此情此景，儒學創始人孔子再次高舉德性的旗幟。

爲政以德，譬如北辰，居其所而眾星共之。（《論語・爲政》）

修己以敬……修己以安人……修己以安百姓。（《論語・憲問》）

〔註 32〕〔英〕密爾：《代議制政府》，汪瑄譯，商務印書館，2007 年版，第 42 頁。

> 政者正也。子帥以正，孰敢不正？(《論語・顏淵》)
>
> 子爲政，焉用殺？子欲善，而民善矣。君子之德風，小人之德草。草上之風，必偃。(《論語・顏淵》)
>
> 道之以政，齊之以刑，民免而無恥；道之以德，齊之以禮，有恥且格。(《論語・爲政》)

孔子告誡統治者，治國的要害在於統治者的德性，美德對於政治起著北極星對天體一般的樞紐作用。一則君主大權在握，令行禁止，對社會的作用力非常人可比。君主之善惡直接決定了統治行爲的不同後果。二則上行下效，君主的德性對於臣民有著極強的示範引導作用。君主德性的墮落，必然會引起全體社會倫理秩序的紊亂。對民眾行爲之規範與社會矛盾的解決，德教是根本，刑政是手段，德教的成效遠遠高於刑政。

孟子是戰國霸道橫行之時孔子德治思想的宣傳者。他說：

> 三代之得天下也以仁，其失天下也以不仁。國之所以廢興存亡者亦然。天子不仁，不保四海；諸侯不仁，不保社稷；卿大夫不仁，不保宗廟；士庶人不仁，不保四體。(《孟子・離婁上》)
>
> 惟仁者宜在高位。不仁而在高位，是播其惡於眾也。(《孟子・離婁上》)
>
> 君仁，莫不仁；君義，莫不義；君正，莫不正。一正君而國定矣。(《孟子・滕文公下》)
>
> 以力假仁者霸，霸必有大國，以德行仁者王，王不待大。……以力服人者，非心服也，力不贍也；以德服人者，中心悅而誠服也。(《孟子・公孫丑上》)

孟子一如孔子，強調君主德性的樞紐作用，及其對社會強烈的示範作用，並且把君子是否具備仁德上陞到「國之所以廢興存亡」的原則高度，概莫能外，不容置疑。在王霸之間，孟子堅決反對霸道，倡導王道。孟子要求統治者的德治與仁政具體落實到井田、輕稅、教化等各項措施中。

荀子作爲先秦儒家的集大成者，具有濃厚的折中百家的傾向。所以他不絕對否定霸道，也反覆強調法制的重要性，但他的儒家本色決定他堅決主張統治者德性在施政中的重要性。荀子說：

> 夫桀紂何失而湯武何得也？曰：是無它故焉，桀紂善爲人所惡

也，而湯武者善爲人所好也。人之所惡何也？曰：污漫、爭奪、貪利是也。人之所好者何也？曰：禮義、辭讓、忠信是也。（《荀子·強國》）

李斯問孫卿子曰：「秦四世而有勝，兵強海內，威行諸侯，非以仁義爲之也，以便從事而已。」孫卿子曰：「非女所知也。女所謂便者，不便之便也；吾所謂仁義者，大便之便也。……今汝不求之於本而索之於末，此世之所以亂也。」（《荀子·議兵》）

用國者，義立而王，信立而霸，權謀立而亡。（《荀子·王霸》）

馬駭輿則君子不安輿，庶人駭政則君子不安位。……傳曰：「君者，舟也；庶人者，水也。水則載舟，水則覆舟。」此之謂也。故君人者欲安則莫若平政愛民也。（《荀子·王制》）

荀子一則從三代興亡、文武革命的歷史經驗出發，告誡統治者得天下與保天下，必須具有優良的德性。二則反覆討論王與霸，認爲王高於霸，霸者不向王者前進，必然半途而廢。在與弟子李斯的問答中，荀子指出秦國的霸道政策終究成不了大業，即使勉強得到天下，也不可能安享天下，原因即在於它缺少德性的根基。三則以君舟民水的著名譬喻告誡統治者，如果不想傾覆，只有平政愛民。

總之，先秦儒家的大哲們——從周公到孔子、孟子、荀子等——反覆論證：統治者具備優良的德性是政治統治可以合理存在，也即具備合法性的唯一根據。

第三節　仁：仁政愛人

統治者與被統治者是政治結構中對立統一的兩個基本方面。統治者以何種態度、理念來對待被統治的民眾，是政治哲學的基本內容，對此先秦儒家的鮮明立場是「仁政愛人」。

一、仁者愛人

堯舜禹的時期由於實行民主禪讓，統治者與大眾關係尚不緊張，統治者如何對待民眾的問題尚不突出。《尚書·堯典》中說堯「克明俊德，以親九族。九族既睦，平章百姓。百姓昭明，協和萬邦」。關於「百姓」，孔安國傳：「百姓，百官。」孔穎達正義：「『百姓』謂百官族姓。」梁啓超先生認爲：「『姓』從女生……初民社會，先有母系然後有父系……百姓即群部落之義。言百者舉大數耳。」〔註 33〕由此可見，堯是以親族、氏族、萬邦的順序處理整個社會關係的。這裏滲透了一個重要的治國原則：以家及國，以家庭式的血緣親情原則規制所有的社會矛盾與社會關係。堯的此種做法後來構成了中華民族的政治遺傳基因。

夏啓開創的家天下，必然性導致「暴君代作」。暴政必虐民，也會引起民眾的反抗。啓之子太康即因荒淫而失國，其五個兄弟怨恨之，作《五子之歌》，其中說：「皇祖有訓，民可近，不可下，民惟邦本，本固邦寧。予視天下，愚夫愚婦，一能勝予，一人三失，怨豈在明？不見是圖。予臨兆民，懍乎若朽索之馭六馬，爲人上者，奈何不敬？」這段文字陳義很高，把民的地位上陞到「邦本」的位置。認爲人民大眾，即便是愚弱之人，也只能親近而不能欺侮。可惜我們今天看到的《五子之歌》見於《古文尚書》，被斷定爲晉人僞作。上述思想是否爲夏代人的思想是大有疑問的。不過其中把君主世襲制度下的統治者與大眾的關係，比照爲一人對兆民，朽索與六馬，表現出統治者的恐懼心態，還是較爲可信的。

文武革命之後，武王向商之遺臣箕子咨詢治國之策，箕子作《洪範》。《洪範》是較爲可信的周初作品，並稱述乃禹所傳承，可以認爲是夏商時期的治國經驗結晶。陳來先生寫道：「在古代文化發展緩慢的時代，時間觀念與現代知識爆炸中生活的人的觀念完全不同，社會生活和人的觀念在幾百年中變化甚慢，傳統是上古人們特別重視的經驗結晶與寶貴資源。」〔註 34〕關於對民眾的態度，篇中寫道：

> 皇建其有極，斂時五福，用敷錫厥庶民。……曰天子作民父母，以爲天下王。

「天子作民父母，以爲天下王」高度概括了上古時期的統治理念，分析之可以得出兩個結論：其一，統治權歸屬於王。帝王是固定的統治主體，民眾是固定的統治客體，統治者與被統治者斷成兩截，不能顛倒與替換。其論證方式有二，一爲神學論的。古人天、帝同義，天帝創生與統治萬物以及萬民。

〔註 33〕《梁啓超全集》（第十二卷），北京出版社，1997 年版，第 3622 頁。

〔註 34〕陳來：《古代宗教與倫理：儒家思想的根源》，北京三聯書店，1996 年版，第 199～200 頁。

王乃天之子，「天工，人其代之」（《尚書・臯陶謨》）。王是天的代理人，自應統治萬民。二爲經驗論證。王好比父母，理智健全，民乃子女，且爲小兒（小人），理智不健全，甚至是蒙昧的。父母自應監護管理小兒。其二，政治統治的目的是爲民造福。父母自當爲子女的幸福著想與勞作，此即「賜民以五福」。

文武革命是中國歷史上的大事。小邦周何以取代大邦殷？講清這個道理，才可以說服殷之頑民，才能警醒周人如何避免重蹈商人之覆轍。周公姬旦對此進行了深入思考，並得出了「以德代暴」的結論。而統治者有德無德的重要內容，是對民眾的態度。他說：

> 厥終智藏瘝在。夫知保抱攜持厥婦子，以哀籲天，徂厥亡出執。嗚呼！天亦哀于四方民，其眷命用懋。（《尚書・召誥》）

> 惟乃丕顯考文王，克明德慎罰，不敢侮鰥寡，庸庸，祗祗，威威，顯民。……天乃大命文王，殪戎殷，誕受厥命。（《尚書・康誥》）

> 君子所其無逸。先知稼穡之艱難，乃逸，則知小人之依。……文王卑服，即康功田功。徽柔懿恭，懷保小民，惠鮮鰥寡。自朝至于日中昃，不遑暇食，用咸和萬民。（《尚書・無逸》）

周公通過對歷史的反思指出，商紂之所以敗亡在於他不顧人民的苦難與呼籲，而文王之所以興乃在於其尊重民眾，爲民眾謀幸福。而周人如果想保持天下，必須關心人民的疾苦。絕不能因統治者的奢華，而剝削與殘害民眾。

周初政治家最傑出的觀點，是視民意爲王朝興亡的決定性因素：

> 天視自我民視，天聽自我民聽。（《孟子・萬章上》引古《泰誓》逸文）

> 民之所欲，天必從之。（《左傳・襄公三十一年》引古《泰誓》逸文）

> 皇天無親，惟德是輔。民心無常，惟惠之懷。（《尚書・蔡仲之命》）

周初政治家沒有徹底擺脫天命觀，依然相信政權天授。但又認爲天意以民意爲依歸。此與「以德代暴」乃一體之兩面。上天選擇有德者做統治萬民的代理人，而德之有無是以民眾的意見爲準。民眾總是認爲能給他們帶來利益者爲有德（「惟惠之懷」）。

厲王、幽王的殘暴昏庸導致西周的滅亡。史入春秋，王綱失序，列雄爭霸，人民遭殃。如何重建統治秩序與社會秩序？儒家創始人孔子舉起仁愛的旗幟。

克己復禮爲仁。一日克己復禮，天下歸仁焉。（《論語・顏淵》）

人而不仁，如禮何？人而不仁，如樂何？（《論語・八佾》）

樊遲問仁。子曰：「愛人。」（《論語・顏淵》）

仲弓問仁。子曰：「出門如見大賓，使民如承大祭。」（《論語・顏淵》）

天之歷數在爾躬。允執其中。四海困窮，天祿永終。（《論語・堯曰》）

因民之所利而利之。（《論語・堯曰》）

按照楊伯峻先生的看法，孔子的最高政治理想是「聖」而非「仁」〔註 35〕。聖是「博施於民而能濟眾」，但孔子接著說：「堯舜其猶病諸！」（《論語・雍也》）就是說這種類似物質產品極大豐富、得以各取所需的社會，是堯舜之類的聖王都做不到的。等而下之者便是「仁」：「天下歸仁。」孔子理想社會的另一個屬性是「復禮」，恢復理想中的禮制秩序。然而孔子又以仁注禮，非仁不爲禮。何爲「仁」，孔子反覆言說，多角度加以界定，而基本的規定當是「愛人」。這裏的「人」不限於貴族，而是包括了人民大眾〔註 36〕。孔子要求以祭祀般的嚴肅謙卑態度對待民眾。孔子告誡統治者必須保證人民的物質生活（「四海困窮則天祿終」），方針政策務必順從民意（「因民所利」）。

孔子進一步把對統治者的愛民要求歸結爲他的人性論。何爲人性？早期「性」與「生」通用。許慎《說文解字》說：「生，進也，象草木生出土上。」劉翔說：「人們對生命的認識是間接而漸進的。由對草木生長的觀察類推認識到人類生命產生於女性生育，更由生命的產生意識到『活著』的生活價值。」〔註 37〕孔子對人性的認識是：

哀公問政。子曰：「……仁者人也。」（《禮記・中庸》）

〔註 35〕楊伯峻：《試論孔子》，載《論語譯注》，中華書局，2006 年版。
〔註 36〕楊伯峻：《試論孔子》，載《論語譯注》，中華書局，2006 年版。
〔註 37〕劉翔：《中國傳統價值觀詮釋學》，上海三聯書店，1996 年版，第 180 頁。

夫仁者，己欲立而立人，己欲達而達人。(《論語．雍也》)

子貢問曰：「有一言而可以終身行之者乎？」子曰：「其恕乎！己所不欲，勿施於人。」(《論語．衛靈公》)

在孔子看來，人是什麼呢？除去兩足無毛、圓顱方趾這些自然的屬性，就人的社會屬性而言，一個具備社會合理性的人應該是「仁者」。仁者的思想行爲貫穿的是「忠恕」理念。「恕」是消極性的，但也是最根本的，即「己所不欲，勿施於人」。英國人密爾寫道：「禁止人類相互傷害（包括我們絕不應當忘記的對每個人自由的無端干涉）的道德準則於人類幸福而言具有最爲根本的意義。……因爲一個人可能並不需要別人的恩惠，但始終需要別人不傷害他。」〔註 38〕「忠」是積極性的，「己立立人，己達達人」，易言之，自己要謀取的利益，也要允許乃至助成他人達到。康德所說「你的行動，應該把行爲準則通過你的意志變爲普遍的自然規律。」〔註 39〕可以作爲孔子「忠恕」理念的重要參考。

由孔子的人性論，必然得出「仁政愛人」的邏輯結論。統治者須把被統治者也看作人，應尊重他們的生命與權益，而不應以暴政傷害之。「仲尼曰：『始作俑者，其無後乎！』爲其象人而用之也。」(《孟子．梁惠王上》)就反映了這一點。更進一步，統治者應當爲被統治者謀取幸福，因而有所謂「富而後教」、「足食」等主張。但能否由孔子的仁愛人性論，得出孔子主張平均主義呢？顯然不是這樣。孔子以禮注仁，「克己復禮爲仁」。孔子所處的社會是宗法等級的社會，務實中庸的孔子不會主張人人平等。就宗法而言，孔子說：「親親之殺，尊賢之等，禮所生也。」(《禮記．中庸》)荀子說：「禮者，以財物爲用，以貴賤爲文，以多少爲異，以隆殺爲要。」如祭祀，「有天下者七世，有一國者五世，有五乘之地者三世，有三乘之地者二世，持手而食者不得立宗廟」(《荀子．禮論》)。荀子的論述應當是對孔子禮論的很好注解。概而言之，孔子主張的仁愛，是差愛，而非無差別的兼愛。

孟子以孔子的繼承者自居(《孟子．公孫丑上》：伯夷、伊尹、孔子「皆古聖人也。……乃所願，則學孔子也。」)，著重弘揚了孔子的仁愛思想：

〔註 38〕〔英〕約翰．穆勒：《功利主義》，葉建新譯，九州出版社，2007 年版，第 137～139 頁。

〔註 39〕〔德〕康德：《道德形而上學原理》，苗力田譯，上海人民出版社，2005 年版，第 40 頁。

庖有肥肉，廄有肥馬，民有饑色，野有餓莩，此率獸而食人也。獸相食，且人惡之。爲民父母，行政不免率獸而食人，惡在其爲民父母也？（《孟子・梁惠王上》）

是故明君制民之產，必使仰足以事父母，俯足以畜妻子，樂歲終身飽，凶年免於死亡。然後驅而之善，故民之從之也輕。（《孟子・梁惠王上》）

保民而王，莫之能禦也。（《孟子・梁惠王上》）

民之憔悴於虐政，未有甚於此時者也。饑者易爲食，渴者易爲飲。孔子曰：「德之流行，速於置郵而傳命。」當今之時，萬乘之國行仁政，民之悅之，猶解倒懸也。故事半古之人，功必倍之，惟此時爲然。（《孟子・公孫丑上》）

孟子反覆倡導統治者除暴政，行仁政。而所謂仁政，雖有井田、輕稅等具體規定，但其精髓卻是如慈母般的愛民而非虐民。

孟子同樣把他的仁政愛民主張植根於他的人性論基礎上：

人性之善也，猶水之就下也。人無有不善，水無有不下。（《孟子・告子上》）

古之人所以大過人者無他焉，善推其所爲而已矣。（《孟子・梁惠王上》）

老吾老，以及人之老；幼吾幼，以及人之幼，天下可運於掌。……言舉斯心加諸彼而已。（《孟子・梁惠王上》）

人皆有不忍人之心。……無惻隱之心，非人也；……惻隱之心，仁之端也。（《孟子・公孫丑上》）

孟子的性善論強調人的與生俱來的惻隱之心，並強調以惻隱之心推己及人乃至萬物：「親親而仁民，仁民而愛物。」（《孟子・盡心上》）實際上是孔子的忠恕人性的細緻化。由此理念，統治者自應愛民。

荀子是儒學的另一宗師，著重弘揚了孔子的「禮」。但他的「禮學」同樣充滿了愛民精神：

王奪之人，霸奪之與，強奪之地。……彼王者不然：仁眇天下，義眇天下，威眇天下。仁眇天下，故天下莫不親也。（《荀子・王制》）

> 王者富民，霸者富士，僅存之國富大夫，亡國富筐篋，實府庫。（《荀子・王制》）
>
> 馬駭輿，則君子不安輿；庶人駭政，則君子不安位。……故君人者，欲安則莫若平政愛民矣。（《荀子・王制》）
>
> 足國之道：節用裕民，而善藏其餘。節用以禮，裕民以政。彼裕民，故多餘。裕民則民富。（《荀子・富民》）

荀子的人性論是相當複雜的問題。人們熟知荀子是性惡論者，並著有《性惡篇》。但他的人性論又並非說人人都是壞蛋，人人都十惡不赦。郭沫若先生說：「大抵荀子這位大師和孟子一樣，頗有些霸氣。他急於想成立一家言，故每每標新立異，而很有些地方出於勉強。他這性惡說便是有意地和孟子的性善說對立的。」〔註40〕焦國成先生說：「談荀子的人性論，只談性惡之論，那最多只是談了其人性論的一半。」〔註41〕分析荀子的論述，可以得出愛民與性善的結論。

> 雖爲守門，欲不可去，性之具也。雖爲天子，欲不可盡。欲雖不可盡，可以近盡也；欲雖不可去，求可節也。（《荀子・正名》）
>
> 從人之欲，則勢不能容，物不能贍也。故先王案爲之制禮義以分之。（《荀子・榮辱》）
>
> 「塗之人可以爲禹。」曷謂也？曰：凡禹之所以爲禹者，以其爲仁義、法正也，然則仁義法正有可知可能之理，然而塗之人也，皆有可以知仁義、法正之質，皆有可以能仁義、法正之具；然則其可以爲禹明矣。（《荀子・性惡》）
>
> 以人度人，以情度情，以類度類，以說度功，以道觀盡，古今一度也。（《荀子・非相》）
>
> 凡生乎天地之間者，有血氣之屬必有知，有知之屬莫不愛其類……有血氣之屬莫知於人。（《荀子・禮論》）

荀子的上述論斷表明，他的性惡論的重要內容是說人有欲望，而這些欲望是正當的，應當設法予以滿足，所以統治者應當愛民。人的全部欲望予以滿足不可能，所以當以禮法制約之。荀子反對平均主義的幼稚想法，主張「惟齊

〔註40〕郭沫若：《十批判書》，人民出版社，1982年版，第223頁。

〔註41〕焦國成：《中國倫理學通論》（上），山西教育出版社，1997年版，第142頁。

非齊」(《荀子・王制》)。「故或祿天下而不自以爲多，或監門、御旅、抱關、擊柝而不自以爲寡。」(《荀子・榮辱》)關鍵在於各安其分，各得其所。所謂性惡論不過如此。荀子人性論的要害在於：性惡必須也可以走向性善。說必須，因爲「薄願厚，惡願美，狹願廣，貧願富，賤願貴……人之欲爲善者，爲性惡也」(《荀子・性惡》)。說可以，因爲通過禮義的約束與教化，人人都可以爲禹。荀子通過迂迴、曲折，也更豐富的方式得出了與孟子「人皆可以爲堯舜」(《孟子・告子下》)相同的結論。荀子以自己的語言論述了人性的共通性、人的惻隱之心、情愛之心。

總的來說，先秦儒家，從周公、孔子，到孟子、荀子等，都主張統治者要仁愛百姓，且歸結爲人性的需求。

二、墨、道、法家的批評與補充

先秦諸子百家中，墨子明確主張統治者應當愛民。在墨子看來，天下之所以紛亂，根本的原因在於人們不相愛：「諸侯不相愛則必野戰；家主不相愛則必相簒；人與人不相愛則必相賊；君臣不相愛則不惠忠；父子不相愛則不慈孝；兄弟不相愛則不調和。……凡天下禍簒怨恨，其所以起者，以不相愛生也。」(《墨子・兼愛中》)結束這種混亂的局面必須使人們相愛。墨子所主張的愛是「兼愛」，不同於儒家的仁愛。「視人之國若視其國，視人之家若視其家，視人之身若視其身。」(《墨子・兼愛中》)墨子明確反對儒家的「親親有術，尊賢有等。」爲此而著有《非儒》篇。墨子爲證明他的兼愛主張，同樣訴諸他的人性理論：「何以知天之愛天下之百姓？以其兼而明之。何以知其兼而明之？以其兼而有之。何以知其兼而有之？以其兼而食焉。」(《墨子・天志上》)就是說人人都是上天的子民，人與人是平等的。上天愛他的所有子民，所以人與人也應當相愛。如何評價墨子的主張呢？梁啓超、胡適等人都指出墨子乃偉大的宗教家。爲實踐兼愛思想，墨子身體力行，「摩頂放踵利天下」(《孟子・盡心上》)。墨子要求他的門徒勤奮勞動，「日夜不休，以自苦爲極」(《莊子・天下》)。「墨子殆萬不得已姑承認人類之有睡眠耳。苟有一線之路可以不承認，恐彼行將『非』之。何也？二十四小時中睡去八小時，則全人類勞作之產品已減其三分之一。」〔註42〕然而如莊子早已指出：「其生也勤，其死也薄，其道大觳，使人憂，使人悲，其行難爲也。恐其不可以爲聖人之

〔註42〕《梁啓超全集》(第十二卷)，北京出版社，1997年版，第3665頁。

道。反天下之心，天下不堪，墨子雖能獨任，奈天下何？」(《莊子・天下》)總之，墨子之學陳義雖高，普通人卻是做不到的。

道家對儒家主張的仁愛與墨家主張的兼愛一概加以反對。道家早期代表楊朱的主張，依孟子的說法是「拔一毛而利天下不為也」(《孟子・盡心下》)。依韓非的說法是「不以天下大利，易其脛一毛」(《韓非子・顯學》)。綜合孟子與韓非子的描述可知，楊朱主張人人對自己負責，既不愛他人，也不損他人。老子說得更明確，要求統治者「無為而治」，讓民眾自治：「民莫之令而自均。」(《老子・三十二章》)「我無為而民自化，我好靜而民自正，我無事而民自富。」(《老子・五十七章》)「治大國若烹小鮮。」(《老子・六十章》)「小國寡民。……雞犬之聲相聞，民至老死不相往來。」(《老子・八十章》)莊子則進一步主張人類過動物一般的自由自在的生活：「至德之世，其行塡塡，其視顚顚。……同與禽獸居，族與萬物並。……民居不知所為，行不知所之，含哺而熙，鼓腹而遊。」(《莊子・馬蹄》)「君子不得已而臨蒞天下，莫若無為。」(《莊子・在宥》)道家的這種「無治主義」〔註43〕，也有其特有的人性論根據。在道家看來，人的根本屬性在於其自然屬性，任何人為的改變，如儒家主張的道德教化、禮治約束等，都是對人的自然本性的殘害。莊子特以馬性喻人性，「馬，蹄可以踐霜雪，毛可以御風寒。齕草飲水，翹足而陸，此馬之眞性也。雖有義臺路寢，無所用之。及至伯樂，曰：『我善治馬。』燒之，剔之，刻之，雒之。連之以羈縶，編之以皁棧，馬之死者十二三矣；饑之，渴之，馳之，驟之，整之，齊之，前有橛飾之患，而後有鞭策之威，而馬之死者已過半矣。」(《莊子・馬蹄》)莊子認為人的自然本性是不能隨意加以改變的：「鳧脛雖短，續之則憂；鶴頸雖長，斷之則悲。」(《莊子・駢姆》)道家激烈抨擊儒墨倡導之仁義對人的本性的殘害：「小人則以身殉利；士則以身殉名；大夫則身殉家；聖人則以身殉天下。故此數子者，事業不同，名聲異號，其於傷性以身為殉，一也。……彼其殉仁義也，則俗謂之君子；其所殉貨財也，則俗謂之小人。其殉一也。」(《莊子・駢姆》)如何評價道家的主張？道家對於社會弊端的揭露與批評往往是正確而深刻的。如批評統治者的任意枉為，特別是聚斂過度，「民之饑以其上食稅之多，是以饑。」(《老子・七十五章》)以及揭露統治者打著仁義的旗號所犯下的罪行，「田成子一旦殺齊君而盜其國，所盜者豈獨其國邪？並與其聖知之法而盜之，故田成子有乎

〔註43〕《梁啓超全集》(第十二卷)，北京出版社，1997年版，第3655頁。

盜賊之名，而身處堯舜之安；小國不敢非，大國不敢誅，十二世有齊國。……爲之仁義以矯之，則並與仁義而竊之。何以知其然邪？彼竊鉤者誅，竊國者爲諸侯，諸侯之門而仁義存焉。」（《莊子・胠篋》）道家主張最大限度地不擾民，予民自由也是正確的，成爲中華民族的優良政治傳統，很大程度上爲後世王朝所信奉（能否做到則另當別論）。但道家反對政府的任何作爲，乃至取消政府的主張是行不通的。由政府對社會進行管理是有其必要性的。道家的自然人性論也是有嚴重缺陷的。人畢竟不同於一般的動物。人的本性不在於其自然屬性，而在於其社會屬性。所以荀子批評「莊子蔽於天而不知人」（《荀子・解蔽》）。另外，何謂人的自然本性？老莊認爲人的本性應爲寡欲，而後世晉人所假託的楊朱，則認爲正相反，人應當肆欲乃至縱慾，「晏平仲問養生於管夷吾。管夷吾曰：『肆之而已，勿壅勿閼。』晏平仲曰：『其目奈何？』夷吾曰：『恣耳之所欲聽，恣目之所欲視，恣鼻之所欲向，恣口之所欲言，恣體之所欲安，恣意之所欲行。……』」（《列子・楊朱》）禁欲、肆欲孰是孰非？如果說肆欲縱慾是人的自然本性，則必然導致人的爭奪與混亂，「無爲而治」如何可能？

法家思想起源甚早，管仲、子產都是實際奉行法家思想的卓越政治家。但作爲系統的理論流派則相對晚出。《商君書》、《韓非子》是其最主要的經典。法家攻擊儒家的仁愛主張不遺餘力，韓非子說：

> 且夫發囷倉而賜貧窮者，是賞無功也；論囹圄而出薄罪者，是不誅過也。夫賞無功，則民偷幸而望於上；不誅過，則民不懲而易爲非。此亂之本也。（《韓非子・難二》）
>
> 令尹誅而楚奸不上聞，仲尼賞而魯民易降北。（《韓非子・五蠹》）

就是說仁愛必然導致無功而賞，有罪不罰，以至放任犯罪，社會紊亂。在抨擊儒家仁愛說的基礎上，主張依法定的標準進行賞罰，且傾向於重罰：

> 君臣釋法任私必亂，故立法明分，而不以私害法，則治。（《商君書・修權》）
>
> 王者刑九而賞一……王者刑用於將過，則大邪不生。（《商君書・開塞》）
>
> 重一奸之罪而止境內之邪，此所以爲治也。重罰者，盜賊也；而悼懼者，良民也。欲治者奚疑於重刑！（《韓非子・六反》）

殷之法，刑棄灰於街者。子貢以爲重，問之仲尼。仲尼曰：「治之道也。……夫重罰者，人之所惡也；而無棄灰，人之所易也。」（《韓非子・內儲說上》）

法家的法制觀也是建立於他們所主張的人性論的基礎上的。他們認爲人類的欲望是無窮盡的，時時刻刻計算著利益，並以此指導自己的行動：

民之性：饑而求食，勞而求佚，苦則索樂，辱則求榮，此民之情也。……今夫盜賊上犯君上所禁，而下失臣子之禮，故名辱而身危，猶不止者，利也。（《商君書・算地》）

人無羽毛，不衣則不犯寒；上不屬天而下不著地，以腸胃爲根本，不食則不能活。是以不免於欲利之心。（《韓非子・解老》）

父母之於子也，產男則相賀，產女則殺之。此俱出父母之懷衽，然男子受賀、女子殺之者，慮其後便、計之長利也。故父母之於子也，猶用計算之心以相待也，而況無父子之澤乎？（《韓非子・六反》）

既然人性如此，只能以賞罰來應對人的趨利避害的算計：「今有不才之子，父母怒之弗爲改，鄉人譙之弗爲動，師長教之弗爲變。夫以父母之愛、鄉人之行、師長之智，三美加焉，而終不動，其脛毛不改。州部之吏，操官兵，推公法，而求索姦人，然後恐懼，變其節，易其行矣。故父母之愛不足以教子，必待州部之嚴刑者，民固驕於愛、聽於威矣。……故明王峭其法而嚴其刑也。」（《韓非子・五蠹》）並認爲儒家所主張的「仁愛治國論」是行不通的：「民者固服於勢，寡能懷於義。仲尼，天下聖人也，修行明道以遊海內，海內說其仁、美其義而服役者七十人。蓋貴仁者寡，能義者難也。故以天下之大，而爲服役者七十人，而仁義者一人。」（《韓非子・五蠹》）

如何看待法家的法治主張？應當說，法家主張以客觀的法治代替主觀的人治，不失爲重大的發現。愼到說：「君人者，舍法而以身治，則誅賞予奪從君心出矣。……君舍法而以心裁輕重，則同功殊賞、同罪殊罰矣，怨之所由生也。……故曰：大君任法而弗躬，則事斷於法矣。法之所加，各以其分，蒙其賞罰而無望於君也。是以怨不生而上下和矣。」（《愼子・君人》）韓非子說：「釋法術而任心治，堯不能正一國。去規矩而妄意度，奚仲不能成一輪。廢尺寸而差短長，王爾不能半中。使中主守法術，拙匠執規矩尺寸，則萬不失矣。」（《韓非子・用人》）人們經常批評法家爲「刻薄寡恩」，法家則認爲法治是先苦而後樂，是長久的樂與長久的愛。「法之爲道，前苦而長利；仁之爲道，偷樂而後窮。聖人權其輕重，出其大利，故有法之相忍，而棄仁人之相憐也。」（《韓非子・六反》）但是法家對儒家的攻擊並不正確。認爲儒家的「禮治」是濫施仁愛、無功而賞，並非事實。儒家的「一準乎禮」，就是一準乎法。郭沫若說：「法與禮在本質上也並沒有多麼大的差別。」「禮制與法制只是時代演進上的新舊名詞而已。」〔註 44〕而韓非等人所主張的法治論，特別是重刑論是有嚴重不足的。首先，客觀的法從何而來？如何保證？法家依然主張帝王立法。帝王如何避免認識的主觀性？如何避免立法、廢法的隨意性？韓非子曾批評「晉之故法未息，而韓之新法又生；先君之令未收，而後君之令又下」（《韓非子・定法》）。問題是法家對此種「言出法隨」的法制困境始終提不出有效的對策。其次，韓非等人的法治，堅決排斥儒家的教化。如此則只能有限度地抑人作惡，而不能促人從善。梁啓超先生以大學整頓學風爲例：「法家的辦法，例如每學期只准告假若干次若干點鐘，過了便扣分數，以爲這樣便可以防懶惰的學生。例如圖書館嚴密規定弄污了如何懲罰撕破了如何懲罰……那懶惰的學生，盡可以在不違犯告假章程內，依然實行懶惰。……當著旁人不見的時候撕破書，你便無法追究……不惟如此，你把學生當作賊一般看待，學生越發不自愛……養成取巧或作僞的惡德，便根本不可救藥了。」〔註 45〕梁先生的邏輯未必周延，法律家自可以反駁，但必須承認梁先生所說不誣。其三，商鞅、韓非主張重罰更是糟糕的理論。隨意的重罰破壞了法的公平性，只能官逼民反。陳勝、吳廣起義的直接原因是：「失期，法皆斬。陳勝、吳廣乃謀曰：『今亡亦死，舉大計亦死，等死，死國可乎？』」（《史記・陳涉世家》）起義一發而不可收拾，迅速推翻了不可一世的秦王朝。法家的獨尊地位從此銷聲匿跡。

三、子民論的缺陷

梁啓超先生在概括先秦諸子政治學說時說：「近代歐美人所信仰的三句政府原則——所謂 Of people, for people, by people，他們確能見到。of, for，這兩義，尤爲看得眞切。所以他們向來不承認國家爲一個君主或某種階級所有，向來不承認國家爲一個君主或某種階級的利益而存在。……但從沒有想出個

〔註 44〕郭沫若：《十批判書》，人民出版社，1982 年版，第 346、342 頁。
〔註 45〕《梁啓超全集》（第十二卷），北京出版社，1997 年版，第 3706 頁。

辦法叫民眾自身執行政治。所謂 By people 的原則，中國不惟事實上沒有出現過，簡直連學說上也沒有發揮過。」〔註 46〕先秦諸子都沒有認眞探索過如何讓人民參與政治統治的事，而且從根本上不認爲人民應參與政治。其中儒家的「天子作民父母」，也就是「子民論」是其典型代表。先秦儒學宗師幾乎眾口一詞地說：政治統治是少數帝王將相的事，普通大眾只能做消極的被統治者。孔子說：

天下有道，則禮樂征伐自天子出；……天下有道，則庶人不議。（《論語・季氏》）

民可使由之，不可使知之。（《論語・泰伯》）

「庶人不議」何解？朱熹注：「上無失政，則下無私議。」離開民眾的議論，如何知道政治的好壞？縱然是好政治，難道就不需要民眾的批評與改進建議了？邢昺疏：「議謂謗訕。言天下有道，則上酌民言以爲政教，所行皆是，則庶人無有非毀謗議也。」這個說法更糟糕，把人民的批評概指爲誹謗。不論前賢爲孔子作何辯解，都無法否認孔子是要壓制人民的批評建議權，更遑論民眾的政治參與權了。「不可使知之」的解釋更是聚訟紛紜。但即便如梁啓超先生所解：「可以有法子令他們依著這樣做，卻沒有法子令他們知道爲什麼這樣做。」〔註 47〕這樣的說法仍然是糟糕的。因爲統治者必須向民眾解釋清楚所施政策的合理性，否則就必然導致集權與獨裁。

孟子有一定的民主傾向。如主張：「左右皆曰賢，未可也；大夫皆曰賢，未可也；國人皆曰賢，然後察之；見賢焉，然後用之。左右皆曰不可，勿聽；諸大夫皆曰不可，勿聽；國人皆曰不可，然後察之；見不可焉，然後去之。」（《孟子・梁惠王下》）然而認眞分析起來，孟子的主張與現代意義的民主是有天壤之別的，因爲最後的決定權歸於國君，「國人皆曰可不可」是不算數的。孟子更明確的主張是：

書曰：「天降下民，作之君，作之師，惟曰其助上帝。」（《孟子・梁惠王下》）

或勞心，或勞力；勞心者治人，勞力者治於人。（《孟子・滕文公上》）

總之，帝王是人民的君師，上天統治民眾的代理人，社會截然區分爲統

〔註 46〕《梁啓超全集》（第十二卷），北京出版社，1997 年版，第 3698 頁。
〔註 47〕《梁啓超全集》（第十二卷），北京出版社，1997 年版，第 3692～3693 頁。

治者與被統治者。儒家的另一巨擘荀子同樣認爲：「天子無妻（齊），告人無匹也。」（《荀子・君子》）「君者，民之原也。」「君子者，法之原也。」（《荀子・君道》）

孔子、孟子、荀子之所以認爲人民不能參與政治統治，說到底還是源於他們的「子民論」：統治者如理智成熟之父母，民眾乃蒙昧幼稚之小兒。父母當愛小兒，所以統治者應當愛民，但幼稚小兒參與統治就不行了。諸子說：

唯上知與下愚不移。（《論語・陽貨》）

行之而不著焉，習矣而不察焉，終身由之而不知其道者，眾也。（《孟子・盡心上》）

禮者，眾人法而不知，聖人法而知之。（《荀子・法行》）

總之，少數統治者是通曉天下大道的精英，而民眾只能是愚昧的盲從者。但是如果人民素質眞的不高的話，那麼統治者的素質也不會高到哪裏去。梁啓超先生說：「須知人類不甚相遠，同時代環境之人尤不能相遠。民既嬰兒，則爲民立法之人嬰兒，何以見彼嬰兒之智必有以愈於此嬰兒。」而其惡果卻是：「使永爲嬰兒，亦奚貴乎有母，彼宗抑曾思械嬰兒之足勿使學步者，此兒雖成人亦將不能行；鉗嬰兒之口勿使出話者，此兒雖成人亦將不能語也。」〔註48〕實際參與政治，才能提高民眾的政治素質。英國人密爾寫道：「古雅典的陪審員和公民會議的實踐將普通雅典公民的智力水平提高到遠遠超過古代或現代任何其它群眾曾有過的事例。」〔註49〕

不讓民眾參與政治的更嚴重的後果，在於暴君與暴政的不可阻止。密爾說：「每個人或任何一個人的權利和利益，只有當有關的人本人能夠並習慣於捍衛它們時，才可免於被忽視。」「在沒有天然的保衛者的情況下，被排除的階級的利益總是處在被忽視的危險中。」〔註50〕民眾被排除於政治之外的必然結果，如洛克所描繪：「他們同意，除一人之外，大家都應當受法律的約束，但他一個人仍然可以保留自然狀態中的全部自由，而這種自由由於他掌握權力而有所擴大，並因免於受罰而變得肆無忌憚。這就是認爲人們競如此愚蠢，

〔註48〕《梁啓超全集》（第十二卷），北京出版社，1997年版，第3678頁。

〔註49〕〔英〕密爾：《代議制政府》，汪瑄譯，商務印書館，2007年版，第53～54頁。

〔註50〕〔英〕密爾：《代議制政府》，汪瑄譯，商務印書館，2007年版，第44、45頁。

他們注意不受狸貓或狐狸的可能攪擾，卻甘願被獅子所吞食。」〔註51〕

總之，儒家主張仁政愛民，反對暴政虐民構成了中華民族的優良政治傳統。但是他們主張人民不得參與政治統治的「子民論」又使暴政無法絕對避免。這對矛盾，一直貫穿於中國古代的政治史。

〔註51〕〔英〕洛克：《政府論》（下篇），葉啓芳、瞿菊農譯，載《家庭藏書集錦》（光盤版），紅旗出版社，1999年版，第59頁。

第二章　仁政的實踐圖式

先秦儒家所倡導的仁政，是滲透於日常生活各個方面的實踐精神。以民爲本、愛民恤民、親民吏德等，構成儒家仁政思想中的基本實踐圖式。

第一節　民　本

先秦儒家主張仁政須首先以民爲本。政權之存亡根據、價值旨歸何在？先秦儒家回答是：「民惟邦本」（《尚書・五子之歌》），民心之得喪決定了政權的存亡。先秦儒家主張聖人爲王的君主制，但認爲「天之立君，以爲民也」（《荀子・大略》）。

一、「得民心者得天下」

當遠古先民處於氏族的狹小範圍內時，氏族首領不過是他們非常熟悉的，且與他們處於平等地位的正直能幹的長者，民眾並不覺得氏族管理機構有任何神秘難解之處，甚至覺得管理機關與管理者比日、月、水、火等自然現象還要明白直觀。但當氏族部落組織向跨地域的、社會階層結構複雜的國家躍遷時，「官吏……作爲社會機關而凌駕於社會之上。……他們作爲同社會相異化的力量的代表，必須用特別的法律來取得尊敬，憑藉這種法律，他們享有了特殊神聖和不可侵犯的地位」〔註1〕。民眾就覺得以王者爲其人格化的政權的存在與興亡難於理解了。把王者據有天下歸結爲冥冥中神秘的不可知的天之賜予，可以說是古老而久遠的思想。在此思想支配下，只能是宿命地忍耐

〔註1〕《馬克思恩格斯選集》（第四卷），人民出版社，1995年版，第172頁。

與等待。稍微積極一點的做法是以卜筮來探尋神秘的天意以及用祭祀來討好天帝，希望能獲得天帝的賜予。孔子說大禹「菲飲食，而致孝乎鬼神」（《論語・泰伯》），大概是想藉此獲得上帝的恩賜。商人的表現更是登峰造極，凡事必卜，祭祀豐厚，且以大量的活人進行祭祀。商紂亡國前還自信地說：「嗚呼！我生不有命在天？」（《尚書・西伯戡黎》）就是這種愚昧思想的體現。

但是上古先民在強大政權覆滅過程中，逐步感受到民眾的力量，逐步意識到民心向背在政權興亡中的重要作用。《尚書・湯誓》載商湯滅夏的誓詞說：「有眾率怠弗協，曰：『時日曷喪？予及汝皆亡。』夏德若茲，今朕必往。」就是說因爲人民怨恨夏桀到了欲與之同歸於盡的程度，所以我商湯順應民意滅了夏。周公姬旦在總結殷商滅亡原因的時候也說：

> 嗣王酣身，誕惟厥縱，淫泆于非彝，用燕喪威儀，民罔不衋傷心。……弗惟德馨香祀，登聞于天，誕惟民怨。庶群自酒，腥聞在上，故天降喪于殷，罔愛于殷，惟逸。天非虐，惟民自速辜。（《尚書・酒誥》）

就是說由於商紂及其所放縱的群臣的荒淫，讓人民傷透了心。天帝因爲人民的怨恨，所以降下命令讓周人滅了殷。周公等人並且把民心向背決定政權存廢上陞到原則的高度：

> 天視自我民視，天聽自我民聽。（《尚書・泰誓中》）
>
> 民之所欲，天必從之。（《尚書・泰誓上》）

當然，周公等人並未能徹底擺脫天命觀。周公在總結夏商周三代更替的時候仍然說「天惟時求民主」（《尚書・多方》），就是說據有政權的「民之主者」終究是由天選擇的。雖然周公所說的天與商人所說的天已經有很大的不同：商人的天是威嚴恐怖、喜怒無常的神，而周人的天卻有著賞善罰惡的倫理德性，有德者就能夠獲得上天的眷顧。而所謂有德絕非祭祀豐厚，而是能致力於民眾的幸福與滿足民眾的意願。但終究是天帝而非民眾，是王位的最終決定者。時至孟子在討論誰應有天下時，還是說「天予之……莫之爲而爲者，天也；莫之致而至者，命也」（《孟子・萬章上》）。先秦儒家不徹底的天命觀竟然演變成中華民族的傳統，「周以後歷代王朝莫不敬天法地，自稱天子，歲時祭祀，以至形成了一套莊嚴宏偉的祭祀禮儀體系」〔註 2〕。時

〔註 2〕陳來：《古代宗教與倫理：儒家思想的根源》，北京三聯書店，1996 年版，第 207 頁。

至袁世凱復辟帝制還是要到天壇祭天，以示爲眞命天子，並以此感謝上天的眷顧。

文武革命及周公姬旦等人的天才革新，使西周經歷了近三百年的平穩發展，並取得「郁郁乎文哉」的上古文明成就。然時至春秋，天下再度大亂。在各國的急遽生滅中，有見識的政治家再次發現了民心的因素。這其中以政治家們對齊、晉、魯的評論最爲典型。

> 叔向曰：「齊其何如？」晏子曰：「此季世也，吾弗知。齊其爲陳氏矣！公棄其民，而歸於陳氏。……以家量貸，而以公量收之。……民人痛疾，而或燠休之，其愛之如父母，而歸之如流水，欲無獲民，將焉辟之？」（《左傳・昭公三年》）

> 叔向曰：「雖吾公室，今亦季世也。……庶民罷敝，而宮室滋侈。道墐相望，而女富溢尤。民聞公命，如逃寇讎。」（《左傳・昭公三年》）

> 史墨曰：「魯君世從其失，季氏世修其勤，民忘君矣。雖死於外，其誰矜之？」（《左傳・昭公三十二年》）

前兩則資料是晏子與叔向關於齊、晉政治狀況的一次對話。晏子指出，齊國姜氏即將失掉政權，田氏將要得到政權，原因在於姜氏只知向人民索取，不顧人民的死活。而陳氏卻以大量器貸出，小量器回收等多種做法施惠於民，得到了民心，人民如流水般地歸附陳氏。叔向指出，晉國之所以將亡，除了六卿做大外，主要在於晉君的橫征暴斂，人民聽到君令，如同聽到強盜之來一般避之如恐不及。第三則資料中史墨指出，魯國之所以君主被逼出走，由季氏執掌政權，原因在於季氏幾代人勵精圖治，有德惠民；而幾代魯君均無德失去了民心。《春秋》乃儒家之經典。《春秋左傳》所記載的晏子、叔向、史墨等人的思想，表達了孔子之前的早期儒家的民心觀。

儒家至聖先師孔子的政權變革思想，一方面通過刪定《尚書》、《春秋》等先秦典籍來加以表達，另一方面在《論語》中也有所體現。被稱作孔子治國綱領的《論語・堯曰》篇中寫道：「堯曰：『咨！爾舜！天之歷數在爾躬。允執其中。四海困窮，天祿永終。』舜亦以命禹。」孔子借堯舜禹禪讓時的政治教訓指出，作爲擔當大任的天子，如果不能解決好民眾的生活問題，他的帝位就必然終結。孔子並且在《堯曰》篇中強調「天下之民歸心」，「因民之所利而利之」，要求統治者順從人民的意願，謀求人民的利益。

孟子的思想中，民本論是其最光輝的部分。

民爲貴，社稷次之，君爲輕。是故得乎丘民而爲天子，得乎天子爲諸侯，得乎諸侯爲大夫。諸侯危社稷，則變置。犧牲既成，粢盛既絜，祭祀以時，然而旱乾水溢，則變社稷。(《孟子・盡心下》)

桀紂之失天下也，失其民也；失其民者，失其心也。得天下有道：得其民，斯得天下矣；得其民有道：得其心，斯得民矣；得其心有道：所欲與之聚之，所惡勿施爾也。(《孟子・離婁上》)

臣聞七十里爲政於天下者，湯是也。……「東面而征，西夷怨；南面而征，北狄怨。曰，奚爲後我？」民望之，若大旱之望雲霓也。歸市者不止，耕者不變。誅其君而弔其民，若時雨降，民大悅。(《孟子・梁惠王下》)

民之憔悴於虐政，未有甚於此時者也。……當今之時，萬乘之國行仁政，民之悅之，猶解倒懸也。故事半古之人，功必倍之，惟此時爲然。(《孟子・公孫丑上》)

孟子的民本思想可以歸結爲如下幾點：其一，人民是國家的根本。相比而言，君主、社稷都不是根本。君主、政權不合格，都可以與應當廢棄、更換，唯獨作爲國本的人民大眾是不可能更換的〔註3〕。其二，就人民與政權的存廢來說，民反對則失天下，桀紂是其著例；民擁護，則得天下，湯武是其著例。其三，民本邏輯地要求統治者行仁政。對於行仁政的統治者，人民如流水般地歸附之，其欲統一天下乃水到渠成易如反掌耳。

先秦儒家的集大成者荀子，繼承了孔孟的民本思想，認爲民心向背與政權有直接的因果關係。他說：「湯武非取天下也，修其道，行其義，興天下之

〔註3〕馮友蘭先生說：「這個『能變置』和『不能變置』的事實，就充分說明了在一國之中，老百姓是根本。這個事實也說明了統治者是爲了被統治者而存在，而不是被統治者爲了統治者而存在。……在後來的舊民主主義革命中，孟軻的『民爲貴』的思想起了極大的作用。有人認爲這就是資產階級的民主思想，這顯然是不對的。但如果說孟軻的這種理論是僞善的、欺騙的空話，那也是不對的。」筆者尊崇馮友蘭先生的觀點。先秦儒家同時持有民本論與君本論，二者形成悖論，這是難以否認的理論事實；這種理論矛盾在不同的儒學宗師身上表現也不盡相同，孟子總的傾向是高揚民本。參馮友蘭：《中國哲學史新編》(上)，人民出版社，1998年版，第355頁。

同利，除天下之同害，而天下歸之也。桀紂非去天下也，反禹湯之德，亂禮義之分，禽獸之行，積其凶，全其惡，而天下去之也。天下歸之之謂王，天下去之之謂亡。故桀紂無天下，而湯武不弒君，由此傚之也。」（《荀子・正論》）在荀子看來，失去民心的政權，也就失去了存在的合法性。所以說桀紂本來就不應當據有天下，他們的滅亡是理所當然的。荀子又說：「湯以亳，武王以鄗，皆百里之地也。天下爲一，諸侯爲臣，通達之屬莫不從服，無它故焉，以濟義矣。」（《荀子・王霸》）就是說得民心的仁者，目前可能很弱小，但終究會擁有天下。

順便比較一下墨家、道家與法家的民心觀與政權興亡理論。墨家倡兼愛與尚賢。爲天子者當爲天下最賢者：「選天下之賢可者，立以爲天子。」（《墨子・尚同上》）此做天子之賢人及其所領導下的眾官僚必是能澤及民眾者。墨子倡兼愛，比儒家之差愛陳義更高。墨子又是宗教感很強的人，要求天子百官尚且澤及天地鬼神：「上利於天，中利於鬼，下利於人。三利無所不利，故舉天下美名加之，謂之聖王。」（《墨子・天志上》）問題在於當權的天子如果不是賢者怎麼辦呢？墨子因爲主張尚同，而反對民主；因主張非攻而反對革命，於是只剩下依靠鬼神一路了：「我有天志，譬若輪人之有規，匠人之有矩。」（《墨子・天志上》）「順天意者，兼相愛，交相利，必得賞。反天意者，別相惡，交相賊，必得罰。……昔三代聖王禹、湯、文武，此順天意而得賞也，昔三代之暴王桀、紂、幽、厲，此反天意而得罰也。」（《墨子・天志上》）「今若使天下之人，偕若信鬼神之能賞賢而罰暴也，則夫天下豈亂哉？」（《墨子・明鬼下》）胡適先生說：「墨子是一個教主，深恐怕人類若沒有一種行爲上的裁制力，便要爲非作惡。所以他極力要說明鬼神不但是有的，並且還能作威作福，『能賞賢而罰暴』。」〔註4〕墨子的用心雖然良苦，但對解決政權之仁暴、君主的賢不肖，可以說很難有什麼效果。

道家的根本觀點是依靠「無爲」不擾民來得民心得天下。道家反對有爲政治，其一是反對統治者的橫征暴斂、相互攻殺。「民之饑以其上食稅之多。」（《老子・七十五章》）「師之所處荊棘生焉，大軍之後必有凶年。」（《老子・三十章》）其二，統治者其它有爲措施也是不必要的，因爲人民自由自在的生活是最好的。楊朱的比喻最爲形象：「君見其牧羊者乎？百羊而群，使五尺童子荷箠而隨之，欲東而東，欲西而西。使堯牽一羊，舜荷箠而隨之，則不能

〔註 4〕《胡適選集》，吉林人民出版社，2005 年版，第 111 頁。

前矣。」(《列子・楊朱篇》)羊知道如何去吃草，人的教導純屬多餘；同樣人民自己知道如何去生產生活，儒家所推崇的堯舜之治也是多餘的。道家反對暴政、推崇自由的思想是合理的，構成了中華民族優良的政治文化傳統，為後世政治家、思想家廣為信奉。但道家要求取消一切政治活動是不現實的。政治設施與官僚機構的存在加重了人民的負擔，但國家的存在又是必要的。《墨子・尚同下》、《商君書・開塞》、《荀子・禮論》、《韓非子・五蠹》等諸子文獻都探討了國家的起源及存在必要性，雖各有側重與偏頗，但不乏眞知灼見。

法家有前期法家與後期法家之別。郭沫若先生說:「商君以國家的富強為本位，而韓非是以君主的利害為本位。」〔註 5〕前期法家如商鞅認為:「古者，民藂生而群處，亂，故求有上也。然則天下之樂有上也，將以為治也。今有主而無法，其害與無主同；有法不勝其亂，與無法同。天下不安無君，而樂勝其法，則舉世以為惑也。」(《商君書・開塞》)在商鞅看來，國家存在的根據在於治理混亂。因此能有效治理的政權才能得民心，才應予存在；不能有效治理的政權必失民心，也不應存在。商鞅的思想無疑是正確的。後期法家如韓非的民心思想是混雜的。有時韓非說:「小民內困者，可亡也。好宮室臺榭陂池，事車服器玩，好罷露百姓，煎靡貨財者，可亡也。……勞苦百姓，殺戮不辜者，可亡也。……外藉敵國，內困百姓，以攻怨仇，而人主弗誅者，可亡也。……下怨者，可亡也。」(《韓非子・亡徵》)韓非的上述論述說明他認識到民眾的力量及得民心的重要性。但韓非有時又反對儒家所主張的民心理論。其一是認為國家的存在靠的是實力:「力多則人朝，力少則朝於人，故明君務力。」(《韓非子・顯學》)實力弱會被別的國家消滅，得民心與否起不了作用。其二認為百姓是無知的，順從民意會事與願違:「民智之不可用，猶嬰兒之心也。……，嬰兒不知犯其小苦致其大利也。……禹利天下，子產存鄭，皆以受謗，夫民智之不可用亦明矣。」(《韓非子・顯學》)韓非說的兩方面都是部分眞實，不能完全否認，但從根本上說都是錯誤的。國家的興亡有暴力征服的因素，但國家長期存在的必然性與合理性依舊是民心的嚮背。洛克說:「作為被脅迫受制於一個政府的人們的子孫或根據他們的權利而有所主張的人民，總是享有擺脫這種政府的權利，使自己從人們用武力強加於他們的篡奪或暴政中解放出來，直到他們的統治者使他們處在他們自願自擇地同

〔註 5〕郭沫若:《十批判書》，人民出版社，1982 年版，第 349 頁。

意的政治機構之下爲止。」〔註 6〕至於說民眾乃無知之嬰兒乃古人常見的謬見，爲現代民主理論所根本否定。

由此可見，先秦諸子百家中，儒家對民眾及民心的尊重自覺而堅決。那麼先秦儒家主張何種政治體制呢？

二、「天之立君，以爲民也」

先秦儒家明確揭示了「民爲邦本」、「立國爲民」的道理，堅決反對危害民眾的暴政與酷政，堅決要求去除爲害民眾的暴君，晉之樂師子野說得很到位：「天之愛民甚矣，豈其使一人肆於民上，以從其淫，而棄天地之性？必不然矣。」（《左傳・襄公十四年》）民本的要求必須進一步落實於一定的政治體制中，否則民本就成了無所依傍的幽靈。

在現代人看來，民主政體無異是貫徹民本的最好的政治體制。可惜在古代中國缺少產生民主政治的機緣。古希臘的雅典城邦是古代民主的典範，西方現代民主的源頭。雅典民主的發達，很大程度上得益於其作爲城邦所特有的社會結構。「雅典的全部公民都團結在雅典城內。……在同一城市裏生活，每天都有互相見面的機會，形成了一種共同的文化和一種生動的民主政體。」〔註 7〕加之梭倫、伯里克利等政治家的天才創造，雅典通過全體公民大會、500 人評議會、50 人委員會等民主機構來瞭解民意，議決國事〔註 8〕。但是古代中國很早就不是雅典這樣的蕞爾小城。陳來先生說：「與希臘相比，顯然是因爲中國夏代就不是一個小城邦，它的政治統治無法訴諸城邦民主。」〔註 9〕加之中國自古以農立國，分散的農民更難以、因而也不習慣於以民主的方式聚議國事。

中國古代的政治體制自始就是君主制。中國古代政治從堯、舜、禹的禪讓制開始。禪讓制與現代民主政治有一定的相似性，但二者存在本質的區別：堯、舜、禹自始就是君主，就是全體國民的大家長，而非現代民主意義上的

〔註 6〕〔英〕洛克：《政府論》（下篇），葉啓芳、瞿菊農譯，商務印書館，1993 年版，第 121～122 頁。

〔註 7〕〔德〕黑格爾：《歷史哲學》，王造時譯，上海書店出版社，2006 年版，第 238 頁。

〔註 8〕〔英〕戴維・赫爾德：《民主的模式》，燕繼榮等譯，中央編譯出版社，2004 年版，第 26 頁。

〔註 9〕陳來：《古代宗教與倫理：儒家思想的根源》，北京三聯書店，1996 年版，第 298 頁。

人民公僕。關於禪讓政治，孟子有過一段詳細的論述：

> 萬章曰：「堯以天下與舜，有諸？」
>
> 孟子曰：「否。天子不能以天下與人。」
>
> 「然則舜有天下也，孰與之？」
>
> 曰：「天與之。」
>
> 「天與之者，諄諄然命之乎？」曰：「否。天不言，以行與事示之而已矣。」
>
> 曰：「以行與事示之者，如之何？」
>
> 曰：「天子能薦人於天，不能使天與之天下；諸侯能薦人於天子，不能使天子與之諸侯；大夫能薦人於諸侯，不能使諸侯與之大夫。昔者，堯薦舜於天，而天受之；暴之於民，而民受之；故曰，天不言，以行與事示之而已矣。」
>
> 曰：「敢問薦之於天，而天受之；暴之於民，而民受之，如何？」
>
> 曰：「使之主祭，而百神享之，是天受之；使之主事，而事治，百姓安之，是民受之也。天與之，人與之，故曰，天子不能以天下與人。舜相堯二十有八載，非人之所能爲也，天也。堯崩，三年之喪畢，舜避堯之子於南河之南，天下諸侯朝覲者，不之堯之子而之舜；訟獄者，不之堯之子而之舜；謳歌者，不謳歌堯之子而謳歌舜，故曰，天也。夫然後之中國，踐天子位焉。而居堯之宮，逼堯之子，是篡也，非天與也。《泰誓》曰，『天視自我民視，天聽自我民聽』，此之謂也。」（《孟子・萬章上》）

牟宗三先生對這段文字有過精彩的分析，他說：「『天子能薦人於天，不能使天之與天下』，此是首先提出『推薦』一觀念，即今之所謂競選提名也。『天與之』是通過『人與之』而表示，『人與之』是通過其人之行與事之得民心而表示。故『人與之』、『天與之』無異於說經過一普選而得人民之熱烈擁護，而熱烈擁護是自然而然的，不是強爲的、把持的、虛僞的。即由此『自然而然』，遂說『天與之』。『莫之爲而爲者，天也；莫之致而至者，命也。』此『天與之』一觀念，即加重此『自然而然』之一義。這種經過『推薦』與『普選』而得天下，踐天子位，完全是『公天下』的觀念，是『德』的觀念。這裏並沒有人權運動，也沒有憲法，完全就這最具體、最實際的行事與民心之嚮背而表示天理合當如此。這不是憑空概念設計的不能落實的『應當』，而是直下實然肯定堯薦舜即是如此，其底子是最具體而實際的行事與民心，天理就在這裏被認定。……這是政治世界實踐上的最高『律則』。這裏的『律則』，用現在的話說，當然是屬於『政權』的理則，也含有國家的主權問題。」〔註10〕

孟子的論述本已精彩，牟宗三先生的分析更為精闢。牟先生用現代民主政治的運作模式來圖解堯舜禪讓的過程：從舜被堯舉薦為候選人，到民眾的評議、普選、公決，直至舜的最後榮登元首位。在這一過程中，舜的優良品德、舜的得民心，乃至天下為公的政治原則都很充分地表現了出來。

牟宗三先生的分析有用現代政治附會古人的成分，不可全信。把「天與之」解為「自然」、「天理」，也是強加古人。孟子的「天與之」，屬於古人的迷信思想，不必對此避諱。但禪讓政治作為遠古的傳說，為先秦儒家所深信不疑，傳誦不息。《尚書》以《堯典》、《舜典》開始，記載了堯舜禪讓的史實。《中庸》說「仲尼祖述堯舜」，孔子自不會不傳誦堯舜禪讓的美談。「孟子道性善，言必稱堯舜。」（《孟子・滕文公上》）如前面所引，孟子詩意地描繪了堯舜禪讓的過程，推崇禪讓自不待言。荀子有過「世俗之為說者曰：『堯舜禪讓。』是不然」（《荀子・正論》）的話，似乎荀子明確反對禪讓。然仔細分析荀子的論述又不然。他說：「以桀紂為常有天下之籍則然，親有天下之籍則不然，天下謂在桀紂則不然。……聖王之子也，有天下之後也，勢籍之所在也，天下之宗室也，然而不材不中，內則百姓疾之，外則諸侯叛之，近者境內不一，遙者諸侯不聽，令不行於境內，甚者諸侯侵削之，攻伐之，若是，則雖未亡，吾謂之無天下矣。聖王沒，有勢籍者罷不足以縣天下，天下無君，諸侯有能德明威積，海內之民莫不願得以為君師。」（《荀子・正論》）說得明白點，桀紂之類的人是聖王的後代，也可以做天子，甚至比別人更優先，但他們的惡劣才德使他們沒資格做天子；他們占著天子位，因為不合格，實質等於沒有天子，有德的人應當取而代之。依此邏輯，禪讓是應該的，最好的。此時如出現禪讓的事實，荀子一定會拍手稱快的。只是桀紂霸著王位不放，革命乃不得已耳。成書於漢代的《禮記・禮運篇》借孔子之口說：「大道之行也，天下為公，選賢與能。」還是在頌揚禪讓。禪讓說一直流傳到西漢末，並形成一股強大的思潮，直接釀成了王莽代漢的政治事件。錢穆先生寫道：「漢儒

〔註10〕牟宗三：《政道與治道》，廣西師範大學出版社，2006年版，第97頁。

論政……一爲變法和讓賢論。此派理論遠始戰國晚年之陰陽學家，鄒衍五德始終論，下及董仲舒公羊春秋一派『通三統』的學說。大抵主張天人相應，政治教化亦須隨時變革，並不認有萬世一統之王朝，亦不認有萬古不變之政制。」「武帝以後，漢儒漸漸鼓吹讓國……眭弘、蓋寬饒均以請漢室讓位伏誅，然其後谷永等仍主天運循環、漢德已衰之說，漢廷乃無從裁抑。」「漢儒群主讓賢，而苦無一種明白的選賢制度，王莽在政治上、學術上均足膺此選格，遂爲一時群情所歸向。」〔註 11〕王莽敗亡後，禪讓說遭受重挫，但在後世還是傳誦不息。近代以來，更與西方傳來的民主政治思想相接續。

但我們必須清楚，禪讓政治與民主具有本質的不同，前者本質上繫屬於君主專制。即使從二者都是不流血地更換政權的相似點來說，二者也有很大的不同。前者只是樸素的、粗陋的形態，缺少現代民主政治中嚴謹的程序、形式與解決糾紛的機制等。牟宗三先生認爲這種樸素的形態，比現代民主政治更好，這是犯了頌古非今的錯誤，不足爲訓。也正因爲禪讓充其量只是民主政治的樸素形態，所以它難以爲繼，必然爲家天下政治所取代。孟子也意識到這一點，他在講了堯舜禪讓後，接著說：

> 天與賢，則與賢；天與子，則與子。……匹夫而有天下者，德必若舜禹，而又有天子薦之者，故仲尼不有天下。繼世以有天下，天之所廢，必若桀紂者也，故益、伊尹、周公不有天下。(《孟子·萬章上》)

牟宗三先生批評到：孟子「不是形式地從制度上看這個『繼』，故亦並不形式地即認此制度爲合理或不合理，而只是順事地、內容地這樣拖下去，遂使『推薦』與『普選』的概念不能彰著凸顯，予以形式的確定，使之成爲客觀的制度，而只說『繼世以有天下，天之所廢，必若桀紂』以了事。此即是『內容表現』一路數之『軟圓性』與『拖沓性』，使中國政治思想不甚能立起之故也。」〔註 12〕

牟宗三先生對孟子的批評有幾分道理，因爲孟子作爲哲學家不能簡單地認同現實，而應盡到對現實的反思批評之責。不過，古代中國家天下政治存在的必然性與巨大現實，可能是孟子、荀子等儒學宗師所無法抗拒的。他們所能做的只能是宣傳「民惟邦本」、「立國爲民」的道理，希望君主們意識到

〔註 11〕錢穆：《國史大綱》，商務印書館，2009 年版，第 150～152 頁。
〔註 12〕牟宗三：《政道與治道》，廣西師範大學出版社，2006 年版，第 98～99 頁。

作爲君主的巨大責任。孟子的民本論已如前述。又如荀子說：

> 天之生民，非爲君也。天之立君，以爲民也。(《荀子・大略》)

荀子的說法有其來源。《左傳・文公十三年》記載當時的邾國國君邾文公的言論：「天生民而樹之君，以利之也。……命在養民。」法家人物愼到說過：「立天子以爲天下，非立天下以爲天子也；立國君以爲國，非立國以爲君也。」（《愼子・威德》）當然荀子的說法更明確地申明了民對君的優越性，君主應當造福民眾。

先秦儒學宗師們對統治者特別是帝王提出了很高的才德要求，希望帝王們都是超乎常人的聖人。先秦儒學經典中反覆頌揚堯、舜、禹、湯、文王、武王、周公等聖王，希望後世的帝王以這些聖王爲榜樣。孟子說：「欲爲君，盡君道……皆法堯舜而已矣。」（《孟子・離婁上》）孟子又說：「《書》曰：『天降下民，作之君，作之師，惟曰其助上帝。』」（《孟子・梁惠王下》），要求帝王是人民的君、師、天帝統治萬民的助手。荀子更是聖人爲王思想的極力倡導者。他說：

> 天下者，至重也，非至強莫之能任；至大也，非至辨莫之能分；至眾也，非至明莫之能和。此三至者，非聖人莫之能盡。故非聖人莫之能王。……國小具也，可以小人有也……天下者，大具也，不可以小人有也。(《荀子・正論》)

> 今人之性，生而好利焉，順是，故爭奪生而辭讓亡焉；生而有疾惡焉，順是，故殘賊生而忠信亡焉；……古者聖王以人之性惡，以爲偏險而不正，悖亂而不治，是以爲之起禮義、製法度，以矯飾人之情性而正之。(《荀子・性惡》)

在荀子看來，天下乃至大至貴之重器，非聖人不能據有。荀子把天下與一國作了區分，一個無德之人也許僥倖地擁有一個邦國，但不可能擁有天下。另外，荀子極其推崇禮治，「人無禮則不生，事無禮則不成，國無禮則不寧。」（《荀子・修身》）治國必須依禮，而禮又是聖人制定的。總之，荀子認爲天下非聖人不能據有。

孟子、荀子希望君主們加強修養，發揚美德，做一個合格的「民之父母」。孟子、荀子說：

> 爲民父母，使民盻盻然，將終歲勤動，不得以養其父母，又稱貸而益之，使老稚轉乎溝壑，惡在其爲民父母也？(《孟子・滕文公

上》)

上之於下，如保赤子。……下之親上，歡如父母。(《荀子・王霸》)

自然，孟子、荀子的最後一著，是用暴君、昏君的下場來警告、恐嚇現實的君主。

齊宣王問曰：「湯放桀，武王伐紂，有諸？」孟子對曰：「於傳有之。」曰：「臣弒其君，可乎？」曰：「賊仁者謂之『賊』，賊義者謂之『殘』。殘賊之人謂之『一夫』。聞誅一夫紂矣，未聞弒君也。」(《孟子・梁惠王下》)

天下歸之之謂王，天下去之之謂亡。故桀紂無天下，湯武不弒君，由此傚之也。湯武者，民之父母也；桀紂者，民之怨賊也。(《荀子・正論》)

國者……不得道以持之，則大危也，大累也，有之不如無之，及其綦也，索爲匹夫不可得也，齊湣、宋獻是也。(《荀子・王霸》)

孟子、荀子的革命理論，是高懸於暴君頭上的一柄利劍，是先秦儒家仁政學說的最後一道閘門。

第二節　利　民

先秦儒家既然認爲「民爲邦本」(《尚書・五子之歌》)，認爲民意決定一切，「民之所欲，天必從之」(《尚書・泰誓上》)，那麼在具體施政過程中就必須實行對人民有利的政策，「因民之所利而利之」(《論語・堯曰》)。

一、「王者富民」與「制民之產」

政治生活千頭萬緒，但首先要解決人民的生存問題。恩格斯在馬克思的追悼會上說：「正像達爾文發現有機界的發展規律一樣，馬克思發現了人類歷史的發展規律，即歷來爲繁蕪叢雜的意識形態所掩蓋著的一個簡單事實：人們首先必須吃、喝、住、穿，然後才能從事政治、科學、藝術、宗教等等；……」〔註13〕馬克思所創立的唯物史觀是一套嚴密的邏輯體系，是人類社會科學史上的重大創見。但就政治生活首先必須解決人民的衣食之憂來說，並非爲馬

〔註13〕《馬克思恩格斯選集》(第三卷)，人民出版社，1995年版，第776頁。

克思所僅見，先秦諸子早就注意到了。

孔子爲上古文化的繼承者與總結者，《中庸》說：「仲尼祖述堯舜，憲章文武。」《論語・堯曰》一開頭就說「堯曰：『咨！爾舜！天之歷數在爾躬。允執其中。四海困窮，天祿永終。』舜亦以命禹。」孔子所說的是上古的這樣一件史實，堯禪位於舜、舜禪位於禹時不約而同地告誡後者，政治統治的首要之事是保證人民的基本物質生活，否則其帝位不保。孔子不僅是祖述堯舜，也有自己的創見。楊伯峻先生說：「我認爲堯曰篇『謹權量，審法度』以下都是孔子的政治主張。」〔註 14〕孔子在其政見中說：「所重：民、食、喪、祭。」顯然人民的生存問題是四件大事中的重中之重。此外，孔子遊歷衛國時與弟子有若有一段對話：「子曰：『庶矣哉！』冉有曰：『既庶矣。又何加焉？』曰：『富之。』曰：『既富矣，又何加焉？』曰：『教之。』」（《論語・子路》）這也就是被後世稱爲「庶、富、教」的三部曲治國方略。三部曲中第一部人口眾多是衛國的既成現實，有意義的是第二部富民與第三部教化，而富民又擺在教化之前，可見富民的重要性與緊迫性。

孔子的另一段著名論述是：「子貢問政。子曰：『足食，足兵，民信之矣。』子貢曰：『必不得已而去，於斯三者何先？』曰：『去兵。』子貢曰：『必不得已而去，於斯二者何先？』曰：『去食。自古皆有死，民無信不立。』」（《論語・顏淵》）這段話索解爲難，「信」爲何重於食之「生」。《論語注疏》中邢昺疏：「夫食者，人命所須，去之則人死。而去食不去信者，言死者古今常道，人皆有之，治國不可失信，失信則國不立也。」《四書集注》中朱熹注：「無信則雖生而以立，不若死之爲安。故寧死而不失信於民，使民亦寧死而不失信於我也。」二人的解釋都強調了當政者取信於民的重要性，失信於民則國難以存。但筆者以爲二人還是沒有把孔子的眞意解釋清楚圓滿。生與信不可得兼，只能發生於這樣一種極端的情況：肯定大家都活下來不可能，當政者怎麼辦？當政者的選擇必須公平，必須有利於民族、種族的存在，並且首先排除一條：讓自己活下來，讓別人去死，這就是「信」。比如美國影片《泰坦尼克號》所描繪的，船要沈了，應當讓婦女和孩子先逃生，船長、船員、男人排在後面。但這是一種非常極端的情況，捨此則讓每個人得以生存是第一位的。所以孔子把「足食」擺在「足兵、民信」之前，一般情況下足食重於足兵與民信。

〔註 14〕楊伯峻：《試論孔子》，載《論語譯注》，中華書局，2006 年版。

另外，《論語・先進》中的名篇《子路、曾皙、冉有、公西華侍坐章》，孔子的四大弟子實際上分別談到了治國的四大問題：子路要當三軍總司令，解決國家的安全問題；冉有要主管經濟工作，解決人民的生活問題；公西華則想總攬內政外交，做國君的宰輔；曾皙則想當文化部長，主管禮樂教化。這裏的排序是意味深長的，子路所說的國家安全很緊迫，不解決會亡國滅種，緊接著的就應當是冉有所說的「足民」問題，經濟問題解決了，才能談得上後續的內政外交與禮樂教化。

孟子作爲一位雄辯家，以更清晰的語言說明解決人民生計問題的重要性。「養生喪死無憾，王道之始也。」「七十者衣帛食肉，黎民不饑不寒，然而不王者，未之有也。」「明君制民之產，必使仰足以事父母，俯足以畜妻子，樂歲終身飽，凶年免於死亡。然後驅而之善，故民之從之也輕。」（《孟子・梁惠王上》）反之，「今也制民之產，仰不足以事父母，俯不足以畜妻子，樂歲終身苦，凶年不免於死亡。此惟救死而恐不贍，奚暇治禮義哉？」（《孟子・梁惠王上》）最嚴重的問題是，「庖有肥肉，廄有肥馬，民有饑色，野有餓莩，此率獸而食人也。獸相食，且人惡之。爲民父母，行政不免於率獸而食人。惡在其爲民父母也？」（《孟子・梁惠王上》）孟子更傑出的思想在於不僅重視民生問題，而且有具體的政策方案，這就是「制民之產」，也就是使人民擁有賴以謀生的生產資料。他寫道：

> 若民，則無恒產，因無恒心。苟無恒心，放辟，邪侈，無不爲已。及陷於罪，然後從而刑之，是罔民也。焉有仁人在位，罔民而可爲也？是故明君制民之產……五畝之宅，樹之以桑，五十者可以衣帛矣；雞豚狗彘之畜，無失其時，七十者可以食肉矣；百畝之田，勿奪其時，八口之家可以無饑矣。（《孟子・梁惠王上》）

> 使畢戰問井地。孟子曰：「……方里而井，井九百畝，其中爲公田。八家皆私百畝，同養公田。公事畢，然後敢治私事，所以別野人也。此其大略也。若夫潤澤之，則在君與子矣。」（《孟子・滕文公上》）

孟子揭示了一個眞理，解決人民的生計問題，建立穩定的社會秩序，根本的途徑在於讓人民擁有足以謀生、他人不得隨意變更的產業，即所謂「恒產」。而擁有了「恒產」，人民的生存有了保證，甚至得以「食肉衣帛」，才能進一步談得上涵養品德，走向善良，即所謂「恒心」。當我們讀到近代哲人黑格爾的文字，「從自由的角度看，財產是自由最初的定在，它本身是本質的目的」〔註 15〕時，惟有感歎兩千年前孟子的先見之明。

孟子並且提出非常具體的「恒產」方案，一是主張讓人民擁有「五畝之宅，百畝之田」；二是井田制，八家耕種九百畝，各家私耕一百畝，中間一百畝是公田，公田之產出或交稅或救助困難家庭，帶有社會福利保障色彩。孟子的井田制是否可能？很多人認爲孟子的主張是空想，這種過於整齊劃一的井田制，歷史上未曾有，現實生活也難以落實。但依梁啓超先生的看法是完全可能的：「無論在部落時代封建時代，各國皆以地廣人稀爲病，競思徠他國之民以自實。觀《孟子・梁惠王篇》《商君書・徠民篇》等，便知其概。」〔註 16〕既然地廣人稀，隨意墾殖便是，爲何要「制民恒產」？梁啓超的解釋是：「農耕既興以後，農民對於土地所下之勞力，恒希望其繼續報酬，故不能如獵牧時代土地之純屬公用，必須劃出某處面積屬於某人或某家之使用權。」〔註 17〕這也就是洛克所說的：「上帝既將世界給予人類共有……那就必然要通過某種撥歸私用的方式，然後才能對於某一個人有用處或者有好處。」「一個人基於他的勞動把土地劃歸私用，並不減少而是增加了人類的共同積累。因爲一英畝被圈用和耕種的土地所生產的供應人類生活的產品，比一英畝同樣肥沃而共有人任其荒蕪不治的土地（說得特別保守些）要多收穫十倍。」〔註 18〕至於孟子所說的「井九百畝」，錢穆先生寫道：「制度皆有活變，記載則不能盡詳。其實一井亦盡可爲七百畝、八百畝或一千畝。」〔註 19〕孟子本人也說他的百畝之數，「此其大略」有待「潤澤」。

孟子的「制民恒產」理論，一方面反映了儒家對保障人民基本生活條件的思考，另一方面又反映了春秋戰國時期土地私有的大趨勢。當時各國的土地改革風起雲湧，從魯國的初稅畝，到秦國的廢井田、開阡陌，到戰國末封建土地所有制基本定型。

荀子生於秦國即將統一中國之際，土地私有基本定型，所以也就不再討

〔註 15〕〔德〕黑格爾：《法哲學原理》，范揚、張企泰譯，商務印書館，1982 年版，第 54 頁。

〔註 16〕《梁啓超全集》（第十二卷），北京出版社，1997 年版，第 3626 頁。

〔註 17〕《梁啓超全集》（第十二卷），北京出版社，1997 年版，第 3630 頁。

〔註 18〕〔英〕洛克：《政府論》（下篇）葉啓芳、瞿菊農譯，載《家庭藏書集錦》（光盤版），紅旗出版社，1999 年版，第 18～19、25 頁。

〔註 19〕錢穆：《國史大綱》，商務印書館，2009 年版，第 86 頁。

論如何「制民恒產」。荀子在其語錄體的《荀子・大略》篇中只是重複孟子的主張：「家五畝宅，百畝田，務其業而勿奪其時，所以富之也。」但荀子對於富民的強調不遜於孔孟。荀子首先從人性的高度肯定民眾的欲望的合理性：「今人之性，饑而欲飽，寒而欲暖，勞而欲休，此人之情性也。」「若夫目好色，耳好聲，口好味，心好利，骨體膚理好愉佚，是皆生於人之情性者也。」（《荀子・性惡》）「雖爲守門，欲不可去，性之具也。雖爲天子，欲不可盡。」（《荀子・正名》）荀子並且指出，明君與昏君的區別就是前者努力富民而後者只知榨取民眾富自己的府庫：「王者富民，霸者富士，僅存之國富大夫，亡國富筐篋，實府庫。筐篋已富，府庫已實，而百姓貧，夫是之謂上溢而下漏，入不可以守，出不可以戰，則傾覆滅亡可立而待也。」（《荀子・王制》）荀子對於富民也更爲樂觀，並認爲墨子強調節儉是杞人憂天：「裕民則民富，民富則田肥以易，田肥以易則出實百倍。上以法取焉，而下以禮節用之，餘若丘山，不時焚燒，無所藏之。」「夫天地之生萬物也，固有餘足以食人矣；麻葛、繭絲、鳥獸之羽毛齒革也，固有餘足以衣人矣。夫有餘不足，非天下之公患也，特墨子之私憂過計也。」（《荀子・富民》）

要求富民，特別是孟子所主張的「井田制」，是先秦儒家的重大創見，是仁政學說的基本內容。仁政的根本價值指向在於愛民，而愛民則必須維護民眾的基本權利與自由。當代著名哲學家羅爾斯指出，正義社會應當恪守兩項基本原則，其中首要的原則是「每個人對與其它人所擁有的最廣泛的基本自由體系相容的類似自由體系都應有一種平等的權利」。而「公民的基本自由有……個人的自由和保障個人財產的權利」〔註 20〕。保證人民的生計，乃至富民，也是一個王朝興亡的晴雨表。一般來說，保證了人民生存條件之時，王朝政治就是穩定的。能使人民過上稍爲富足的生活，在古代中國就是所謂盛世了。制民恒產與富民有直接的因果關係。當王朝政府較爲普遍地保證民眾有一塊田產，得以從事耕作，養家糊口，社會秩序就是穩定的。而一旦「富者田連阡陌，貧者無立錐之地」，大多民眾無法生存，社會的動蕩就要來臨。正因爲如此，恒產富民是後世一切有見識的政治家所奉行的堅定不移的國策。從董仲舒主張的「限民名田」、王莽的土地國有改制、唐代的計口授田，到孫中山的「耕者有其田」，乃至新中國的「聯產承包責任制」都可以看做是

〔註 20〕〔美〕羅爾斯：《正義論》，何懷宏等譯，中國社會科學出版社，2001 年版，第 60～61 頁。

這方面的努力。

二、「節用裕民」

先秦儒家倡導仁政，要求統治者愛民利民，一方面主張統治者「制民恒產」，使民眾有基本的勞動資料，並盡可能讓人民富起來；另一方面，統治者依靠對人民的稅收而生存，如果統治者課加於人民的稅賦太重，人民還是無法生存。因此儒家一再強調統治者輕繇薄賦，藏富於民。

孔子反覆告誡統治者要剋制自己的貪欲。「季康子患盜，問於孔子。孔子對曰：『苟子之不欲，雖賞之不竊。』」（《論語・顏淵》）孔子的回答，表面上看似邏輯不周延，因爲有的民間發生的盜竊行爲與統治行爲無關。但孔子的回答實際上切中了要害，它指出了官民矛盾與民眾犯罪的主要根源在於統治者的貪欲：是統治者的貪欲，造成了民眾的窮困被迫鋌而走險；是統治者的聚斂行爲囤積了大量的財富，成爲盜竊的最好對象。由此也不難理解他嚴厲譴責弟子冉有做季氏家臣替季氏聚斂的行爲，並宣稱冉有「非吾徒也。小子鳴鼓而攻之，可也」（《論語・先進》）。後來《大學》就此寫道：「與其有聚斂之臣，寧有盜臣。」在被稱爲孔子施政綱領的《堯曰》篇中，孔子首先引證堯舜禪讓時的政治教訓：「四海困窮，天祿永終。」「四海困窮」既可能是沒有制民恒產的結果，也可能是統治者橫征暴斂的結果。孔子弟子有若提出藏富於民的主張：「哀公問於有若曰：『所饑，用不足，如之何？』有若對曰：『盍徹乎？』曰：『二，吾猶不足，如之何其徹也？』對曰：『百姓足，君孰與不足？百姓不足，君孰與足？』」（《論語・顏淵》）

孔子有一段名言：「丘也聞有國有家者，不患寡而患不均，不患貧而患不安。蓋均無貧，和無寡，安無傾。」（《論語・季氏》）這段文字近代有人解釋爲孔子主張平均主義，並進而附會爲孔子主張社會主義。這裏的關鍵是「均」者何義？何晏注：「政教均平。」解釋籠統含糊。朱熹注：「均，謂各得其分。安，謂上下相安。」有人據朱注力斥孔子非社會主義者。孔子當然主張社會的等級劃分，不會主張人人平等。但他主張「各得其分，上下相安」，就不會允許統治者無限制地剝削民眾，否則就逾越了「分」，也不可能「安」。

孟子對賦稅政策討論得較爲全面。當時有一個重要的學派「農家」，梁啓超認爲乃道家之末流，主張無政府主義〔註21〕。其代表人物許行說：「賢者與

〔註21〕《梁啓超全集》（第十二卷），北京出版社，1997年版，第3658頁。

民並耕，饔飧而治。今也滕有倉廩府庫，則是厲民而自養也。」(《孟子・滕文公上》) 孟子批評了許行的思想，認爲社會管理行爲是必不可少的，社會應有分工，一部分人依稅收而生存是必然的：「或勞心，或勞力；勞心者治人，勞力者治於人；治於人者食人，治人者食於人：天下之通義也。……堯舜之治天下，豈無所用其心哉？亦不用於耕耳。」(《孟子・滕文公上》) 問題在於稅收的規模應該是多大？稅收越少越好，似乎合於理想，但是不現實。孟子曾批評「二十稅一」的主張：「白圭曰：『吾欲二十而取一，何如？』孟子曰：『子之道，貉道也。萬室之國，一人陶，則可乎？』曰：『不可，器不足用也。』曰：『夫貉，五穀不生，惟黍生之。無城郭、宮室、宗廟、祭祀之禮，無諸侯幣帛饔飧，無百官有司，故二十取一而足也。今居中國，去人倫，無君子，如之何其可也？』陶以寡，且不可以爲國，況無君子乎？欲輕於堯舜之道者，大貉小貉也：欲重於堯舜之道者，大桀小桀也。」(《孟子・告子下》) 孟子指出稅收太低，難以組織刑政教化，會退向野蠻，而稅收太高則會走向暴政。不過，文明社會以來的常見問題是後者，而非前者。

孟子一方面批評統治者的貪婪奢侈造成了民眾的生存危機，稱之爲「率獸食人」。另一方面孟子以「推恩」釋仁，要求統治者與民同樂：「古之人所以大過人者無他焉，善推其所爲而已矣。」(《孟子・梁惠王上》)「今王田獵於此，百姓聞王車馬之音，見羽旄之美，舉疾首蹙頞而相告曰：『吾王之好田獵，夫何使我至於此極也？父子不相見，兄弟妻子離散。』此無他，不與民同樂也。」「樂民之樂者，民亦樂其樂；憂民之憂者，民亦憂其憂。樂以天下，憂以天下，然而不王者，未之有也。」(《孟子・梁惠王下》) 就具體的稅收制度來說，孟子一則主張「十一稅」，「夏后氏五十而貢，殷人七十而助，周人百畝而徹，其實皆什一也」(《孟子・滕文公上》)。漢代趙岐注：「民耕五十畝，貢上五畝；耕七十畝，以七畝助公家；耕百畝者，徹取十畝以爲賦：雖異名而多少同，故曰皆什一也。」二則孟子強調稅目不能太多：「孟子曰：『有布縷之征，粟米之征，力役之征。君子用其一，緩其二。用其二而民有殍，用其三而父子離。』」(《孟子・盡心下》) 朱熹注：「布縷取之於夏，粟米取之於秋，力役取之於冬，當各以其時；若並取之，則民力有所不堪矣。」「市廛而不征，法而不廛，則天下之商皆悅而願藏於其市矣。關譏而不征，則天下之旅皆悅而願出於其路矣。耕者助而不稅，則天下之農皆悅而願耕於其野矣。廛無夫里之布，則天下之民皆悅而願爲之氓矣。」(《孟子・公孫丑上》) 這裏的「廛而不征」、「譏而不征」、「助而不稅」等，強調的都是稅目不能太多，不能重複徵稅。

荀子繼承與發揚了孔孟的減輕剝削思想。荀子繼承了孟子的輕稅主張：「王者之等賦、政事，財萬物，所以養萬民也。田野什一，關市幾而不征，山林澤梁以時禁發而不稅。」（《荀子・王制》）荀子也繼承了孔子的藏富於民的思想：「下貧則上貧，下富則上富。故田野縣鄙者，財之本也；垣窌倉廩者，財之末也；百姓時和、事業得敘者，貨之源也；等賦府庫者，貨之流也。故明主必謹養其和，節其流，開其源，而時斟酌焉，潢然使天下必有餘而上不憂不足。如是則上下俱富。」（《荀子・富國》）荀子也強調統治者要節制自己的欲望：「足國之道，節用裕民而善臧其餘。……不知節用裕民則民貧。」（《荀子・富國》）「明君者，必將先治其國，然後百樂得其中。暗君必將急逐樂而緩治國，故憂患不可勝校也，必至於身死國亡然後止也，豈不哀哉！」（《荀子・王霸》）

後來《大學》把儒家的輕稅主張概括爲「生財有大道，生之者眾，食之者寡，爲之者疾，用之者舒，則財恒足矣」。

先秦儒家主張統治者節制欲望、減輕剝削、藏富於民，讓人民有一個寬鬆的生存環境，甚至有一定的幸福感，做「王者之民」，用心不可謂不仁。此類主張一定程度上也爲後世統治者所信奉。許多有爲的君主，特別多數的開國之君，或本人來自民間，深知民眾生存之不易；或親眼目睹「官逼民反」、「水可覆舟」，深懼人民的力量，因而實行輕繇薄賦、與民休息的政策。從而較有效地穩定了王朝統治，甚至營造了所謂的盛世景觀。

三、富而「教民」

先秦儒家主張富民，但並不認爲「倉廩實則民自然知禮節，衣食足則民自然知榮辱」。一則並非人只有自然屬性，只是物質存在物，人還應當是精神存在物。二則消彌社會矛盾，令社會和諧有序，也並非純粹地增加物質財富就能做到。先秦儒家認爲，富民只是第一步，還有第二步，就是對民眾的禮樂教化。

孔子強調教化民眾是治國的基本手段。孔子在其著名的「庶、富、教」三部曲治國方略中，主張富民之後，緊接著就應當是教化。孔子堅決反對不教而誅的專任刑殺統治：「不教而殺謂之虐」（《論語・堯曰》）「善人教民七年，亦可以既戎矣。」「以不教民戰，是謂棄之。」（《論語・子路》）在孔子看來，禮樂教化又是治國的最高境界，在《論語・先進・子路曾皙冉有公西華侍坐章》中，當曾皙說：「莫春者，春服既成。冠者五六人，童子六七人，浴乎沂，風乎舞雩，詠而歸。」時，孔子喟然歎曰：「吾與點也！」《論語注疏》中何晏解「詠而歸」爲「歌詠先王之道，而歸夫子之門也」。孔子之所以盛讚曾皙之志，因爲他描述的是禮樂治國的境界。又，「子之武城，聞絃歌之聲。夫子莞爾而笑，曰：『割雞焉用牛刀？』子游對曰：『昔者偃也聞諸夫子曰：君子學道則愛人，小人學道則易使也。』子曰：『二三子！偃之言是也。前言戲之耳。』」（《論語・陽貨》）孔子之所以檢討，是他不應譏諷子游所治雖爲小地方，所呈現的卻是禮樂教化的最高治國境界。

孟子對教化的強調是明確的與一貫的。孟子主張治國首先應解決人民的生存問題，但生存問題一旦解決，隨之而來的即是教化，並且把有無教化上陞到人獸之分的高度。「數口之家可以無饑矣；謹庠序之教，申之以孝悌之義。」（《孟子・梁惠王上》）「飽食、暖衣、逸居而無教，則近於禽獸。聖人有憂之，使契爲司徒，教以人倫：父子有親，君臣有義，夫婦有別，長幼有序，朋友有信。」「設爲庠序學校以教之。夏曰校，殷曰序，周曰庠，學則三代共之，皆所以明人倫也。人倫明於上，小民親於下。有王者，必來取法，是爲王者師也。」（《孟子・滕文公上》）孟子也如同孔子一樣強調教化對於刑政的優越性：「善政，不如善教之得民也。善政民畏之，善教民愛之；善政得民財，善教得民心。」（《孟子・盡心上》）

荀子的教化思想更是與其人性論相關聯。與孟子人性善的觀點相反，荀子主張人性惡。但他的人性惡的邏輯結論是必須對人民進行教化：「從人之性，順人之情，必出於爭奪，合於犯分亂理而歸於暴。故必將有師法之化，禮義之道，然後出於辭讓，合於文理，而歸於治。」（《荀子・性惡》）「古者聖人以人之性惡，以爲偏險而不正，悖亂而不治，故爲之立君上之勢以臨之，明禮義以化之，起法正以治之，重刑罰以禁之，使天下皆出於治，合於善也。是聖王之治而禮義之化也。」（同上）荀子的思想融入了較多法家因素，如主張「法者，治之端也」（《荀子・君道》）。但荀子又強調禮高於法：「禮者，法之大分，類之綱紀也。」（《荀子・勸學》）原因在於：一則禮是調整性規範，（刑）法是制裁性規範，前者是後者的制定根據。二則禮治以教化爲本色而政刑以威懾爲本色，依儒家的一貫思想，前者優越於後者。法國近代思想家盧梭也有類似的發現，盧梭說：「在這三種法律（指憲法、民法、刑法，引者注）之外，還要加上一個第四種，而且是一切之中最重要的一種；這種法律既不是銘刻在大理石上，也不是銘刻在銅表上，而是銘刻在公民們的內心裏；它形成了國家的眞正憲法。」〔註22〕

如何認識先秦儒家的教化主張？儒家深刻地認識到人乃是精神的存在物，孟子說「人之異於禽獸者幾希」（《孟子・離婁下》），孟子強調發揚人的善性，荀子強調改造人的惡性，其要旨都是要對人進行教育。對比墨家、道家與法家的思想可以看出儒家對人的認識是深刻的。墨家以提倡儉樸反對浪費爲名，反對禮樂教化，如此則造就出來的只能是純樸而原始的小生產者，與人類文明進步的大趨勢是相違背的。道家則固守人的自然屬性，視人同於禽獸：「其臥徐徐，其覺於於；一以己爲馬，一以己爲牛。」（《莊子・應帝王》）更是錯誤的。法家認爲人性惡而難改，君主只能用嚴刑峻法對付民眾，如果說有教化，也只是令熟悉與遵從君主法令而已：「明主之國，無書簡之文，以法爲教；無先王之語，以吏爲師。」（《韓非子・五蠹》）郭沫若先生批評說：「韓非所需要的人只有三種：一種是牛馬，一種是豺狼，還有一種是獵犬。牛馬以耕稼，豺狼以戰，獵犬以告姦，如此而已。愚民政策是絕對必要的。」〔註23〕儒家則篤信人性是善的，起碼是可善的（荀子），所以可以也應當對民眾進行教化：「儒家之視一都一邑乃至天下，其猶一學校也，其民則猶子弟也。」〔註24〕就解決社會矛盾與衝突來說，教化之功也遠高於刑政。孔子說：「道之以政，齊之以刑，民免而無恥；道之以德，齊之以禮，有恥且格。」（《論語・爲政》）朱熹注：「免而無恥，謂苟免刑罰，而無所羞愧，蓋雖不敢爲惡，而爲惡之心未嘗忘也。……政刑能使民遠罪而已，德禮之教，則有以使日遷善而不自知。」孔子作爲魯國之司寇，最高司法官，然而他說：「聽訟，吾猶人也，必也使無訟乎！」（《論語・顏淵》）朱熹注：「范氏曰：『聽訟者，治其末，塞其流也。正其本，清其源，則無訟矣。』」絕對無訟的社會是僵死的社會，社會失去了活力，但德禮疏導下的少訟社會應當是良序社會，社會管理的成本也是低廉的。

先秦儒家的教化思想爲後世統治者所繼承，並轉化爲中國古代政治統治

〔註22〕〔法〕盧梭：《社會契約論》，何兆武譯，商務印書館，2006年版，第70頁。
〔註23〕郭沫若：《十批判書》，人民出版社，1982年版，第381頁。
〔註24〕《梁啓超全集》（第十二卷），北京出版社，1997年版，第3684頁。

的成功經驗。英國思想家密爾曾說：古代中國「有一套極其精良的工具用以盡可能把他們所保有的最好智慧深印於群體中的每一心靈……毫無疑義，做到這個地步的人民已經發現了人類前進性的奧秘。」〔註 25〕

第三節　親　民

先秦儒家認爲統治者施仁政應當仁愛百姓，造福民眾。而要實現這樣的價值追求，一個重要的內容是如何規範龐大的官吏集團〔註 26〕，讓其親民而非害民。

一、吏之本質：「愛人」（親民）

先秦儒家雖然極其推崇帝王的作用，「天子作民父母，以爲天下王。」（《尚書・洪範》）但是僅靠帝王一人是無法進行治國理政的。《尚書・堯典》寫到堯帝「克明俊德，以親九族。九族既睦，平章百姓。百姓昭明，協和萬邦」。孔安國傳：「百姓，百官。」平章，「平和章明」，也即使百官團結和諧、稱職清廉之意。就是說堯帝要實現「親九族、和萬邦」的目的，必須借助於百官群體，也必須治理好百官群體，即「平章」之。《尚書・舜典》中記載了堯帝賦予重要臣屬的職責與分工：「伯禹作司空……汝平水土。……契……作司徒。……棄……后稷。……皋陶……作士。……垂，汝共工。……益……作朕虞。……伯夷……作秩宗。……夔！命汝典樂。……龍……作納言。」用現代語言表述就是：伯禹負責水利，棄負責農桑，契負責教化，皋陶負責司法，垂負責手工業，益負責山林河澤，伯夷負責祭祀，夔負責音樂，龍負責新聞媒體等。這些分工，現代讀者也許覺得過於粗疏，但與現代政府爲民服務的眾部門本質上是一回事，乃現代政府分工之濫觴耳。先秦儒學的集大成者荀子對於吏治的論述較爲詳盡，他說：「人主不可以獨也。卿相輔佐，人主之基杖也，不可不早具也。故人主必將有卿相輔佐足任者，然後可。」（《荀子・君道》）並且詳細列舉了百官的職責：

〔註 25〕〔英〕密爾：《論自由》，許寶騤譯，商務印書館，2005 年版，第 85 頁。

〔註 26〕官與吏本文不加區分。「官」與「吏」有時有區別，有時沒區別。「政務官叫官員，事務官叫吏員。所以官吏二字，往往混爲一談。比如『吏治』，比如『封疆大吏』，其實說的都是官，不是吏。但隋唐以後，官與吏就不可同日而語了。只有官和僚才算是官（幹部），吏則是民（職工）。」參易中天：《帝國的終結》，復旦大學出版社，2008 年版，第 167 頁。

序官：宰爵知賓客、祭祀、饗食、犧牲之牢數。司徒知百宗、城郭、立器之數。司馬知師旅、甲兵、乘白之數。……大師之事也。……司空之事也。……治田之事也。……虞師之事也。……鄉師之事也。……工師之事也。……傴巫跛擊之事也。……治市之事也。……司寇之事也。……冢宰之事也。……辟公之事也。……天王之事也。故政事亂，則冢宰之罪也；國家失俗，則辟公之過也；天下不一，諸侯俗反，則天王非其人也。(《荀子・王制》)

問題在於，官吏的本質是什麼，易言之，社會（或國家，或帝王）對官僚群體的功能性設定應當爲何？先秦儒家對此的回答是明確的：親民。

先秦儒家不否認官吏是一種謀生的手段，但認爲官吏的本質卻不在於爲己謀利。儒家承認爲官爲吏是士的謀生手段：「仕非爲貧也，而有時乎爲貧……孔子嘗爲委吏矣……嘗爲乘田矣。」(《孟子・萬章下》)「士之失位也，猶諸侯之失國家也。」「古之人三月無君則弔……出疆必載質。」(《孟子・滕文公下》)孔子辦私學，設館授徒，主要是培養學生做官。孔子批評樊遲學稼、學圃，主要不是視農事爲卑賤，而是認爲當官是獲利更豐厚、也是對社會貢獻更大的職業。孟子游說諸侯，「後車數十乘，從者數百人，以傳食於諸侯」(同上)，一方面是宣傳自己的政治主張，另一方面也是爲自己及群弟子出仕做官尋找機會。荀子及其它先秦諸子設館授徒，出發點與孔孟基本一致。但純粹爲謀取私利而做官是儒家所堅決反對的。孔子說：「君子喻於義，小人喻於利。」(《論語・里仁》)這句話人言人殊，常被視爲孔子反對言利的證據。焦國成先生的分析很有道理：「『君子』和『小人』兩個名稱，在這裏主要是從『位』的意義使用的。有政治地位的『君子』，有其采邑、俸祿，所從事的是人的治理；他們只要按照『義』把治理工作做好，一切好處就都有了，故說『君子喻於義』。沒有政治地位的『小人』，在治理國家上是沒有資格操心的，他們所操心的是如何應付勞役，如何養活自己，如何通過與物打交道而獲得『利』，所以說『小人喻於利』。……如果有位的『君子』不講義，而去與民爭利，那就喪失了君子的名分了。」〔註 27〕孟子繼承孔子的思想，宣稱：「何必曰利？亦有仁義而已矣。」(《孟子・梁惠王上》)孟子並且責備自己的學生樂正子：「子之從於子敖來，徒哺啜也。我不意子學古之道，

〔註 27〕焦國成：《中國倫理學通論》(上)，山西教育出版社，1997 年版，第 155～156 頁。

而以哺啜也。」（《孟子・離婁上》）子敖乃素質低劣之重臣，樂正子給他當助手只能混個吃吃喝喝，與做官親民的宗旨相去遠矣。荀子則譴責：「上不忠乎君，下善取譽乎民，不恤公道通義，朋黨比周，以環主圖私爲務，是篡臣也。……篡臣用則必危。」（《荀子・臣道》）

先秦儒家也不否認官吏須忠於君主，但認爲忠君須與親民一致，親民是更高的價値準則。儒家強調忠君是勿庸置疑的，因爲這是宗法社會的必然要求。孔子強調「事上也敬」（《論語・公冶長》），「事君能致其身」（《論語・學而》），「君臣之義，如之何廢之？」（《論語・微子》）孟子也同意：「內則父子，外則君臣，人之大倫也。」（《孟子・公孫丑下》）但是儒家主張忠君是有前提、有限度的，即不得在根本上損害民眾的利益，特別是不能迎合君主的貪欲。孔子嚴厲譴責弟子冉有爲權臣季氏的聚斂行爲：「季氏富於周公，而求也爲之聚斂而附益之。子曰：『非吾徒也，小子鳴鼓而攻之，可也。』」（《論語・先進》）《大學》據此說，「與其有聚斂之臣，寧有盜臣」。季氏欲吞併顓臾國，並讓冉有、子路徵求孔子的意見，孔子大爲光火，列舉季氏不應當侵犯顓臾的種種理由，並嚴厲責備二位弟子的失職行爲：「今由與求也，相夫子，遠人不服而不能來也；邦分崩離析而不能守也。而謀動干戈於邦內。」（《論語・季氏》）孟子主張在君主暴政殃民的情況下，仕人可以離職遠去：「無罪而殺士，則大夫可以去；無罪而戮民，則士可以徙。」（《孟子・離婁下》）孟子主張臣屬在一定情況下可以把君主趕下臺，「貴戚之卿……君有大過則諫，反覆之而不聽，則易位。」（《孟子・萬章上》）在極端的情況下，臣子可以誅殺暴君：「聞誅一夫紂矣，未聞弒君也。」（《孟子・梁惠王下》）荀子有如孟子，一則強調臣屬應作諫爭輔拂之人：「君有過謀過事，將危國家隕社稷之懼也；大臣父兄，有能進言於君，用則可，不用則去，謂之諫；有能進言於君，用則可，不用則死，謂之爭；有能比知同力，率群臣百吏而相與強君撟君，君雖不安，不能不聽，遂以解國之大患，除國之大害，成於尊君安國，謂之輔；有能抗君之命，竊君之重，反君之事，以安國之危，除君之辱，功伐足以成國之大利，謂之拂。故諫爭輔拂之人，社稷之臣也，國君之寶也。」（《荀子・臣道》）〔註28〕二則強調臣屬可以從天下人的利益出發誅殺

〔註28〕《荀子・臣道》篇中有一段文字：「迫脅於亂時，窮居於暴國，而無所避之，則崇其美，揚其善，違其惡，隱其敗，言其所長，不稱其所短，以爲成俗。」《大略》篇中有類似的話。荀子此處教訓的滑頭、苟安哲學雖有其不得已之

暴君：「天下歸之之謂王，天下去之之謂亡。故桀紂無天下，湯武不弒君，由此傚之也。湯武者，民之父母也；桀紂者、民之怨賊也。」（《荀子・正論》）。

先秦儒家強調官吏的根本使命在於親民、愛民。晉國樂官師曠說：「天生民而立君，使司牧之，勿使失性。有君而爲之貳，師保之，勿使過度。是故天子有公，諸侯有卿，卿置側室，大夫有貳宗，士有朋友，庶人、工、商、皀、隸、牧、圉，皆有親昵，以相輔佐也。善同賞之，過則匡之，患則救之，失則革之。」（《左傳・襄公十四年》）師曠的理論有兩個要點，一是民眾如幼稚小兒須由如父母之官吏來約束、管教，二是官吏須親民、愛民。這兩個方面實際上構成了儒家吏治倫理的基本內容與傳統思想。「子之武城，聞絃歌之聲，夫子莞爾而笑，曰：『割雞焉用牛刀？』子游對曰：『昔者，偃也聞諸夫子曰：君子學道則愛人，小人學道則易使也。』子曰：『二三子！偃之言是也。前言戲之耳！』」（《論語・陽貨》）在這段饒有趣味的對話中，子游稱引孔子語「君子學道則愛人」，此處的君子當然是指子游這樣的行政官員，其所說的愛人應是指泛愛普通百姓。在被後人視作孔子治國總綱的《論語・堯曰》篇中，孔子提出了「尊五美，屛四惡」：

> 子張問於孔子曰：「何如斯可以從政矣？」子曰：「尊五美，屛四惡，斯可以從政矣。」子張曰：「何謂五美？」子曰：「君子惠而不費，勞而不怨，欲而不貪，泰而不驕，威而不猛。」子張曰：「何謂惠而不費？」子曰：「因民之所利而利之，斯不亦惠而不費乎？擇可勞而勞之，又誰怨？欲仁而得仁，又焉貪？君子無眾寡，無小大，無敢慢，斯不亦泰而不驕乎？君子正其衣冠，尊其瞻視，儼然人望而畏之，斯不亦威而不猛乎？」子張曰：「何謂四惡？」子曰：「不教而殺謂之虐；不戒視成謂之暴；慢令致期謂之賊；猶之與人也，出納之吝，謂之有司。」

「尊五美、屛四惡」主要闡述的是統治者對待人民的正確態度。「五美」中的「惠而不費」，孔子規定爲「因民之所利而利之」，後人對此有不同的理解，但總歸是爲了民眾的利益；「勞而不怨」是說課加人民的勞役適時與適度；「欲

處，畢竟有損儒者的氣節。對此，郭沫若先生認爲「荀子似乎還沒有墮落到這樣的程度」。荀子一方面大批「態臣」，主張「從道不從君」，一面又流於「妾婦之道」，是奇怪的。依郭氏，這段文字很可能是荀子後學篡入的。參郭沫若：《十批判書》，人民出版社，1982 年版，第 248 頁。

而不貪」，說的是以仁馭欲，不致爲貪；「泰而不驕」說的是不欺弱小，不驕橫。「四惡」中，前三惡「不教而殺」、「不戒視成」、「慢令致期」，都是殘害人民的酷政，理應摒棄；第四惡「出納之吝」，是指予民財物不大方，也應克服。「尊五美、屏四惡」總的精神概括起來就是親民。

孟子總是把官吏群體視之爲「民之父母」。孟子說：

> 庖有肥肉，廄有肥馬，民有饑色，野有餓莩，此率獸而食人也。獸相食，且人惡之。爲民父母，行政不免率獸而食人。惡在其爲民父母也。(《孟子・梁惠王上》)

> 爲民父母，使民盻盻然，將終歲勤動，不得以養其父母，又稱貸而益之。使老稚轉乎溝壑，惡在其爲民父母也？(《孟子・滕文公上》)

孟子此兩處都是從反面批評統治者是不合格的「民之父母」的情況。正面的規定應當是：「仰足以事父母，俯足以畜妻子，樂歲終身飽，凶年免於死亡。……老者衣帛食肉，黎民不饑不寒。」(《孟子・梁惠王上》) 荀子做爲先秦儒學的集大成者，對於官吏應當親民愛民也反覆申述，如：「庶人駭政則莫若惠之。選賢良，舉篤敬，興孝悌，收孤寡，補貧窮，如是，則庶人安政矣。」(《荀子・王制》)

儒家主張官吏應親民愛民的同時，便是對惡吏的譴責與否定。孔子說「苛政猛於虎」(《禮記・檀弓》)，孟子說酷政是「率獸食人」(《孟子・梁惠王上》)。孔孟說的苛政、酷政絕非帝王一人所爲，而是整個官僚系統所爲。荀子也說：「以小人尚民而威，以非所取於民而巧，是傷國之大災也。」(《荀子・王霸》) 惡人爲官對人民巧取豪奪是國之災難。《尚書・泰誓中》說：「受有億兆夷人，離心離德。予有亂臣十人，同心同德。雖有周親，不如仁人。」《論語・堯曰》中有類似記載，朱熹注：「孔氏曰：『周，至也。言紂至親雖多，不如周家之多仁人。』」就是說，紂的亡國不僅在於他本人的荒淫，也在於他臣屬的惡劣。《史記・殷本紀》載：紂「用費中爲政。費中善諛，好利，殷人弗親。紂又用惡來。惡來善毀讒，諸侯以此益疏。」無德的臣屬如費中、惡來等的媚君害民行徑是商王朝滅亡的重要因素，雖然總的根源在商紂王身上。

二、親民之道：「爲臣盡臣道」

吏應當親民，但親民也有個正當的方式問題。簡單地予民以小恩小惠並非眞正的親民、愛民。孟子曾批評春秋時期著名政治家子產用自己的車輛助民過河的做法。孟子說：「惠而不知爲政。歲十一月徒槓成，十二月輿梁成，民未病涉也。君子平其政，行辟人可也。焉得人人而濟之？故爲政者，每人而悅之，日亦不足矣。」（《孟子・離婁下》）荀子也批評對民眾噓寒問暖的虛僞性：「垂事養民，拊循之，唲嘔之，冬日則爲之饘粥，夏日則與之瓜麮，以偷取少頃之譽焉，是偷道也，可以少頃得奸民之譽，然而非長久之道也。……故古之人爲之不然，使民夏不宛暍，冬不凍寒，急不傷力，緩不後時，事成功立，上下俱富，而百姓皆愛其上，人歸之如流水，親之歡如父母。」（《荀子・富國》）

如何才是正確地愛民？儒家的主張是「爲吏以道」。儒學宗師們主要是在「以道事君」的命題中闡述這一點的：

> 子曰：「……所謂大臣者：以道事君，不可則止。今由與求也，可謂具臣矣。」（《論語・先進》）
>
> 柳下惠爲士師，三黜。人曰：「子未可以去乎？」曰：「直道而事人，焉往而不三黜？枉道而事人，何必去父母之邦。」（《論語・微子》）
>
> 欲爲君盡君道，欲爲臣盡臣道，二者皆法堯舜而已矣。（《孟子・離婁上》）
>
> 「仕如此其急也，君子之難仕，何也？」曰：「……古之人未嘗不欲仕也，又惡不由其道。」（《孟子・滕文公下》）
>
> 傳曰：「從道不從君。」（《荀子・臣道》）
>
> 請問爲人臣？曰：以禮待君，忠順而不懈。（《荀子・君道》）

「以道事君」、爲吏以道的內容很豐富。這可以從以下幾個方面來進行分析。

首先，恪守道義的至上性。近代哲學家康德要求人們面臨行爲選擇時，摒棄任何功利的考慮，遵循所謂絕對命令：「道德行爲不能出於愛好，而只能出於責任。」「定言命令只有一條，這就是：要只按照你同時認爲也能成爲普遍規律的準則去行動。」〔註 29〕康德的理論面臨許多難題，但總的來說不失

〔註 29〕〔德〕康德：《道德形而上學原理》，苗力田譯，上海人民出版社，2005 年版，第 14、39 頁。

深刻。中國先秦儒學宗師們實際上持有與康德類似的觀點，即認爲道義高於一切：「孔子曰：『道二，仁與不仁而已矣。』」（《孟子・離婁上》）孟子曰：「何必曰利？亦有仁義而已矣。」（《孟子・梁惠王上》）「由仁義行，非行仁義也。」（《孟子・離婁下》）儒家要求嚴守道義，甚至付出生命的代價也在所不辭。孔子說：「志士仁人，無求生以害仁，有殺身以成仁。」（《論語・衛靈公》）孟子說：「生，亦我所欲也；義，亦我所欲也。二者不可得兼，舍生而取義者也。」（《孟子・告子上》）道義的至上性，要求官吏在與君主的交往中，絕對不能屈從帝王的無理要求，「從道不從君」，「以道事君，不可則止」。孔子由此批評冉有爲季氏的聚斂行爲，批評冉有不能勸阻季氏祭祀泰山的行爲，以及冉有、子路沒有勸阻季氏的伐顓臾行爲等。孟子說：「有官守者，不得其職則去；有言責者，不得其言則去。」（《孟子・公孫丑下》）諫議之官的意見不被君主接受，就應當離職。

儒家要求官吏在與民眾的交往中也應恪守道義與原則，不畏艱險。春秋政治家子產是這方面傑出的典範。《左傳・昭公四年》載：「鄭子產作丘賦。國人謗之，曰：『其父死於路，己爲蠆尾。以令於國，國將若之何？』子寬以告。子產曰：『何害？苟利社稷，死生以之。且吾聞爲善者不改其度，故能有濟也。民不可逞，度不可改。』」又《左傳・襄公三十年》載：「子產使都鄙有章，上下有服，田有封洫，廬井有伍。……從政一年，輿人誦之曰：『……孰殺子產，吾其與之。』及三年，又誦之曰：『我有子弟，子產誨之。我有田疇，子產殖之。子產而死，誰其嗣之？』」子產並非獨裁者，他拒絕毀鄉校，認爲民眾的議論，「其所善者，吾其行之；其所惡者，吾其改之。是吾師也」（《左傳・襄公三十一年》）。然而子產認爲不應當屈從民眾的錯誤意見，「苟利社稷，死生以之。」即使付出生命代價也要堅持眞理。孔子也反對以輿論作爲眞理的標準：「子貢問曰：『鄉人皆好之，何如？』子曰：『未可也。』『鄉人皆惡之，何如？』子曰：『未可也。不如鄉人之善者好之，其不善者惡之。』」（《論語・子路》）孔孟特別反對那種討好大眾的「鄉愿」行爲：「同乎流俗，合乎污世；居之似忠信，行之似廉潔；眾皆悅之，自以爲是，而不可與入堯舜之道，故曰德之賊也。」（《孟子・盡心下》）

其次，爲吏以道要求官吏必須有勤勉的工作態度。《詩經・商頌・有駜》寫道：「夙夜在公，在公明明。」毛亨傳：「言時臣憂念君事，早起夜寐，在於公之所。」孔子反覆強調官吏勤勉的重要性：「事君，敬其事而後其食。」

（《論語·衛靈公》）「子張問政。子曰：『居之無倦，行之以忠。』」（《論語·顏淵》）「子路問政。子曰：『先之勞之。』請益，曰：『無倦。』」（《論語·子路》）「仲弓爲季氏宰，問政。子曰：『先有司……』」（《論語·子路》）總之，做一個好官吏必須忠於職守，率先垂範，勤勉而不懈怠。

其三，爲吏以道要求官員具備必要的才能素質。荀子說：「論德而定次，量能而授官，皆使人載其事，而各得其所宜，上賢使之爲三公，次賢使之爲諸侯，下賢使之爲士大夫，是所以顯設之也。」（《荀子·君道》）荀子又說：「不能而居之，誣也；無益而厚受之，竊也。」（《荀子·大略》）把尸位素餐者比喻成盜賊。孔子說：「誦詩三百，授之以政，不達；使於四方，不能專對；雖多，亦奚以爲？」（《論語·子路》）就是說只能誇誇其談，不具有實際才幹的人，是不能出仕爲官、爲國效力、造福民眾的。

其四，爲吏以道要求官吏有良好的工作業績。儒家強調道義的至上性，但儒家並非只看動機，不顧後果。這在孔子對管仲的評價中體現得很明顯。孔子一方面批評管仲不知禮：「管氏而知禮，孰不知禮？」（《論語·八佾》）根本原因在於管仲奉行的是霸道，有違儒家所推崇的王道。另一方面孔子又盛讚管仲的事功：「管仲相桓公，霸諸侯，一匡天下，民到于今受其賜；微管仲，吾其被髮左衽矣！」（《論語·憲問》）管仲的霸業對於華夏文明成果的保存與發展是居功甚偉的。孔子由此而認可管仲「如其仁！如其仁！」而孔子是極少認定某人爲仁者的，可見孔子對管仲事功的推崇。對於動機與效果，孟子說到：

> 「然則子之失伍也亦多矣。凶年饑歲，子之民，老羸轉於溝壑，壯者散而之四方者，幾千人矣。」曰：「此非距心之所得爲也。」曰：「今有受人之牛羊而爲之牧之者，則必爲之求牧與芻矣。求牧與芻而不得，則反諸其人乎？抑亦立而視其死與？」曰：「此則距心之罪也。」（《孟子·公孫丑下》）
>
> 「且子食志乎？食功乎？」曰：「食志。」曰：「有人於此，毀瓦畫墁，其志將以求食也，則子食之乎？」曰：「否。」曰：「然則子非食志也，食功也。」（《孟子·滕文公下》）

這兩則資料，第一則是孟子批評孔距心藉口客觀因素未能救災民的失職行爲；第二則是孟子對爲官食祿以動機還是以傚果爲依據的辯駁，孟子認爲應依據效果。由此可見，雖然《孟子》開篇即說：「王何必曰利？亦有仁義而已矣。」但孟子並非偏執的動機論者，而是強調爲官者必須能盡其職責，完成其應有之事功。

最後，爲吏以道要求爲官者以自己良好的德行引領民眾，造就善美的社會風俗。此乃治國與親民的最高境界。孔子反覆強調統治者（包括帝王與官吏群體）的道德示範作用。孔子說：「爲政以德，譬如北辰，居其所而眾星共之。」（《論語・爲政》）「君子之德風，小人之德草，草上之風必偃。」（《論語・顏淵》）「政者，正也。子帥以正，孰敢不正？」（《論語・顏淵》）「其身正，不令而行；其不正，雖令不從。」「苟正其身矣，於從政乎何有？不能正其身，如正人何？」（《論語・子路》）「上好禮，則民莫敢不敬；上好義，則民莫敢不服；上好信，則民莫敢不用情。」（同上）孟子也一再強調統治者的道德示範作用：「上有好者，下必有甚焉者矣。」（《孟子・滕文公上》）「不仁而在高位，是播其惡於眾也。」（《孟子・離婁上》）孟子強調教化之功：「善政不如善教之得民也。善政，民畏之；善教，民愛之。善政得民財，善教得民心。」（《孟子・盡心上》）荀子也說：「上者，下之師也。夫下之和上，譬之猶響之應聲，影之象形也。」（《荀子・強國》）梁啓超先生說：「儒家之視一都一邑乃至天下，其猶一學校也。」〔註 30〕教化民眾是儒家仁政的重要著力點。

三、「舉直錯諸枉」

仁政愛民依賴於良吏，問題在於如何保證良吏的當政與惡吏之淘汰。對此儒家提出了兩方面的主張：一是從任人唯親向任人唯賢的轉變，二是官吏之進退須考察民意。

中國自啓壞禪讓傳統之後，就一直是家天下政治。爲了捍衛一家一姓的統治權，注重與王族血緣親疏的「任人唯親」是自然而然的選擇。對此，《左傳・僖公二十四年》說得很清楚：

> 大上以德撫民，其次親親以相及也。昔周公弔二叔之不咸，故封建親戚以蕃屏周。……周之有懿德也，猶曰「莫如兄弟」，故封建之。其懷柔天下也，猶懼有外侮。扞禦侮者莫如親親，故以親屏周。

對於「大上」與「其次」，孔穎達正義：「鄭玄以大上爲帝皇之世，其次謂三王以來。」就是說「以德撫民」雖好，但只有三皇五帝禪讓之時才有可

〔註 30〕《梁啓超全集》（第十二卷），北京出版社，1997 年版，第 3684 頁。

能，自夏王朝以後只能以「親親」爲首選了。

應當說武王、周公依「任人唯親」的原則分封姬姓子弟拱衛王室，有利於家天下的鞏固與延續。周王朝得以延續800年蓋得益於此。但「任人唯親」從根本上與官吏的親民本質相衝突。一則親者未必都有德有才，血緣親近而無德無才乃至德才惡劣只會禍害民眾，也同時貽害於家族統治；二則異姓之賢者如何措置？親民內在地要求唯賢是用，而不問賢者是同姓還是異姓。另外，如不能吸納異姓之賢者，乃至異姓之賢者爲異己力量所利用，必有害於王朝統治。實際上任人唯親從來也不是絕對的原則。周王朝開國重臣姜尚即爲異姓，且分封齊國，而齊國在西周、春秋、戰國三世的政治格局中始終舉足輕重。而春秋以來諸雄爭霸的現實表明：「凡是衝破宗法制的約束大膽起用異姓人才的國家，就往往在諸侯間的競爭中勝人一籌。因此，國家的生存本身，決定了宗法政治是不可能徹底的，宗法原則也不可能成爲不變的治國原則。」〔註31〕齊桓公稱霸之初，「葵丘之會諸侯……四命曰：『士無世官，官事無攝，取士必得，無專殺大夫。』」（《孟子・告子下》）朱熹注：「士世祿而不世官，恐其未必賢也。官吏無攝，當廣求賢才以充之，不可以闕人廢事也。取士必得，必得其人也。無專殺大夫，有罪則請命於天子而後殺之也。」與這一歷史潮流相適應，先秦儒家在任用官吏思想方面出現了任人唯親向任人唯賢的轉變。

孔子主張「舉賢才」（《論語・子路》）、「舉直錯諸枉」（《論語・爲政》）（宋代邢昺疏：「舉正直之人用之，廢置諸邪枉之人。」）。孔子又說：「先進於禮樂，野人也；後進於禮樂，君子也。如用之，則吾從先進。」（《論語・先進》）對於此處的君子、野人所指學者們分歧很大，如宋代邢昺正義：「此章孔子評弟子之中仕進先後之輩也。『先進於禮樂野人也』者，先進，謂先輩仕進之人，準於禮樂，不能因世損益，而有古風，故曰樸野之人也。『後進於禮樂，君子也』者，後進，謂後輩仕進之人也，準於禮樂，能因時損益，與禮樂俱得時之中，故曰君子之也。」云云。筆者推崇楊伯峻先生的看法：「孔子是主張『學而優則仕』的人，對於當時的卿大夫子弟，承襲父兄的庇蔭，在做官中去學習的情況可能不滿意。」〔註32〕孔子所傾向的是野之賢者。子夏說：「學而優

〔註31〕陳來：《春秋禮樂文化的解體和轉型》，《中國文化研究》2002年第3期，第15～37頁。

〔註32〕楊伯峻：《論語譯注》，中華書局，2006年版，第109頁。

則仕」(《論語・子張》),學習而有才德者即可出仕爲官。孔子辦私學,設館授徒,直接的目的是培養學生做官。孔子的辦學是成功的,「自孔子卒後,七十子之徒散遊諸侯,大者爲師傅卿相,小者友教士大夫」(《史記・儒林列傳》)。其弟子中眞正出身於貴族的寥寥無幾,絕大多數是平民百姓,甚至有出身卑微者:「仲弓父,賤人。孔子曰:『犁牛之子騂且角,雖欲勿用,山川其舍諸?』」(《史記・仲尼弟子列傳》)

孟子是賢人爲政的鼓吹者:「今有璞玉於此,雖萬鎰,必使玉人雕琢之。至於治國家,則曰『姑舍女所學而從我』,則何以異教玉人雕琢玉哉?」(《孟子・梁惠王下》)朱熹注:對於璞玉「不敢自治而付之能者,愛之甚也。治國家則殉私欲而不任賢,是愛國家不如愛玉也。」依此邏輯孟子當然是主張唯賢是舉。孟子與齊宣王討論過「貴戚之卿」與「異姓之卿」的區別。雖然孟子認爲異姓之卿沒有貴戚之卿廢黜君主的重大權利,但認可異姓之卿的普遍存在是很明顯的。

荀子要求破除世卿世祿制度,主張唯賢是舉,更爲後人所稱道:

> 雖王公士大夫之子孫,不能屬於禮義,則歸之庶人。雖庶人之子孫也,積文學,正身行,能屬於禮義,則歸之卿相大夫。(《荀子・王制》)

> 明主有私人以金石珠玉,無私人以官職事業……夫文王非無貴戚也,非無子弟也,非無便嬖也,倜然乃舉太公於州人而用之,豈私之也哉!以爲親邪?則周姬姓也,而彼姜姓也;以爲故邪?則未嘗相識也;以爲好麗邪?則夫人行年七十有二,齫然而齒墮矣。然而用之者,夫文王欲立貴道,欲白貴名,以惠天下,而不可以獨也。(《荀子・君道》)

荀子一則反對以先天的出身論貴賤,主張以後天的賢不肖論貴賤;二則以周公爲例說明明智的君主可隨意贈以錢財,但不能隨意贈人官職。荀子幾乎很徹底,不但主張量能授官,甚至說「天下者,至大也,非聖人莫之能有也」,「非聖人莫之能王」(《荀子・正論》),隱含的結論是:天子是不能世襲的,因爲世襲君主未必符合聖人的條件,甚至會落得「索爲匹夫不可得」(《荀子・王霸》)的悲慘下場。

當然儒家對任人唯親的否定不可能是徹底的。孟子說:「國君進賢,如不得已,將使卑踰尊,疏踰戚,可不愼與?」(《孟子・梁惠王下》)荀子也說:

「賢齊則其親者先貴，能齊則其故者先官。」（《荀子・富國》）儒學大師們的「唯賢是舉」總是拖著一條宗法血親的尾巴。這是無法避免的，此乃宗法社會的現實使然。

孔子要求「舉賢才」，但是對於如何舉法，如何廢法，則未予深論。荀子說到：「至道大形……尚賢使能則民知方，纂論公察則民不疑。」（《荀子・君道》）提出考察某人是否賢能要考慮各方面的意見。相比而言，孟子的論述較為詳盡：

> 左右皆曰賢，未可也；諸大夫皆曰賢，未可也；國人皆曰賢，然後察之；見賢焉，然後用之。左右皆曰不可，勿聽；諸大夫皆曰不可，勿聽；國人皆曰不可，然後察之；見不可焉，然後去之。（《孟子・梁惠王下》）

朱熹注：「左右近臣，其言固未可信。諸大夫之言，宜可信矣，然猶恐其蔽於私也。至於國人，則其論公矣，然猶必察之者，蓋人有同俗而為眾所悅者，亦有特立而為俗所憎者。」孟子的論述具有濃厚的民主傾向。如果真實地依此操作，「詢左右」、「詢大夫」、「詢國人」，則可以充分發揮廣大人民群眾的監督作用，便於真實地考察出官員的賢不肖；而人民的監督也會促進官場的清正廉潔。凡此都是官吏親民本質的有效保證。我們應注意到，在孟子的論述中，對官員賢不肖的認定與官吏升黜的最終決定權被賦予了君主。這一方面難免有專制獨裁的傾向，另一方面，作為政府首腦，對部下進行考察、選擇與任用，既是其權利，也是其不可推卸的責任。

總之，儒家主張官吏必須是親民的父母官，要求官吏「以道事君」，在官吏的進退上主張由任人唯親向任人唯賢的轉變，以及尊重民意等，凡此都構成了中國吏治倫理的優良傳統。

第三章　古代仁政的內在悖論

高舉仁愛旗幟的先秦儒家仁政學說，其理想性是很高的，也包含了大量眞理的顆粒，是中華民族的寶貴精神財富。但是從本質上說，先秦儒家仁政思想繫於宗法等級家長制。先秦儒家仁政總體上還是局限於手段意義上的，正是此手段意義上的仁政，注定了其內在矛盾與深刻悖論，並在秦以後的政治實踐中突出地表現出來。本章從民本——君本、愛民——馭民、德治——人治三個向度，結合秦以後的政治實踐，分析先秦儒家仁政思想的內在悖論。

第一節　民本——君本

儒家倡導仁政，主要是基於對人民的人道情懷，並由此而高揚民本。但儒家在政治理念上，又強調君本，由此造成了民本與君本的激烈衝突。

一、以民本制約君本

中國自進入階級社會、文明社會的夏王朝開始，實行的就是家天下政治，由一家一姓壟斷國家主權，並由族姓中的家長作爲帝王實行專制統治。它的政治內容是帝王擁有社會的一切權力與財富，所謂「溥天之下，莫非王土；率土之濱，莫非王臣」(《詩經・小雅・北山》)。它的理論根據是君權神授，「天工人其代之」(《尚書・皋陶謨》)，帝王乃「天子」，是皇天上帝在人間的代理人。帝王至高無上神聖不可侵犯，作爲政治原則是爲「君本」。

然而帝王至高無上的君本，必然導致暴政，暴政的結果是殃民。先秦儒家爲反暴政，基於其人道情懷，提出民爲邦本，以民本來制約乃至否定君本〔註1〕。

夏的末代君主桀因荒淫而引起民怨，然而夏桀卻有恃無恐，自比於太陽，「鄭云：桀見民欲叛，乃自比於日，曰：『是日何喪乎？日若喪亡，我與汝皆喪亡。』引不亡之征以脅恐下民也。」（《尚書正義・湯誓・孔穎達疏》）憤怒的民眾喊出：「時日曷喪？予及汝皆亡！」（《尚書・湯誓》）商湯基於人民的怨恨，通過鳴條之戰擊敗並流放了夏桀。儒家經典《尚書》通過對這一事件的記載說明，夏桀所依仗的君權神授論是靠不住的，民不可辱。

商的末代君主紂更是惡名昭著的暴君：「重刑辟，有砲格之法。……醢九侯。……脯鄂侯。……剖比干，觀其心。」（《史記・殷本紀》）對於祖伊、微子、比干等重臣的勸諫充耳不聞，自信地宣稱「我生不有命在天」（《尚書・西伯戡黎》），根本不相信自己會敗亡。武王伐紂時的兵力不過「戎車三百兩，虎賁三百人。」（《尚書・牧誓》）（孔安國傳：「一車步卒七十二人，凡二萬一千人，舉全數。」）而商紂「亦發兵七十萬距武王」。然「紂師雖眾，皆無戰心，心欲武王亟入。紂師皆倒兵以戰，以開武王。武王馳之，紂兵皆崩畔紂」（《史記・殷本紀》）。牧野之戰如此戲劇性的場面，說明是民心的因素而不是商紂所信賴的天命與武力決定了政權的興亡。也正是有鑒於此，周公等周初政治家才提出「皇天無親，惟德是輔」（《尚書・蔡仲之命》）、「民之所欲，天必從之」（《尚書・泰誓上》）等政治信條。

史入春秋，在各國急遽的興滅中，政治家、思想家們更清楚地看出君權神授的虛妄，君本爲民本所否定。其中典型的例證是田氏代齊、季氏專魯、三家分晉等春秋大事，前面的章節多所引證，此處不贅。此類事例在春秋時期非常之多，下面再從《左傳》記載中摘引幾條，以作分析：

> 「梁亡」，不書其主，自取之也。初，梁伯好土功，亟城而弗處，民罷而弗堪。則曰：「某寇將至。」乃溝公宮，曰：「秦將襲我。」民懼而潰，秦遂取梁。（《左傳・僖公十九年》）

> 楚囊瓦爲令尹，城郢。沈尹戌曰：「子常必亡郢。苟不能衛，城

〔註1〕此種否定，沒有提出以人民民主來代替君主專制，因而不是對君本的根本否定，而是以民本爲根據來否定君本中的暴君。暴君源於君本，繫屬於君本，是它的必然產物與惡劣形態。這樣的否定，要求的是以德君代替暴君，從另一種意義上毋寧說肯定了君本。

無益也。古者，天子守在四夷；天子卑，守在諸侯。諸侯守在四鄰；諸侯卑，守在四竟。愼其四竟，結其四援，民狎其野，三務成功。民無內憂，而又無外懼，國焉用城？今吳是懼，而城於郢，守己小矣。卑之不獲，能無亡乎？昔梁伯溝其公宮而民潰，民棄其上，不亡，何待？」（《左傳．昭公二十三年》）

這兩件史實有一定的相似性與關聯性。第一件史實寫的是梁國的滅亡經過。梁國的國君想讓他的國都固若金湯，而無節制地役使民眾。因民眾不堪忍受又一再詭稱外敵將要入侵。民眾因疲倦與恐懼而逃亡，而梁國也就輕易被他國滅了。第二件史實與第一件相差兩百年，寫的是楚國令尹囊瓦懼怕吳國入侵，讓百姓在國都修築城牆，而同僚沈尹戌稱如此役使百姓楚國必亡。他的根據恰恰是梁國滅亡的教訓：「民棄其上，不亡，何待？」而幾年之後，楚國眞的讓吳國給滅了，雖然後來又借助外力而得以復國。這兩個國家滅亡的深刻的教訓在於，民眾是國家的根本，國家的存亡以及君位的存亡根本上不在於城牆的是否鞏固與外敵的是否進犯，而在於民心的因素。

類似的因失民心而國滅君死的例子還很多，如：

秋，楚成大心、仲歸帥師滅六。冬，楚子燮滅蓼。臧文仲聞六與蓼滅，曰：「皋陶庭堅不祀，忽諸，德之不建，民之無援，哀哉！」（《左傳．文公五年》）

六月，鄭子產如陳蒞盟。歸，覆命。告大夫曰：「陳，亡國也，不可與也。聚禾粟，繕城郭，恃此二者，而不撫其民。……能無亡乎？不過十年矣。」（《左傳．襄公三十年》）杜預注：「爲昭八年楚滅陳傳。」

楚子使薳射城州屈，復茄人焉；城丘皇，遷訾人焉。使熊相禖郭巢，季然郭卷。子大叔聞之，曰：「楚王將死矣。使民不安其土，民必憂，憂將及王，弗能久矣。」杜預注：「爲明年楚子居卒傳。」

逢滑……對曰：「……臣聞，國之興也，視民如傷，是其福也；其亡也，以民爲土芥，是其禍也。」……子西曰：「二三子恤不相睦，無患吳矣。昔闔廬……勤恤其民，而與之勞逸……今聞夫差……視民如仇，而用之日新。夫先自敗也已，安能敗我？」（《左傳．哀公元年》）杜預注：「爲二十二年越滅吳起本。」

上述六、蓼、陳、楚、吳五國的國滅君死，當時有見識的人已經指出，都是忽視民本、殃民禍民的結果。

當然還有師曠與晏子兩段著名的論述：

> 師曠侍於晉侯。晉侯曰：「衛人出其君，不亦甚乎？」對曰：「或者其君實甚。……夫君，神之主而民之望也。若困民之主，匱神乏祀，百姓絕望，社稷無主，將安用之？弗去何爲？……天之愛民甚矣，豈其使一人肆於民上，以從其淫，而棄天地之性？必不然矣！」（《左傳・襄公十四年》）

> 晏子立於崔氏之門外……曰：「君死安歸？君民者，豈以陵民？社稷是主。臣君者，豈爲其口實？社稷是養。故君爲社稷死，則死之；爲社稷亡，則亡之。若爲己死而爲己亡，非其私暱，誰敢任之？」（《左傳・襄公二十五年》）

第一則資料中，晉侯出於其君本的立場問師曠：衛國人趕走國君是否過分了？師曠說：可能是因爲國君本身做得過分了，因爲國君應該是爲民服務的，「民之望也」。如果國君反過來卻禍害百姓，「百姓絕望」，要這個國君幹什麼，「弗去何爲？」師曠並議論到：「天之愛民甚矣，豈其使一人肆於民上。」大有「上帝面前人人平等」的意味，對君本的否定是較爲徹底的。第二則資料中，齊莊公因與大臣崔氏的妻子私通爲崔氏所殺，齊王的部分衛士與大臣戰死，有人問晏子是否爲國君而死。晏子說，作爲國君「豈以陵民？社稷是主」。就是說作爲國君不是用來欺負百姓的，而是應當主持國政的。主持國政，說到底也就是造福民眾。晏子說，如果國君因爲主持國政、造福民眾而死，大臣也應跟著死；如果與職責無關，因爲個人的私事而死，大臣跟著死就沒有道理了。晏子視民本高於君本的意思是很清楚的。

正是在以上史實的基礎上，孟子提出了它的著名的民本論：「民爲貴，社稷次之，君爲輕。是故得乎丘民而爲天子……犧牲既成，粢盛既潔，祭祀以時，然而旱乾水溢，則變置社稷。」（《孟子・盡心下》）「得乎丘民而爲天子」，邏輯的結論是得民心的才能做帝王，喪失民心的不該做帝王。馮友蘭先生說：「這個『能變置』和『不能變置』的事實，就充分說明了在一國之中，老百姓是根本。這個事實也說明了統治者是爲了被統治者而存在，而不是被統治者爲了統治者而存在。」〔註 2〕換言之，民本高於君本，君本有違民本應予否

〔註 2〕馮友蘭：《中國哲學史新編》（上），人民出版社，1998 年版，第 355 頁。

定。「孟子的這個思想，在中國的歷史中，以至在晚近的辛亥革命和中華民國的創建中，曾經發生巨大的影響。西方民主思想在辛亥革命中也發揮了作用，這是事實，但是對於人民群眾來說，本國的古老的有權革命的思想，它的影響畢竟大得多。」〔註 3〕荀子也明確地批評了暴君擁有天下的觀點：「世俗之為說者曰：『桀紂有天下，湯武篡而奪之。』是不然。……天下歸之之謂王，天下去之之謂亡。」（《荀子・正論》）荀子所說的天下歸之、去之，只能理解為人民的擁護與反對，人民反對的帝王是不應當據有君位的。

如果我們把眼光放長遠一點，不局限於先秦，則可以看出先秦儒家所概括的民本高於君本、否定君本的思想，為秦以後的政治家、思想家所繼承並一再弘揚。

秦始皇認為自己一統天下前無古人，「德兼三皇，功蓋五帝」。「朕為始皇帝。後世以計數，二世三世至于萬世，傳之無窮。」（《史記・秦始皇本紀》）自然不相信他的嬴姓子孫會亡國。然而他的赫赫帝國卻在陳勝、吳廣這夥最卑微農民的起義狂潮中灰飛煙滅：「一夫作難而七廟隳，身死人手，為天下笑。」（《史記・秦始皇本紀》）漢王朝建立後，陸賈、賈誼等儒生有意識地對秦漢巨變加以總結。

賈誼秉儒學之傳統指出，民是國之存亡的根本：「聞之於政也，民無不為本也。國以為本，君以為本，吏以為本。此之謂民無不為本也。」（《新書・大政上》）

如同孟子所言，諸侯與社稷於人民不利者均應予更換，賈誼也說：「王者有易政而無易國，有易吏而無易民。」（《新書・大政下》）

賈誼指出，對民眾的態度決定了君主是聰明還是愚蠢：「凡居上位者，簡士苦民者是謂愚，敬士愛民者是謂智。夫愚智者，士民命之也。」（《新書・大政上》）

賈誼指出，與人民為敵的君主沒有不失敗的：「故自古至於今，與民為仇者，有遲有速，而民必勝之。」（《新書・大政上》）

在漢以後的王朝興亡史中，隋亡唐興與秦亡漢興有驚人的相似性。「隋之得失存亡，大較與秦相類。」（《隋書・楊玄感等傳》）強盛一時的隋王朝同樣在農民起義的狂潮中灰飛煙滅。有感於滄桑巨變，有深刻危機感的唐初君臣進行了深刻反省。

〔註 3〕馮友蘭：《中國哲學簡史》，北京大學出版社，1996 年版，第 65 頁。

李世民從自己的政治生涯中體會到民爲國本、民本否定暴政的道理，他曾對自己的侍臣說：「君依於國，國依於民。刻民以奉君，猶割肉以充腹，腹飽而身斃。」（《資治通鑒・卷一九二》）李世民寫有《民可畏論》一文，說明人民力量的強大與可敬畏，並就君主與人民的關係寫道：「天子有道，則人推而爲主；無道，則人棄而不用，誠可畏也。」（《全唐文・卷十》）魏徵也說：「荀卿子曰：君，舟也，民，水也；水所以載舟，亦所以覆舟。孔子曰：魚失水則死，水失魚猶爲水也。」（《貞觀政要・君臣鑒戒》）李世民一再強調「亡隋之轍，殷鑒不遠」（《貞觀政要・任賢》），要求統治集團牢記暴君與暴政的可悲結局：「隋主爲君，不恤民事，君臣失道，民叛國亡，公卿貴臣，暴骸原野，毒流百姓，禍及其身。」（《冊府元龜・卷五八》）

宋代是儒學興盛的王朝。程朱理學是儒學發展史上的一座高峰。程朱學派主要通過對「四書」的重新解讀而弘揚先秦儒學。朱熹在注解孟子的「民爲貴，社稷次之，君爲輕」時說：「蓋國以民爲本，社稷亦爲民而立，而君之尊，又係於二者之存亡，故其輕重如此。」「丘民，田野之民，至微賤也。然得其心，則天下歸之。」（《孟子集注・盡心下》）換言之，得民心得天下，爲害民眾、失去民心的君主是注定要滅亡的。

明初大儒方孝儒認爲，秦漢以後人民一再起義顚覆政權，實在不是人民的過錯，人民乃不得已耳，他說：「斯民至於秦，而後興亂。後世亡人之國者大率皆民也。……視其君如仇讎，豈民之過哉，無法以維之，無教以淑之，而不知道故也。」（《遜志齋集・民政》）明末清初的劇變激起了一股啓蒙思潮，其中君民關係是討論的重點。黃宗羲說：「小儒規規焉以君臣之義無所逃於天地之間，至桀紂之暴，猶謂湯武不當誅之……豈天地之大，於兆人萬姓之中，獨私其一人一姓乎！是故武王聖人也，孟子之言，聖人之言也。」（《明夷待訪錄・原君》）黃宗羲引證孟子的理論說明，天下萬民的利益高於帝王的家族利益，誅暴君是正當的。明末清初思想家的民本思想達到了古代中國的最高峰，雖因清王朝的文化專制而中斷，但甲午戰爭後又爲譚嗣同、梁啓超等維新變法志士所接續，成爲救亡圖存的光輝旗幟。

二、民本從屬於君本

先秦儒家認爲民本高於君本：「天之生民非爲君也，天之立君以爲民也。」（《荀子・大略》）有害於民眾利益的暴君應予推翻。問題在於，先秦儒家又持下述的立場：人民不能當家作主，應由帝王統治民眾，帝王做人民的主人。如此一來，先秦儒家又以君權至高無上的「君本」凌駕於「民本」，民本從屬於君本。

「君本」凌駕於「民本」會出現如下情況：其一，君主會以父母對待未成年子女的方式來對待人民，約束、懲戒人民，使統治者與被統治者的關係蒙上一層類似父母子女間的溫情色彩。先秦儒家所追求的政治理想狀態，很大程度上就在於此。然而不以儒家意志為轉移的是，其二，上述關係會進一步蛻變成主奴關係。原因在於，君民關係究竟不是存在血緣親情的父母子女關係，君主會因其獨裁地位進而漠視人民作為理性者的意志與利益，人民被君主徹底工具化、財富化、奴隸化。「奴隸屬於人類，但他們被看作是沒有要求的，甚至不把他們的要求看作是基於社會義務和職責的要求，因為奴隸被看作是不能擁有義務和職責的。禁止虐待奴隸的法律，不是建立在奴隸提出的要求之上，而是建立在奴隸持有者的要求之上，或者是建立在社會普遍利益（不包括奴隸的利益）的基礎上。也就是說，奴隸在社會中不是人：他們根本不被當人看。」〔註4〕

再回到先秦儒家仁政學說。先秦儒家提出「天視自我民視，天聽自我民聽」（《尚書・泰誓中》）、「民之所欲，天必從之」（《尚書・泰誓上》）等，但絕不認為人民可以當家做主，主宰自己的命運。《尚書》屢言「民主」，但它的含義都不是現代意義上的人民民主，而是說由上天給人民指定一個大英雄作主人。孟子大談「民為貴」、「得民心」，但又說「天降下民，作之君，作之師」（《孟子・梁惠王下》）、「為民父母」、「天下之人牧」（《孟子・梁惠王上》）、「無君子莫治野人，無野人莫養君子」（《孟子・滕文公上》）。所以梁啓超評價說：「孟子僅言『保民』，言『牧民』，言『民之父母』，而未嘗言民自為治，近世所謂 Of the people、For the people、By the people 之三原則，孟子僅發明 Of 與 For 之兩義，而未能發明 By 義，此其缺點也。」〔註5〕梁啓超的說法為近代以來的學者，如梁漱溟、錢穆、薩孟武等普遍認同。然而梁啓超等人沒有認識到的一點是：如果缺少了 By 義，Of 與 For 兩義實際上是不徹底的、靠不住的，終究會被否定的。因為所謂 Of the people（「民有」）必須是人民擁有

〔註4〕〔美〕羅爾斯：《政治自由主義》，萬俊人譯譯林出版社，2006 年版，第 34 頁。

〔註5〕《梁啓超全集》（第 6 冊），北京出版社，1999 年版，第 3324 頁。

主權，人民主宰自己的命運。人民一旦失去主權，由專制的帝王據有主權，進而主宰人民的命運，「民有」就會化爲烏有。

荀子大談「天下歸之之謂王，天下去之之謂亡」（《荀子．正論》），但又認爲「天下者，至大也，非聖人莫之能有也」（同上），並以其性惡理論強調聖人與民眾的區別，聖王存在的巨大價值，「今誠以人之性固正理平治邪？則有惡用聖王，惡用禮義矣哉！……古者聖人以人之性惡，以爲偏險而不正，悖亂而不治，故爲之立君上之勢以臨之，明禮義以化之，起法正以治之，重刑罰以禁之，使天下皆出於治，合於善也」（《荀子．性惡》）。

同樣，賈誼一面強調「民爲國本」，但另一方面，賈誼又認爲民眾是愚昧無知的。他說：「夫民之爲言也，瞑也；萌之爲言也，盲也。」（《新書．大政下》）董仲舒也說：「民者，瞑也。」「性有似目，目臥幽而瞑，待覺而後見，當其未覺，可謂有見質，而不可謂見。今萬民之性，有其質而未能覺，譬如瞑者待覺，教之然後善。」（《春秋繁露．深察名號》）賈氏與董氏都借助音訓，把人民定性爲如在夢中，必待聖人喚醒——也就是教化——才能明白道理。

與把人民定性爲愚昧無知相對應，帝王則是聖明而偉大的。春秋以來，諸子不約而同地掀起強烈的崇聖思潮。老子屢言「聖人之治」，孔子也認爲能「博施於民而能濟眾」的，不僅夠得上仁的標準，而且是偉大的聖人，「必也聖乎！堯舜其猶病諸！」（《論語．雍也》）可見孔子對聖人的推崇。孟子借有若之口說：「麒麟之於走獸，鳳凰之於飛鳥，太山之於丘垤，河海之於行潦，類也。聖人之於民，亦類也。出於其類，拔乎其萃。」（《孟子．公孫丑上》）聖人也是人，但與常人相比幾乎是天壤之別。荀子則說：「聖人也者，道之管也。」（《荀子．儒效》）「聖也者，盡倫者也。」（《荀子．解蔽》）「非聖人莫之能王。」（《荀子．正論》）非聖人不能擁有天下。

在先秦諸子中，莊子是罕有的例外。莊子清醒地認識到聖人思想的危害性。莊子說：「彼聖人者，天下之利器也，非所以明天下也。」「聖人生而大盜起。」（《莊子．胠篋》）就是說高踞於眾人之上的聖人既可以爲民造福，但也會變成禍害人民的大盜。所以莊子的結論是：「聖人不死，大盜不止。」（同上）莊子的見解正確而深刻。可惜莊子的政治理念是政治取消主義，認爲政府根本不必存在，所以也就沒有進一步地思考如何以有效的方式既保留社會管理者又防止這些管理者變成無賴或大盜。如此一來，莊子的聖人觀不足以撼動春秋以來流傳甚廣的聖人爲王、聖人統治民眾的思潮。

如果說春秋戰國時期列雄紛爭，各自爲王，天下尚未一統的情況下，還不好認定誰是聖人，因而「聖人爲王」尚爲批評現實君王的重要武器，一定程度上可以爲儒家宣揚的民本張目。到了秦漢大一統之後，這種聖君統治民眾的思想則被惡劣地加以發展，民本完全爲君本所否定、所吞噬。

秦始皇踐帝位後的一大舉措是奪取了聖人的頭銜，放置於自己的頭上，實行了王聖合一〔註6〕。

聖人首先是才智超群之人。秦始皇及其群臣認爲他就是這樣的人：始皇帝「臨察四方」、「聽萬事」、「理群物」、「聖智仁義，顯白道理」（《史記・秦始皇本紀》）。其智慧豈常人可比？始皇帝本人也自負才智：「博士雖七十人，特備員弗用。丞相諸大臣皆受成事，倚辨於上。……天下之事無小大皆決於上。」（《史記・秦始皇本紀》）

聖人爲王當能建立曠世功勳。秦始皇及其群臣，認爲始皇帝的功勞不容置疑。秦始皇造福萬民，「聖德廣密，六合之中，被澤無疆」，「皇帝哀眾」，「振救黔首」，「澤及牛馬」，「賞及牛馬，恩肥土域」（《史記・秦始皇本紀》），連畜牪都享受了始皇帝的恩惠。

鼓吹秦始皇的功勞超過三皇五帝，是李斯等人的一大創見。李斯等人議帝號時說：「昔者五帝地方千里，其外侯服夷服諸侯或朝或否，天子不能制。今陛下興義兵，誅殘賊，平定天下，海內爲郡縣，法令由一統，自上古以來未嘗有，五帝所不及。」（《史記・秦始皇本紀》）

琅邪石刻中也說：「古之五帝三王，知教不同，法度不明，假威鬼神，以欺遠方，實不稱名，故不久長。其身未歿，諸侯倍叛，法令不行。今皇帝並一海內，以爲郡縣，天下和平。」（同上）總之，秦始皇的偉大是空前的。

功業無邊必然導致其權力無邊。聖王打天下，聖王也當坐天下。聖王澤被眾生，自可以隨意地役使眾生。於是「六合之內，皇帝之土。西涉流沙，南盡北戶。東有東海，北過大夏。人跡所至，無不臣者」（《史記・秦始皇本紀》）。

董仲舒也許覺得秦始皇及其群臣以秦王的智慧與功業來論證其王聖合一很麻煩，且充滿了不確定性，乾脆以「天人合一」這一便利的途徑來論證王聖合一的絕對性：「古之造文者，三畫而連其中謂之王。三畫者，天地與人

〔註6〕「百代皆行秦政制」，秦始皇的發明爲秦以後的專制帝王所當然做仿。

也，而連其中者通其道也。取天地與人之中以爲貫而參通之，非王者孰能當是。」（《春秋繁露・王道通三》）原來天人合一、絕地通天，只有王者才能做到。所以帝王乃天子，「天子受命於天」，其它人只能「受命於天子」（《春秋繁露・爲人者天》）了。董仲舒並非諂諛帝王的卑鄙無恥之徒，他在神話帝王的同時又幻想以天人感應的「天譴論」來德化、恐嚇帝王。事實證明他的恐嚇理論幾乎毫無效果，而他的神話帝王論卻實實在在地產生了極壞的效果。

更徹底的做法，乾脆從肉體上、血統上論證帝王與常人的不同類〔註 7〕。太史公記述漢高祖乃其母與龍交配所生，並說了個高祖斬白蛇的故事，蛇被斬殺後，一老婦哭曰：「吾子，白帝子也，化爲蛇，當道，今爲赤帝子斬之，故哭。」應劭曰：「秦襄公自以居西戎，主少昊之神，作西畤，祠白帝。……赤帝堯後，謂漢也。殺之者，明漢當滅秦也。」（《三家注史記・高祖本紀集解》）不管怎麼解釋，秦始皇、漢高祖都是帝之子，非凡人也。在漢代顯赫一時的讖緯之學中，所有的聖王乃至孔子都是神種。具體言之，有的爲「黑帝」、「白帝」、「赤帝」、「黃帝」、「蒼帝」之子，有的爲「龍種」，有的是「感天」而生，不一而足〔註 8〕。後世之帝王在官方史書的記述中個個都不是凡人。唐太宗「生於武功之別館。時有二龍戲於館門之外，三日而去。……有書生自言善相……見太宗，曰：『龍鳳之姿，天日之表……』」（《舊唐書・卷二》）宋太祖趙匡胤「生於洛陽夾馬勞營，赤光繞室，異香經宿不散。體有金色，三日不變」（《宋史・卷一》）。明太祖朱元璋「母陳氏，方娠，夢神授藥一丸，置掌中有光，呑之，寤，口餘香氣。及產，紅光滿室。自是夜數有光起，鄰里望見，驚以爲火，輒奔救，至則無有」（《明史・卷一》）。清皇帝順治的誕生經過：「母孝莊文皇后方娠，紅光繞身，盤旋如龍形。誕之前夕，夢神人抱子納后懷曰：『此統一天下之主也。』」（《清史稿・卷四》）總之，帝王皆神種。

與頌揚帝王聖明偉大、澤被蒼生相對應的，便是承認臣民的愚昧卑賤與任由帝王的生殺予奪〔註 9〕。不僅最底層的民眾是卑賤的，就是那些地位顯赫

〔註 7〕關於上古三代的帝王血統高貴論，參見第一章第二節，此處不贅。

〔註 8〕劉澤華：《中國政治思想史集》（第二卷），人民出版社，2007 年版，第 133 頁。

〔註 9〕此思想在儒家創始人孔子處便可見端倪。孔子宣揚「三畏」：「畏天命，畏大人，畏聖人之言。」（《論語・季氏》）民眾卑賤的意味是很濃厚的。

的文武重臣也必須承認自己是愚昧卑賤的。這在朝臣的奏章裏寫得很清楚。試舉被蘇軾稱爲「匹夫而爲百世師，一言而爲天下法」的唐代大文豪韓愈、柳宗元的奏章爲例。「臣至陋至愚，無所知識。」「臣以愚陋無堪，累蒙朝廷獎用。」〔註 10〕「臣以庸微，特承顧遇，拔自卑品，委以劇司。」〔註 11〕乃至自稱「犬馬」、「鳥獸」、「駑駘」等詞彙充斥韓柳二位大文豪、政治家的奏章。既然臣子如此愚昧卑賤，而又蒙受了皇恩，自然把自己的一切權利交付給帝王，以示忠誠。而且動輒以請皇帝「賜死」來加以表白。韓柳的奏章絕非個案，所有朝臣的奏章概莫能外。這實際上是一種文化現象，是對帝王與凡人不同類，君主專制集權合理性的認肯。

帝王英明神武，臣民愚昧卑賤的邏輯結論是帝王獨享統治權，人民只是被統治的客體。至此，「天之愛民甚矣，豈其使一人肆於民上」（《左傳・襄公十四年》）所蘊含的人民作爲目的性存在的寶貴思想已化爲空文，人民只是工具性的存在而已。先秦文本中的「牧民」一詞形象地表達了這種政治關係：帝王是牧人，民眾如同沒有理性的群羊，前者管理後者，後者不可能對前者有監督管理權；雖然說牧人不盡職，羊死光了，牧人會失業，但這終究是站在牧人的立場上考慮的，而不是出於群羊的立場考慮問題。帝王壟斷統治權，首先表現爲對國家機構的絕對控制。最高官員宰相必然是帝王任命的，「今天要你做宰相，你就做，明天不要你做，把你殺掉，亦無可奈何、毫無辦法」〔註 12〕。如果說封建社會的早期，如漢朝，宰相與吏部還可自由任命低級官吏，皇帝不予過問。到了封建社會晚期，如清朝，一切官吏，無論大小，概由皇帝任免。再小的官也得面見皇帝後，才能走馬上任。「清朝皇帝拿這項制度來教訓中國人，告訴社會上：這是皇帝的權。你不見皇帝面，芝麻大的官，你也休想做。」〔註 13〕帝王壟斷統治權還表現在他本人是法的最高淵源。帝王統治社會離不開明確的規範與穩定的法制，「王子犯法與庶民同罪」。但這對帝王本身是不適用的。帝王是「金口玉言」、「言出法隨」，法律方便則用法，法律不方便就會法外用法，明太祖朱元璋動輒在《大明律》之外發佈「誥命」處理案件，就是典型的表現。清朝大臣對皇帝自稱奴才，「奴才」一詞最明白不過地說明泱泱帝國的主人是誰。

〔註 10〕馬其昶：《韓昌黎文集校注》，上海古籍出版社，1986 年版，第 589、622 頁。
〔註 11〕吳文治：《柳宗元集》，中華書局，1979 年版，第 988 頁。
〔註 12〕牟宗三：《政道與治道》，廣西師範大學出版社，2006 年版，新版序第 20 頁。
〔註 13〕錢穆：《中國歷代政治得失》，北京三聯書店，2001 年版，第 154～155 頁。

三、「民本——君本」矛盾在革命問題中的突出反映

君本所致的專制獨裁內在地蘊含了暴政，暴政殃民必然導致革命。革命理論是先秦儒家仁政學說的重要內容，是捍衛民本的最後一柄利劍。但先秦儒家在這個問題上同樣陷入了困境。從民本的原則出發，革命是應當的、合法的。孟子說「諸侯危社稷，則變置。犧牲既成，粢盛既絜，祭祀以時，然而旱乾水溢，則變社稷。」（《孟子・盡心下》）即意味不利於人民的任何政治機構都是應當消除的。而從君本的原則出發，革命只是聖君誅暴君的事。誰是聖君？誰是暴君？人民大眾無權判定，人民是不能要求革命的。帝王們只有在辯護本朝取代前朝合法性時才承認革命，其它場合是絕對禁止革命言行的。

上古三代的兩次重大革命是商湯革除夏之天命和周武王革除殷商之天命。中國古人的「革命」一詞也來源於這兩大事件。《尚書》是重要的儒學經典。《尚書・湯誓》載湯伐夏桀戰於鳴條的誓師詞說：「夏代有罪，予畏上帝，不敢不正。」說明湯的革命是天意，是應當的。《尚書・牧誓》載周武王伐紂戰於牧野的誓師詞中說道：「今予發惟恭行天之罰。」也說他的行爲是奉了天命。周公旦更是對於這兩次革命多次進行了反思，並在《尚書・蔡仲之命》中總結爲「皇天無親，惟德是輔」，就是說由誰來做天子並不是命定的，誰有德性就可做天子，反過來，無德就不應該做天子。而有德無德必須以能否造福民眾爲根據，「民心無常，惟惠之懷。」（《尚書・蔡仲之命》）後世也反覆爭論湯武革命的合法性問題。韓非子就不承認湯武革命的合法性，他說：「湯武爲人臣而弒其主、刑其屍，而天下譽之，此天下所以至今不治者也。」（《韓非子・忠孝》）齊宣王問孟子：「湯放桀，武王伐紂……臣弒其君可乎？」齊宣王的發問代表了當時較爲普遍的對湯武革命的疑問乃至責難，而孟子是從周公的「皇天無親，惟德是輔」的德性論與孔子的「正名」論，來反駁湯武弒君說，捍衛湯武革命的合法性的。孟子說：「賊仁者謂之賊，賊義者謂之殘，殘賊之人謂之一夫。聞誅一夫紂矣，未聞弒君也。」（《孟子・梁惠王下》）《荀子・正論》由篇名即可看出荀子的意圖在於發揮孔子的「正名」思想，其中重點討論的是湯武革命問題。荀子首先批駁了對湯武革命的責難：「世俗之爲說者曰：『桀紂有天下，湯武篡而奪之。』是不然。」然後詳述了他的革命理論，其中最重要的文字是：「湯武非取天下也，修其道，行其義，興天下之同利，除天下之同害，而天下歸之也。桀紂非去天下也，反禹湯之德，亂禮義

之分，禽獸之行，積其凶，全其惡，而天下去之也。天下歸之之謂王，天下去之之謂亡。故桀紂無天下，而湯武不弒君，由此傚之也。」《易經・革卦》也寫道：「湯武革命，順乎天而應乎人，革之時義大矣哉！」

秦以後的帝王對革命無法予以否認。如果否認了革命，本朝取代前朝的合法性就成了問題。所以每個王朝都宣稱本朝之建立是爲了革除前朝之暴政，是爲了天下民眾的利益。秦始皇在之罘刻石中說：「六國回辟，貪戾無厭，虐殺不已。皇帝哀眾，遂發討師，奮揚武德。義誅信行，威燀旁達，莫不賓服。烹滅強暴，振救黔首，周定四極。」（《史記・秦始皇本紀》）就是說六國的君主都壞透了，我秦始皇可憐老百姓，所以興兵把六國都滅了，拯救了人民。陳勝舉行反秦大起義，當地父老即讚揚他們是「伐無道，誅暴秦」（《史記・陳涉世家》）。劉邦率徒攻沛縣響應陳勝起義時便說：「天下苦秦久矣。」擊敗項羽後群臣頌揚其「誅暴逆，平定四海」（《史記・高祖本紀》），理應當皇帝。唐之代隋是因爲「有隋季年，皇圖板蕩，荒主燀燎原之焰，群盜發逐鹿之機，殄暴無厭，橫流靡救。高祖審獨夫之運去，知新主之勃興，密運雄圖，未伸龍躍」（《舊唐書・卷一》）。就是說隋煬帝成了獨夫，農民起義領袖乃是群盜，我李淵應該承天意誅滅他們做天子。朱元璋北伐元朝的詔令說：「中原之民，久爲群雄所苦，流離相望，故命將北征，拯民水火。元祖宗功德在人，其子孫罔恤民隱，天厭棄之。」（《明史・卷二》）就是說他朱元璋消滅蒙古統治者與各路豪傑做皇帝，是爲了救民於水火。滿人打敗李自成進入北京建立清政權也下詔稱：「頃緣賊氛洊熾，極禍中原，是用倚任親賢，救民塗炭。方馳金鼓，旋奏澄清，用解倒懸。」（《清史稿・卷四》）就是說我們之所以入關，是爲了打敗李自成這群盜賊，解民於倒懸〔註14〕。

但是必須看到，先秦儒家在肯定（湯武）革命的同時，又說了許多禁止犯上作亂（包括革命）的話。這在儒家創始人孔子身上表現得最明顯：

> 陳成子弒簡公。孔子沐浴而朝，告於哀公曰：「陳恒弒其君，請討之。」公曰：「告夫三子！」孔子曰：「以吾從大夫之後，不敢不告也。君曰『告夫三子』者。」之三子告，不可。孔子曰：「以吾從大夫之後，不敢不告也。」（《論語・憲問》）朱熹注：臣弒其君，人

〔註14〕另外，興起於戰國風行於秦漢的「五德終始說」，也以其帶有神秘色彩的辯證性，說明了革命的必然性，並爲封建王朝所利用。「五德終始說」有五行相剋論與五行相生論的區分，但殊途同歸，都說明了王朝更替的必然性。

倫之大變，天理所不容，人人得而誅之，況鄰國乎？故夫子雖已告老，而猶請哀公討之。

子謂韶，「盡美矣，又盡善也」。謂武，「盡美矣，未盡善也」(《論語・八佾》)。朱熹注引程子：「成湯放桀，惟有慚德，武王亦然，故未盡善。」

世衰道微，邪說暴行有作，臣弒其君者有之，子弒其父者有之。孔子懼，作春秋。(《孟子・滕文公下》)

在孔子看來犯上作亂是莫大的罪行，人人得而誅之，並對武王伐紂頗有微詞。其作《春秋》重要的動機是聲討犯上作亂，「春秋之義行，則天下亂臣賊子懼焉」(《史記・孔子世家》)。孟子、荀子等儒學宗師提及奴隸起義領袖柳下跖，言必稱「盜跖」。儒家從其仁愛理論出發反對暴力，「衛靈公問陳於孔子。孔子對曰：『俎豆之事，則嘗聞之矣；軍旅之事，未之學也。』明日遂行。」(《論語・衛靈公》) 孟子則說：「善戰者服上刑。」(《孟子・離婁上》) 而革命毫無例外都是暴力活動。無論如何，邏輯的結論是：儒家贊成湯武革命，但對一般的革命又是反對的。韓非子認爲湯武不應弒君，雖是法家之言，但也不能說與儒家特別是其師荀子沒有一定的淵源關係。

歷代帝王都要求天下人相信本王朝是不會滅亡的，並禁止臣民討論革命。秦始皇認爲他的江山傳子孫至萬世與無窮，自然是不相信他的王朝有被革命的可能性，且嚴懲一切反叛思想。因隕石刻有「始皇帝死而地分」的文字，便「盡取石旁居人誅之，因燔銷其石」(《史記・秦始皇本紀》)。因緯書中一句「亡秦者胡也」，便「發兵三十萬北擊胡」(《史記・秦始皇本紀》)。

亂世中打天下的漢高祖尚不至於相信他劉家做皇帝是當然的。《史記・淮陰侯列傳》記載，鼓動韓信背漢自立的蒯通說劉邦當皇帝只不過是「捷足先登」的結果，劉邦反而免了他的罪。但是坐穩了皇位的劉家就不允許討論革命了。太史公在《史記・儒林列傳》中記載，博士轅固生與黃生在漢景帝面前爭論湯武革命是否爲弒君的問題，黃生認爲是弒君：「桀紂雖失道，然君上也；湯武雖聖，臣下也。夫主有失行，臣下不能正言匡過以尊天子，反因過而誅之，代立踐南面，非弒而何也？」轅固生的反駁是：「必若所云，是高帝代秦即天子之位，非邪？」景帝的裁判是：「食肉不食馬肝，不爲不知味；言學者無言湯武受命，不爲愚。」唐張守節正義：「氣熱而毒盛，故食馬肝殺人。」就是說馬肝乃有毒之食物不能吃，同樣討論湯武革命是有害的。景帝的態度實際上是不准討論革命。「是後學者莫敢明受命放殺者。」但還是有人斷斷續續地說。昭帝時出現了一些奇怪的自然現象，議郎眭弘引證董仲舒的「天人感應說」：「先師董仲舒有言，雖有繼體守文之君，不害聖人之受命。漢家堯後，有傳國之運。漢帝宜誰差天下，求索賢人，禪以帝位，而退自封百里，如殷、周二王后，以承順天命。」（《漢書・眭弘傳》）如此公然要求劉漢王朝順天命禪讓，結果招至殺身之禍。又如宣帝時的大臣蓋寬饒批評其用刑嚴苛，並說：「五帝官天下，三王家天下，家以傳子，官以傳賢，若四時之運，功成者去，不得其人則不居其位。」（《漢書・蓋寬饒傳》）惹惱了漢宣帝，並被辦案官員判爲「意欲求禪，大逆不道」。蓋氏在獄中自殺〔註15〕。

唐太宗李世民非常清楚「天子……無道，則人棄而不用。」（《全唐文・卷十》）但這絕不意味著他贊成湯武革命。他的理論是：「君雖不君，臣不可以不臣。」並指責隋之叛臣裴虔通：「裴虔通煬帝舊左右也，而親爲亂首。……裴虔通，昔在隋代，委質晉藩。煬帝以舊邸之情，特相愛幸，遂乃志蔑君親，潛圖弒逆，密伺間隙，招結群醜，長干流矢，一朝竊發。天下之惡，孰云可忍。」（《舊唐書・太宗紀》）並大贊故太子李建成死黨馮立、魏徵、王珪，及隋舊臣姚思廉、屈突、堯君素等人的「忠義」行爲，一概予以褒獎，已死者「訪其子孫以聞」（《貞觀政要・論忠義》）。唐太宗的做法爲滿人入主中原後所傚仿，把明之降臣列入《貳臣傳》加以羞辱，對明之抗清死臣袁崇煥、史可法等加以褒獎。唐太宗李世民甚至不允許奴才告主之謀逆罪：「比有奴告主謀逆，此極弊法，特須禁斷。……自今奴告主者，不須受，盡令斬決。」（《貞觀政要・論刑法》）其中原因，戈直之注揭示了太宗的本意：「人臣謀逆，此以下而叛上也。奴告其主，是亦以下叛上也。」（《貞觀政要・論刑法・戈直注》）說到底就是不允許以下叛上。朱元璋讀《孟子》，見裏面有「君之視臣如草芥，則臣視君如寇讎」等語，「謂：『非臣子所宜言』，議罷其配享。詔：『有諫者以大不敬論。』……卒命儒臣修《孟子節文》云。」（《明

〔註15〕漢以後同樣有很多人倡言革命。如唐柳宗元在評論曹丕代漢時說：「丕之父攘禍以立強，積三十餘年，天下之主，曹氏而已，無漢之思也。丕嗣而禪，天下得之以爲晚，何以異乎舜禹之事耶？」（《柳河東集・舜禹之事》）認爲曹魏代漢是應該的。宋仁宗時的李覯認爲：「生民病傷，四海冤叫，湯武之爲臣，不得以其斧鉞私於桀紂！」（《李直講文集・潛書》）以及前文所引方孝孺、黃宗羲等人的思想等等。

史・錢唐傳》)

專制帝王不允許討論革命，不承認本王朝有被革除天命的可能性。但是任何一個稍有理智的帝王都心知肚明，革命的可能性始終是存在的。杜絕革命的唯一路徑是「還天下與天下人」的民主政治。但是以家天下爲最高利益的專制帝王是不可能同意民主政治的。專制帝王維護其家天下的路徑無非是兩條，一是實行仁政，基本政策是輕繇薄賦，實質是減輕剝削與壓迫，緩和與民眾的矛盾，以免激起民變而魚死網破。二是加強專制，竭力防止與鎮壓一切反抗行爲。謀反自南北朝的《北齊律》始就被定爲不得赦免的「十惡重罪」之首（《隋書・刑法志》），動輒夷三族、夷九族、夷十族。人民的成立組織行爲一般都在禁止之列。黑格爾曾說：「各等級作爲一種中介機關，處於政府與分爲特殊領域和特殊個人的人民這兩個方面之間。……由於這種中介作用，王權就不致於成爲獨立的極端，因而不致成爲獨斷獨行的赤裸裸的暴政；另一方面，自治團體、同業公會和個人的特殊利益也不致孤立起來，個人也不致結合起來成爲群眾和群氓，從而提出無機的見解和希求並成爲一種反對有機國家的赤裸裸的群眾力量。」又說：「作爲單個的多數人（人們喜歡稱之爲『人民』）的確是一種總體，但只是一種群體，只是一群無定形的東西。因此，他們的行動完全是自發的、無理性的、野蠻的、恐怖的。」〔註 16〕黑格爾視群眾爲群氓的思想不足爲訓，他的有益啓示是：人民必須組織起來，這樣的組織是政權與人民之間的很好的中和力量，使政權不至於成爲暴政，使人民不至成爲無組織的盲目的力量。但是中國古代的專制帝王恰恰要反其道而行之，就是要防止人民組織起來，成爲有組織的力量。漢律規定：「三人以上無故群飲，罰金四兩。」(《漢書・文帝紀》) 清雍正皇帝不允許百姓開礦，原因竟是「人聚眾多，爲害甚巨。從來礦徒，率皆五方匪類」(《清世宗實錄・卷二十四》)。中國古代的專制帝王高喊「民本」也許是眞誠的，但是一旦「民本」與「君本」相衝突，他們就會選擇「君本」而捨棄「民本」。家天下與專制社會，「君本」終究是最高的原則。然而家天下的暴政弄到天怨人怒，群起革命之時，民眾的力量又衝破君主專制的阻力而充分展現，「民本」又再次爲人正視並加以肯定。「民本——君本」矛盾是先秦儒家仁政學說中難以解開的一對死結。

〔註 16〕〔德〕黑格爾：《法哲學原理》，范揚、張企泰譯，商務印書館，1982 年版，第 321、323 頁。

第二節　愛民——馭民

在統治者應如何對待被統治的民眾的態度上，先秦儒家鮮明的主張是仁政愛民。然而在統治者與被統治者斷爲兩截的情況下，這種愛會蛻變爲牧人對群羊的愛，是專制家長對子女與財富的愛，是出於統治者的利益與意志而漠視被統治者利益與意志的愛。「愛民——馭民」同樣構成了先秦儒家仁政的深刻矛盾，並在秦以後的政治實踐中突出地表現出來。

一、「王道」愛民與專制虐民的無法調和

主張統治者行「王道」，施仁政，愛民惠民，是先秦儒家最基本的特質。儒家創始人孔子說：

> 樊遲問仁。子曰：「愛人。」（《論語・顏淵》）
>
> 仲弓問仁。子曰：「出門如見大賓，使民如承大祭。己所不欲，勿施於人。在邦無怨，在家無怨。」（《論語・顏淵》）
>
> 子曰：「因民之所利而利之，斯不亦惠而不費乎？擇可勞而勞之，又誰怨？欲仁而得仁，又焉貪？」（《論語・堯曰》）

孔子主張統治者對於人民應當愛之、利之、役使民眾如祭祖般地嚴肅恭敬、使民無怨，等等。類似的話在孔子的著作中俯拾皆是。然而現實生活中，統治者經常是虐民的，孔子對此表示義憤與批評：

> 季孫欲田賦，使冉有訪諸仲尼。仲尼曰：「丘不識也。」三發，卒曰：「子爲國老，待子而行，若之何子之不言也？」仲尼不對，而私於冉有曰：「君子之行也，度於禮，施取其厚，事舉其中，斂從其薄。如是，則以丘亦足矣。若不度於禮，而貪冒無厭，則雖以田賦，將又不足。且子季孫若欲行而法，則周公之典在。若欲苟而行，又何訪焉？」弗聽。（《左傳・哀公十一年》）
>
> 季氏富於周公，而求也爲之聚斂而附益之。子曰：「非吾徒也。小子鳴鼓而攻之，可也。」（《論語・先進》）

這兩則資料有一定的關聯性。第一則資料說的是魯國執政者季氏想把丘賦改爲田賦。關於田賦、丘賦的區別，杜預注：「丘賦之法，因其田財，通出馬一匹，牛三頭。今欲別其田及家財，各爲一賦，故言田賦。」也就是說季氏變個花樣把稅收增加了一倍。季氏讓時爲其家臣的冉有徵求作爲國老的孔子的

意見，希望孔子同意，從而粉飾、美化這一政策，使之合法化。孔子不同意，並告誡冉有，統治者應剋制自己的貪欲，以周公舊制徵收丘賦即可。如果欲壑難填，必然一再增稅而苦民，是惡政也。從第二則資料來看，孔子的告誡毫無效果，季氏依然增稅，且冉有起了助紂爲虐的作用，所以孔子大爲光火，聲言把冉有逐出門牆，令群弟子聲討之。

然而問題也正是出在這裏。孔子對季氏的虐民行爲極爲義憤，卻又無可奈何。孔子要求統治者仁政愛民，手段只有兩條，一是理論的勸說，如「仁者，人也」、「仁者，愛人」、「己所不欲，勿施於人」的人性論，「君君，臣臣」的正名論等。二是宣揚先王的榜樣。如周公舊制，堯舜禹的政治遺訓（《論語・堯曰》）等。但在統治者握有主權人民無權的情況下，統治者是爲所欲爲的。是仁政愛民，還是惡政虐民，只能依賴於統治者的主觀德性，缺少客觀制度的制約力量。統治者的主觀德性是偶然的，靠不住的〔註 17〕。如黑格爾所說：「一個人的自由只是放縱、粗野，熱情的獸性衝動，或者是熱情的一種柔和馴服，而這種柔和馴服自身只是自然界的一種偶然現象或者一種放縱恣肆。」〔註 18〕孔子自己也無奈地說：「若欲苟而行，又何訪焉？」〔註 19〕韓非子曾經嘲弄孔子說：「魯哀公，下主也，南面君國，境內之民莫敢不臣。民者

〔註 17〕統治者主觀德性之不可靠，有時涉及良心的主觀性問題。黑格爾說：「良心如果僅僅是形式的主觀性，那簡直就是處於轉向作惡的待發點上的東西。」（〔德〕黑格爾：《法哲學原理》，范揚、張企泰譯，商務印書館，1982 年版，第 143 頁。）《三國演義》中挾制了皇帝、殺人如麻的董卓說：「吾爲天下計，豈惜小民哉！」（120 回本第六回）。此雖爲小說家言，但典型表現了專制帝王一意孤行、不顧民意、不管民眾死活的心態。

〔註 18〕〔德〕黑格爾：《歷史哲學》，王造時譯，上海書店出版社，2006 年版，第 16 頁。

〔註 19〕關於稅收，近代民主政治的標誌性事件是 1215 年英國貴族迫使國王徵稅以國民代表同意爲條件。《自由大憲章》規定：「除下列三項稅金外，設無全國公意許可，將不許徵收任何免役稅與貢金。即（一）贖回余等身體之贖金〔指被俘時〕。（二）冊封余等之長子爲武士時之費用。（三）余等之長女出嫁時之費用——但以一次爲限。」「凡在上述徵收範圍之外，余等如欲徵收貢金與免役稅，應用加蓋印信之詔書致送各大主教、主教、住持、伯爵與男爵，指明時間與地點召集會議，以期獲得全國公意。」（英國《自由大憲章》，引自，劉軍寧編：《民主二十講》，中國青年出版社，2008 年版，第 16～17 頁。）但這樣的規定在古代中國恰恰是沒有的。古代中國的法理是：「溥天之下，莫非王土；率土之濱，莫非王臣。」（《詩經・小雅・北山》）既然帝王是人民與土地的所有者，所以向人民徵稅便是理所當然。徵多少由帝王自己掌握，不須人民同意，或者說無論徵多少都是人民應該同意的。

固服於勢，勢誠易服人，故仲尼反爲臣而哀公顧爲君。」(《韓非子・五蠹》)韓非子抓住權勢來說明先秦儒學的無用，應當說擊中了儒學的要害。遺憾的是韓非子由此而步入歧途更遠：爲君主的專制獨裁搖旗吶喊，根本想不到以人民擁有主權來制約暴君與暴政。

極而言之，即使遇到了一位慈愛百姓的仁君，但他對百姓的愛也是排除了人民意志的愛，是工具性的愛，而不是把人民作爲目的，使人民作爲理性者的自主自律的愛。如此之愛是牧人對群羊的愛，是馭民之愛。這種馭民之愛，是出於統治者意志與利益的愛，在通常的情況下會導致虐民而非愛民。

孟子與荀子兩位儒學宗師同樣無法解決仁政愛民理想與專制虐民現實的矛盾。關於仁政愛民，孟子要求統治者「以不忍人之心，行不忍人之政」(《孟子・公孫丑上》)。荀子則告誡統治者「君人者欲安則莫若平政愛民矣」(《荀子・王制》)。問題在於如果統治者惡政虐民當如何？

> 不仁而在高位，是播其惡於眾也。(《孟子・離婁上》)
>
> 「臣弒其君可乎？」曰：「賊仁者謂之賊，賊義者謂之殘，殘賊之人謂之一夫。聞誅一夫紂矣，未聞弒君也。」(《孟子・梁惠王下》)
>
> 鄒與魯哄。穆公問曰：「吾有司死者三十三人，而民莫之死也。誅之，則不可勝誅；不誅，則疾視其長上之死而不救，如之何則可也？」孟子對曰：「凶年饑歲，君之民老弱轉乎溝壑，壯者散而之四方者，幾千人矣；而君之倉廩實，府庫充，有司莫以告，是上慢而殘下也。曾子曰：『戒之戒之！出乎爾者，反乎爾者也。』夫民今而後得反之也。」(《孟子・梁惠王下》)
>
> 天下歸之之謂王，天下去之之謂亡。故桀紂無天下，而湯武不弒君，由此傚之也。(《荀子・正論》)
>
> 臣或弒其君，下或殺其上，粥其城，倍其節，而不死其事者，無它故焉，人主自取之也。《詩》曰：「無言不讎，無德不報。」此之謂也。(《荀子・富國》)

孟子、荀子比孔子進步的地方在於頌揚湯武革命，主張誅暴君。但是湯武革命是極難的，不但要暴君壞到極點，民怨洶洶，還要有湯武這樣的英雄出現才行。梁啓超先生寫道：「不仁者接踵皆是。如何能使在高位者皆仁者耶？儒家對此問題遂不能作圓滿解答。」〔註 20〕孟子不得已，主張人民消極地不合作，如鄒國百姓放任長官戰死不救之類。韓非子說：「且夫堯、舜、桀、紂千世而一出，是比肩隨踵而生也，世之治者不絕於中。」（《韓非子・難勢》）「夫兩堯不能相王，兩桀不能相亡。」（《韓非子・亡徵》）應當說韓非子所言不假，孟子、荀子對於尋常的虐民惡君反而是束手無策的。韓非子由此而主張法制：「使中主守法術，拙匠執規矩尺寸，則萬不失矣。」（《韓非子・用人》）韓非子的見解很高明，然而韓非子主張的法制又是君主獨裁下的法制，如此法制本身就是個悖論。總之，先秦儒家乃至諸子百家都找不出消除惡政虐民的有效路徑。

在秦以前，儒家仁政學說基本上停留在理論上，君主們一概謂之「迂遠而闊於事情」。秦以後，特別是漢武帝「罷黜百家，獨尊儒術」後，先秦儒學對政治生活發生了較大的影響，同時它所包含的「愛民——虐民（馭民）」矛盾也充分地暴露出來。

秦始皇統一中國，結束了春秋戰國五百多年的戰亂，這本身就是一項極大的惠民功業。其東遊刻石曰：「闡併天下，災害絕息，永偃戎兵。」（《史記・秦始皇本紀》）雖爲吹噓之辭，但確實爲人民的休養生息創造了可能。「最值得注意的是秦始皇鐵腕統治全國 12 年的時間，從未發生重大的事變。這是一個泱泱大國，前後遭兵燹幾十載，而且追溯到以往的震蕩局面，尚可以包括幾百年。」〔註 21〕然而秦始皇又是馭民皇帝的典型。秦始皇極爲勤奮，「天下之事無大小皆決於上，上至以衡石量書，日夜有呈，不中呈不得休息」（《史記・秦始皇本紀》）。始皇帝自己勞累，更讓百姓勞累：「三十二年……因奏錄圖書曰：『亡秦者胡也。』始皇乃使將軍蒙恬發兵三十萬人北擊胡，略取河南地。三十三年發諸嘗逋亡人、贅婿、賈人略取陸梁地，爲桂林、象郡、南海，以適遣戍。西北斥逐匈奴。」（《史記・秦始皇本紀》）郭沫若先生分析說：「對北的用兵和對南的性質不同，對北是防衛的反攻，對南是積極的經略。……尤其不應該的是南北兩面同時作戰，所以弄得供應不靈，天下擾攘。秦代統治的顛覆無疑就因此而被促進了。」〔註 22〕除了兵役還有繁重的徭役，如「隱

〔註 20〕《梁啓超全集》（第十二卷），北京出版社，1997 年版，第 3643 頁。
〔註 21〕黃仁宇：《中國大歷史》，北京三聯書店，1997 年版，第 37 頁。
〔註 22〕郭沫若：《十批判書》，人民出版社，1982 年版，第 456 頁。

宮徒刑者七十餘萬人，乃分作阿房宮，或作麗山。」(《史記・秦始皇本紀》)這麼多人從事兵役、徭役不能從事生產，而他們又要吃飯，其它農民的賦稅之重可想而知。如此虐民，秦王朝焉有不亡之理？

有鑒於秦的暴政而亡，漢初推崇黃老無為，實行與民休息的政策。「當孝惠呂后時，百姓新免毒蠚，人欲長幼養老，蕭曹為相，塡以無為，從民之欲，而不擾亂。」(《漢書・刑法志》)對外對匈奴採取和親政策，竭力避免戰爭(打不過匈奴也是客觀的因素)。對內對民眾實行輕繇薄賦。漢高祖時，「輕田租，什五而稅一」(《漢書・食貨志》)。漢惠帝時，「減田租，復十五稅一」(《漢書・惠帝紀》)。漢文帝十二年，「賜農民今年租稅之半」，即三十稅一。文帝十三年，「除田之租稅」(《漢書・文帝紀》)，此後十三年時間農民免交田租。景帝二年，才恢復三十稅一。終西漢一代，三十稅一政策未做更改。漢文帝是著名的節儉皇帝：「即位二十三年，宮室苑囿狗馬服御無所增益，有不便，輒弛以利民。嘗欲作露臺，召匠計之，直百金。上曰：『百金，中民十家之產，吾奉先帝宮室，常恐羞之，何以臺為？』上常衣綈衣，所幸慎夫人，令衣不得曳地，幃帳不得文繡，以示敦樸，為天下先。治霸陵，皆以瓦器，不得以金銀銅錫為飾，不治墳，欲為省，毋煩民。」(《史記・孝文本紀》)漢武帝為了治理黃河水患並改善農業生產條件而大興水利，「自傳說中的大禹以下，治水常是大的政治措施，但巨大規模的治水，卻自漢武帝開始。……令水工徐伯測量地形，發卒數萬人開漕渠……又發卒萬人開掘渠道，自徵縣引洛水至商顏山下。前一一一年……在鄭國渠旁開六條小渠，灌溉高地……前一〇九年……發卒數萬人塞瓠子口……二十餘處黃河大決口，終於堵塞了。這是和水鬥爭最大的一次勝利。自此以後，更大興水利……漢武帝大規模治水，對是中國北部廣大地區的農業生產，具有重大的進步作用」〔註23〕。「直到東漢王景治水功成，此後又九百年未見河患。」〔註24〕然而漢武帝一改漢初的無為政策，長時間地對外征戰。「武帝長久的御宇期間，前後執行這樣的戰役8次(引者按：指對匈奴作戰)。除此之外他也出兵朝鮮，其平西南夷，已深入今日之越南，並且也在青海與藏人交兵。」「全部戰費為數幾何？司馬遷略稱內地輸送64石的糧食只有1石運達前方的說法，雖然不能在事實上認作確切無訛，但他這句話至少暴露後勤問題的艱巨。並且武帝之戰略在於鞏

〔註23〕范文瀾：《中國通史》(第二冊)，人民教育出版社，1994年版，第65～66頁。
〔註24〕錢穆：《國史大綱》，商務印書館，2009年版，第747頁。

固邊防，當敵方威脅既除，便大規模移民實邊，因之耗費更多。很多籌款的辦法因而產生，包括向商人抽資產稅，抽舟車許可稅，以贖鍰代刑罰，政府專利於鹽、酒及鐵，又直接經商。」「漢武帝是否因他的軍事行動而折斷了帝國的脊椎骨？歷史證據不容我作這樣簡單的結論。」〔註 25〕武帝晚年對此作爲感到懺悔：「朕即位以來，所爲狂悖，使天下愁苦，不可追悔。自今事有傷害百姓，糜費天下者，悉罷之。」「當今務以禁苛暴，止擅賦，力本農，修馬復令，以補缺、毋乏武備而已。」（《資治通鑒·卷十二·漢紀十四》）武帝的懺悔表明他的統治給人民帶來了巨大的痛苦。

隋文帝楊堅是節儉愛民的好皇帝，「居外服玩，務存節儉，令行禁止，上下化之。開皇、仁壽之間，丈夫不衣綾綺，而無金玉之飾，常服率多布帛，裝帶不過以銅鐵骨角而已。……人間疾苦，無不留意。嘗遇關中饑，遣左右視百姓所食。有得豆屑雜糠而奏之者，上流涕以示群臣，深自咎責，爲之撤膳，不禦酒肉者殆將一期」（《隋書·卷二·文帝紀》）。文帝至晚年所積纍的財富足夠政府五六十年之用，哪知他的兒子楊廣卻是罕見的暴君與昏君：「煬帝即位，即營建東都，每月役丁二百萬。元年開通濟渠……遂而遊揚州。三年，北巡榆林……四年，開永濟渠……六年通江南河……八年，親征高麗，發兵逾百萬……九年、十年，再伐高麗，天下遂亂。」〔註 26〕隋煬帝在其即位後的詔書中曾說：「非天下以奉一人，乃一人以主天下也。民惟國本，本固邦寧，百姓足，孰與不足！今所營構，務從節儉。」（《隋書·卷三·煬帝紀》）煬帝如此言行相悖，也印證了黑格爾所說主觀良心導致作惡的恐怖性。

唐太宗李世民是個傑出的皇帝，是唐王朝的眞正開創者。鑒於隋亡的教訓，太宗內不妄興土木，外不妄動干戈。因此人民的賦稅、兵役、徭役負擔均較輕。太宗皇帝說：「古人云：百姓不足，君孰與足，但使倉庫可備凶年，此外何煩儲蓄。」（《貞觀政要·辨興亡》）又說：「竭澤而魚，非不得魚，明年無魚。焚林而畋，非不獲獸，明年無獸。」（《貞觀政要·論納諫》）由此營建了貞觀之治的盛世。然而唐太宗到了晚年卻是驕奢淫逸，並執意征遼東，耗費巨大，無功而返，差點重蹈隋煬帝的覆轍。

明太祖朱元璋建國實行與民休息的國策，「一般的土地稅則至輕（雖說地

〔註 25〕黄仁宇：《中國大歷史》，北京三聯書店，1997 年版，第 47 頁。
〔註 26〕錢穆：《國史大綱》，商務印書館，2009 年版，第 380～381 頁。

區間差異仍很大)，徵收時多以收取穀米及布匹爲主」〔註27〕，且經常免租與賑災，史家謂朱元璋「晚歲憂民益切，嘗以一歲開支河暨塘堰數萬以利農桑、備旱潦」(《明史・卷三・太祖紀》)。朱元璋並表示決不濫興征伐，與周邊國家和平相處，明令子孫有 15 個國家不得征伐，其中首列安南（今越南）與日本。但兒子朱棣篡位後，廢棄父訓，大肆對外侵伐。首先侵犯越南，然後 5 次親自出兵蒙古。又空前絕後地令鄭和率龐大船隊六次下南洋。黃仁宇先生評論道：「朱棣之作爲已超過他可以支付的能力，他的帝國接受了極度的負擔，已近乎破裂點，他的繼承人必須全面的緊縮，才能避免朝代之淪亡。」〔註28〕

上述幾位著名的帝王，或父子之間，或一人身上出現了「愛民——虐民（馭民)」矛盾現象。其實惡政虐民是封建社會的普遍現象。一般來說開國君主知道創業之艱難，民力之可怖，享樂有所節制，也會實行一些愛民惠民的政策。但做穩了江山的後代君主就會肆意妄爲，奢華無度〔註29〕，無視民眾的痛苦。漢末仲長統說：「彼後嗣之愚主，見天下莫敢與之違，自謂若天地之不可亡也，乃奔其私嗜，騁其邪欲，君臣宣淫，上下同惡。目極角觝之觀，耳窮鄭衛之聲，入則耽於婦人，出則馳於田獵，荒廢庶政，棄亡人物。」(《後

〔註27〕黃仁宇：《中國大歷史》，北京三聯書店，1997 年版，第 182 頁。

〔註28〕黃仁宇：《中國大歷史》，北京三聯書店，1997 年版，第 187 頁。

〔註29〕關於統治者的窮奢極欲，吳思先生曾就中國古代皇帝的生活費用與當今的外國元首做了一個對比：「美國人民以 20 萬美元的年薪雇了總統克林頓，俄國人民以 3.3 萬美元的年薪雇了總統普京，而中國皇帝，譬如頗爲節儉的崇禎和他的皇后，僅僅兩個人吃到肚子裏的日常伙食費，每年就有 16872 兩白銀，按糧價折算超過 52 萬美元。中國的工資和物價水平比較接近俄國，就算普京總統一家的伙食開支佔了總收入的 30%，每年吃掉 1 萬美元（8.3 萬人民幣)，崇禎夫婦（不算兒女和眾妃子）吃掉的竟是人家的 52 倍。」(吳思：《血酬定律：中國歷史中的生存遊戲》，中國工人出版社，2003 年版，第 8 頁。)慈禧太后因八國聯軍侵華逃亡陝西的途中，每頓吃一百個菜尚稱爲節儉。可見，絕大多數的封建帝王幾乎不知道節儉爲何物。帝王生活奢華，其它官吏的生活雖比不上帝王，但無疑也是優越的，起碼比普通民眾好得多。如此又導致了官僚集團的急劇膨脹。封建王朝官吏的名義數量與實際數量相差可達數十倍。明《虞諧志》記載當時的蘇州府常熟縣：「計常熟皁隸快手、健步、民壯、馬快，共 200 名。每名四人朋充，號曰『正身』，每正一二副，號曰『幫手』。每幫手二名，置白役六七名，曰『夥計』。合之得萬餘人。」(吳思：《血酬定律：中國歷史中的生存遊戲》，中國工人出版社，2003 年版，第 73～74 頁。) 名義編制 200 人，實際卻有萬人，相差達 50 倍。所以到了每個王朝後期，「十羊九牧」成了必然現象。

漢書・仲長統傳》）惡政虐民的普遍存在，使先秦儒家所主張的以認肯君主專制爲前提的仁政愛民只能是遙不可及的幻想。

二、「制民之產」的理想與困境

先秦儒家在經濟政策方面的重大創見是制民之產。此主要爲孟子所發明。孟子強調製民恒產對於安民治國的根本意義：「民之爲道也，有恒產者有恒心，無恒產者無恒心。苟無恒心，放辟邪侈，無不爲已。及陷乎罪，然後從而刑之，是罔民也。焉有仁人在位，罔民而可爲也？是故賢君必恭儉禮下，取於民有制。」（《孟子・滕文公上》）孟子並且提出了制民之產的具體方案，一是「五畝之宅，樹之以桑，五十者可以衣帛矣；……百畝之田，勿奪其時，八口之家可以無饑矣」（《孟子・梁惠王上》）。二是井田制，「方里而井，井九百畝，其中爲公田。八家皆私百畝，同養公田」（《孟子・滕文公上》）。兩種方案有所區別，但基本內容一致，都是要讓人民有田百畝。荀子追隨孟子，「不富無以養民情……故家五畝宅，百畝田，務其業而勿奪其時，所以富之也」（《荀子・大略》）。

問題在於制民之產，政府分配土地於農民，這些由政府掌握的土地從何而來？如何保證農民掌握的土地不被兼併？這些問題掌握不了，制民恒產必然破產。孟子也隱約意識到這樣的問題難以解決，他說：

> 夫仁政，必自經界始。經界不正，井地不鈞，穀祿不平。是故暴君污吏必慢其經界。（《孟子・滕文公上》）

孟子說仁政施行制民恒產，須從「正經界始」，然「暴君污吏必慢其經界」。原因者何？朱熹注：「經界，謂治地分田，經畫其溝塗封植之界也。此法不修，則田無定分，而豪強得以兼併，故井地有不鈞；賦無定法，而貪暴得以多得，故穀祿有不平。此欲行仁政者之所以必從此始，而暴君污吏則必欲慢而廢之也。」爲何井地不鈞又導致穀祿不平，漢代趙岐注似更爲明白，「穀，所以爲祿也。《周禮・小司徒》云：『乃經土地，而井其田野。』言正其土地之界，乃定受其井牧之處也。」就是說貴族官吏依抽稅而生，而徵稅依據在於實際佔有領地的多少，壞井田多佔領土地則增加了「君子」的收入。

孟子的論述明白地說，就是要求分配土地於農民後，固定其產權，防止兼併；然官吏豪強又必然毀壞井田進行兼併。在孟子看來制民恒產的要害在於防止兼併，但孟子沒有意識到兼併現象是必然要發生的。據史料記載古代斯巴達人曾經實行平均分配土地的政策，並嚴禁土地買賣。然而兼併還是發生了，所有的土地最後都爲少數豪強所擁有。黑格爾就此寫道：「這種情形，好像要指示，凡是企圖一種勉強的平等，都是愚蠢——因爲這種企圖不但不能夠發生效果，還要消滅一種根本重要的自由，就是土地的任意處分。」〔註 30〕在古代中國，統治者獨享主權，民眾任由官府驅使，官吏可以隨意變現手中的權力以加害民眾，兼併更難以遏制。而兼併一旦發生至「富者田連阡陌，貧者無立錐之地」時，井田制也就破產了。嚴重的兼併現象使許多王朝——如後世的東漢、南宋——自始就掌握不了足夠的土地來制民之產。

先秦儒家更沒有意識到，他們所規劃的制民之產僅僅局限於土地與農業經濟。而單一的農業經濟所養活的人口本身就是有限制的。這種人地矛盾在先秦時期已經出現。《商君書・徠民》寫道：「秦之所與鄰者，三晉也；所欲用兵者，韓魏也。彼土狹而民眾，其宅參居而並處，其寡萌賈息。民上無通名，下無田宅，而恃奸務末作以處。人之復陰陽澤水者過半。此其土地不足以生其民也。」就是說在孟子之前春秋時期的韓魏等國已經出現人多地少的矛盾，只有秦國人少地多，所以秦國才能以減免稅收等優惠政策吸收三晉人口從事農業生產，從而壯大國力，爲其後來的統一中國打下堅實的基礎。但每個王朝大一統後，人丁滋生，這種人地矛盾便越來越無法解決，至此，孟子所規劃的井田制式的制民恒產方案，遇到了無法克服的障礙。

孟子所規劃的井田制與制民之產，在先秦時期並未得到實踐。但孟子的思想始終縈繞於後世思想家與政治家的腦海中，驅迫他們規劃之、實踐之，同時它所包含的矛盾也充分地暴露出來。

漢初因經春秋、戰國、秦世幾百年的戰亂，人口很少，荒地遍野，戶均擁有百畝（古畝小於今制許多）也非難事。所以漢初只注重輕稅，並未留意制民產業問題。然而隨著時間的延續，人口的增長，兼併的盛行，土地問題日益突出。賈誼、董仲舒均主張限民名田，裁抑兼併。至王莽而力求徹底的改革，主張所有的土地收歸王有（國有）重新分配於勞動者。然而由於王莽操之過急，謀劃不周，盲從古人，他的改革可悲地失敗了。王莽之失敗（包括其禪讓）對中國歷史影響甚大：「王莽失敗後，變法禪賢的政治理論，從此

〔註 30〕〔德〕黑格爾：《歷史哲學》，王造時譯，上海書店出版社，2006 年版，第 245 頁。

消失，漸變爲帝王萬世一統的思想。政治只求保王室之安全，亦絕少注意到一般的平民生活（按：著重號爲引者加）。這不是王莽個人的失敗，是中國史演進過程中的一個大失敗。」〔註 31〕

東漢末年大亂，曹操實行屯田制，隨後司馬昭實行占田制，都可以看作是探索孟子「井田制」的具體形式。唐朝實行租庸調制：「初定均田租、庸、調法：丁、中之民，給田一頃，篤疾減什之六，寡妻妾減七；皆以什之二爲世業，八爲口分。……男女始生爲黃，四歲爲小，十六爲中，二十爲丁，六十爲老。歲造計帳，三年造戶籍。」（《資治通鑒・卷一九〇・唐紀六》）錢穆先生寫道：「這一個有名的租庸調制，所以爲後世稱道而勿衰者，厥有數端。第一在其輕繇薄賦的精神。……更重要的一點，租庸調制的後面，連帶是一個『爲民制產』的精神。及丁則授田，年老則還官，『爲民制產』與『爲官收租』兩事並舉，此層更爲漢制所不及。漢租雖輕，然有田無田者，亦須出口賦，應更役，不得已則出賣爲奴，亡命爲盜。唐無無田之丁戶，則無不能應庸、調之人民矣。……盛唐時代之富足太平，自貞觀到開元一番蓬勃光昌的運氣，決非偶然。」〔註 32〕

可惜租庸調制需要嚴格的戶籍登記及政府掌握足夠的土地，這在人口較少、政治清明的唐初易於做到，以後隨著人口增多、豪強兼併、政治腐敗而漸不能行，至唐中葉改行「兩稅法」而廢除。唐以後類似的「制民恒產」措施就再沒有實行。至明太祖朱元璋時實行打擊豪強人爲製造小自耕農的辦法，也可以看做是「井田制」的努力，爲洪武、永樂朝的強盛奠定了基礎。但這終究不是制度化的辦法，只能行於一時，不能產生長久的效果。

封建社會制民恒產的努力及其失敗說明，先秦儒家的制民恒產理論是美好的，但又存在難以逾越的障礙。

三、官民的同步異化

先秦儒家所規劃，也爲後世政治家、思想家所信奉所追求的理想社會圖景是：

> 良君將賞善而刑淫，養民如子，蓋之如天，容之如地。民奉其君，愛之如父母，仰之如日月，敬之如神明，畏之如雷霆。（《左傳・

〔註 31〕錢穆：《國史大綱》，商務印書館，2009 年版，第 153 頁。
〔註 32〕錢穆：《國史大綱》，商務印書館，2009 年版，第 407～410 頁。

襄公十四年》）

就是說，帝王官吏慈愛所統治的百姓，百姓過著安寧的生活，同時贍養高踞於其上的官僚集團；雙方和平相處，親如一家，前者如家庭中慈愛的老太爺，後者如家庭中溫順的眾兒孫。這種理想的社會圖景不是說絕對不可能出現，每個王朝的初期程度不同地符合這一社會藍圖。但是由於古代中國內在的社會矛盾，由於它無法克服的制度缺陷，平衡很快被打破，統治者由慈愛的父母官變成了吞食民眾的惡虎（《禮記・檀弓下》：「苛政猛於虎。」）；被統治的民眾無法生存，大面積地死亡〔註 33〕，不甘死亡者只有鋌而走險化爲流寇。官與民的性質同時背離了先秦儒家仁政學說的構想。

依孔子的「君君、臣臣」的理論，作爲官吏是應當仁政愛民的。但是暴君污吏每每變成了孟子所說的「率獸而食人」（《孟子・梁惠王上》）。漢武帝時酷吏王溫舒與他的手下就被當時的人們恰當地比喻爲吃人的老虎：「其爪牙吏虎而冠。……數歲，其吏多以權貴富。……及人有變告溫舒受員騎錢，它奸利事，罪至族，自殺。……溫舒死，家累千金。」（《漢書・卷九十》）東漢宦官侯覽「前後請奪人宅三百八十一所，田百一十八頃。……破人居室，發掘墳墓。虜奪良人，妻略婦子。」（《後漢書・卷七八》）他的哥哥侯參做益州刺史，更是生財有道：「民有豐富者，輒誣以大逆，皆誅滅之，沒入財物，前後累億計。」（同上）北宋有六大權奸——蔡京、王黼、童貫、梁師成、李彥、朱勔。「六賊積纍私有贓物，豪富驚人。……全國官吏，多數是六賊的徒黨，他們榨取贓物，當然數量巨大，不可計算。」〔註 34〕明大宦官魏忠賢的門徒有所謂文臣「五虎」、武臣「五彪」、尚書「十狗」以及「十孩兒」「四十孫」等，門徒又有門徒（《明史・卷三〇五》），構成一個令人恐怖的官僚群體，不僅危害普通民眾，而且大肆誣陷誅殺較爲正直的東林黨官員。清代出了個貪

〔註 33〕關於古代中國人民的苦難，先秦時期，《詩經》、《左傳》多有描述，《孟子》文本中俯拾皆是。錢穆先生在評述唐以後的歷史時說：「中國北方社會，自安史亂後，直至明興，五、六百年內，大體上在水深火熱下過日子。」（錢穆：《國史大綱》，商務印書館，2009 年版，第 767 頁。）其中最明顯的表現是人民的大量非正常死亡。以蒙古侵犯中原爲例。「兩河、山東數千里，人民殺戮幾盡。」「據當時戶口數字計之，殆於十不存一。」「金泰和七年極盛時，戶七百六十八萬有奇，口四千五百八十一萬有奇。而元之得金，戶八十七萬有奇，口四百七十五萬有奇，是十不存一也。」（錢穆：《國史大綱》，商務印書館，2009 年版，第 765～766 頁。）

〔註 34〕范文瀾：《中國通史簡編》，河北教育出版社，2000 年版，第 425～426 頁。

污之王——和珅。和珅的家產——基本上由腐敗所得——約值白銀 11 億兩，是當時國家年財政收入的 15 倍。

個別的貪官變質爲虎狼，作爲個案危害也許有限。實際上繁重的賦稅讓王朝政府整體淪爲了吃人的惡虎。「明周暉在《金陵瑣事》中講……有一個叫陸二的人，在蘇州一帶往來販運，靠販賣燈草過活。萬曆二十年，稅官如狼似虎，與攔路搶劫的強盜沒什麼差別。陸二的燈草價值不過八兩銀子，好幾處抽他的稅，抽走的銀子已經占一半了。走到青山，索稅的又來了，陸二囊中已空，計無所出，乾脆取燈草上岸，一把火燒了。……重稅造成了萬民失業的結果。」〔註 35〕暴政也使人民看清了誰才是眞正的強盜。吳思先生寫道：崇禎派官兵剿李自成之「匪」，然大臣「馬世奇還向皇上彙報了一件意味深長的事，他說『賊』知道百姓恨什麼，專門打出了『剿兵安民』的旗號，結果百姓望風投降。而『賊』進一步發放錢糧賑饑，結果老百姓把『賊』當成了歸宿。形勢發展到這個份上，剿匪已經沒有『剿兵』的旗號吸引人了。」〔註 36〕

從民的方面來說，暴政使人民無法生存，無法做安分守己的百姓，除了安於死亡，便只有淪爲盜匪。漢初文景之治時期人民過上較爲安寧的日子，但是到了漢武帝時期，由於連年對匈奴、南越用兵，人民已無法生存。「董仲舒謂：『月爲更卒，已復爲正，一歲屯戍，一歲力役，三十倍於古。田租、口賦、鹽鐵之利，二十倍於古。』農民在無可聊賴中，首先是出賣耕地，出賣耕地後不免生活更苦。其次只有出賣妻子乃至於出賣自身。此爲漢代奴婢盛多之來源。」〔註 37〕做奴婢也無法活下去，成爲盜匪便是唯一的選擇。「災民無米充饑，便紛紛湧往富戶商家搶米。……農民的鬧荒，不但表現在搶米分糧方面，而且表現爲焚屋焚倉，抗租抗官，待到政府將他們視爲『匪』而大肆鎮壓時，他們中的許多人便背井離鄉，甚或眞的淪爲匪寇了。」〔註 38〕民國時期判死刑的土匪之中 70%爲無業遊民，也是對這一規律的最好證明。

〔註 35〕吳思：《潛規則：中國歷史中的眞實遊戲》，雲南人民出版社，2001 年版，第 68 頁。

〔註 36〕吳思：《潛規則：中國歷史中的眞實遊戲》，雲南人民出版社，2001 年版，第 177 頁。

〔註 37〕錢穆：《國史大綱》，商務印書館，2009 年版，第 135 頁。

〔註 38〕吳思：《血酬定律：中國歷史中的生存遊戲》，中國工人出版 2003 年版，第 43 頁。

總之，先秦儒家倡導統治者行仁政，要求統治者愛民利民。深受儒家影響的後世的統治者也一定程度上眞誠地實踐過。但是君主專制制度的內在局限（先秦儒家對此缺少自覺或無能爲力），決定了統治者必然走向馭民虐民，先秦儒家的愛民理想每每化爲泡影。愛民——馭民的矛盾造成王朝政權周期性地興起，又周期性地崩潰，成爲古代中國解不開的死結。

第三節　德治——人治

先秦儒家仁政思想的重要內容是注重統治者的品德，強調以德君代替暴君，「是好人賢良政治，而不是惡霸痞匪政治」〔註39〕。但是仁政實踐中愛民、利民等有賴於統治者之品德，而不是社會制度，這就難免人治。而人治恰恰是暴君代作的根源。由此「德治——人治」構成了先秦儒家仁政學說的內在悖論。

一、德化帝王與「暴君（庸君）代作」的巨大反差

德化帝王、以德代暴是先秦儒家的基本政治主張。這一政治主張的第一重要形成期是文武革命時期。王國維先生說：「中國政治與文化變革，莫劇於殷周之際。」〔註40〕黃仁宇先生說：「周朝統治中國達800年……有時歷史家也很難區分究竟某種特色是周之性格抑是中國人之性格。」〔註41〕周作爲一個落後的西方邊陲小邦，得以代替強大的殷，重要的原因在於商人迷信天命，尚武而不重德，而周人卻極爲重視德性。《禮記・表記》中比較說：「殷人尊神，率民以事神，先鬼而後禮，先罰而後賞……周人尊禮尙施，事鬼敬神而遠之，近人而忠焉。」特別是暴君商紂的惡劣品行與周「文王之德之純」（《詩經・周頌・清廟之什》）形成了鮮明的反差，從而造成了民心普遍向周而背商。荀子說：「武王之誅紂也，非以甲子之朝而後勝之也。皆前行素修也，此所謂仁義之兵也。」（《荀子・議兵》）殷周劇變之際的政治思想家周公旦把以德代暴上陞到歷史規律的高度：「皇天無親，惟德是輔。」（《尙書・蔡仲之命》）並告誡周人要保持文王、武王之美德：「封，汝念哉！今民將在祇遹乃

〔註39〕高兆明：《中國古代「德治」發微》，《江蘇社會科學》2002年第3期，第166～170頁。
〔註40〕郭沫若：《十批判書》，人民出版社，1982年版，第7頁。
〔註41〕黃仁宇：《萬曆十五年》，中華書局，2008年版，第16頁。

文考，紹聞衣德言。」(《尚書・康誥》)

在周公的德化帝王思想的影響下，西周的十一位帝王（不含武王）中出現了幾位好君主，如周成王、康王，營造了歷史上的「成康盛世」，「成康之際，天下安寧，刑錯四十餘年不用。」(《史記・周本紀》) 穆王、宣王也算是好帝王，但其它周王就很平庸了，特別是厲王、幽王是惡劣的昏君與暴君，「名之曰『幽厲』，雖孝子慈孫，百世不能改也」(《孟子・離婁上》)。朱熹注：「幽，暗。厲，虐。皆惡謚也。苟得其實，則雖有孝子慈孫，愛其祖考之甚者，亦不得廢公義而改之。」

史入春秋，君主貴族們的品德墮落造成了社會秩序的崩潰。牟宗三先生說：「周文之所以失效，沒有客觀的有效性，主要是因爲那些貴族生命腐敗墮落，不能承擔這一套禮樂。……不能夠實踐這一套周文。……成爲所謂的形式主義，成了空文、虛文。」〔註 42〕孔子、孟子、荀子等儒學宗師高舉德性的旗幟，要求德化帝王、貴族，恢復他們的生命，以重整社會秩序。此爲德治思想形成的第二個重要歷史時期。試簡要回顧諸儒的主張：

> 爲政以德，譬如北辰，居其所而眾星共之。(《論語・爲政》)
>
> 惟大人爲能格君心之非。君仁莫不仁，君義莫不義，君正莫不正。一正君而國定矣。(《孟子・離婁上》)
>
> 得其人則存，失其人則亡。法者，治之端也；君子者，法之原也。(《荀子・君道》)

問題在於先秦儒學宗師們的德化帝王主張，在春秋戰國時期取得了什麼樣的成效呢？君主們的德性如何呢？諸子寫道：

> 「今之從政者何如？」子曰：「噫！斗筲之人，何足算也。」(《論語・子路》)
>
> 楚狂接輿歌而過孔子曰：「……已而，已而！今之從政者殆而！」(《論語・微子》)
>
> 暴君代作，壞宮室以爲污池，民無所安息；棄田以爲園囿，使民不得衣食。(《孟子・滕文公下》)
>
> 五霸者，三王之罪人也；今之諸侯，五霸之罪人也；今之大夫，今之諸侯之罪人也。(《孟子・告子下》)

〔註 42〕牟宗三：《中國哲學十九講》，上海古籍出版社，2006 年版，第 49 頁。

王者之不作，未有疏於此時者也；民之憔悴於虐政，未有甚於此時者也。（《孟子・公孫丑上》）

從孔子、孟子的語言中可以看出，他們對於當時的統治者的德性是極爲失望的。孔子謂當時的統治者爲「斗筲之人，何足算」，朱熹注：「斗，量名，容十升。筲，竹器，容斗二升。斗筲之人，言鄙細也。算，數也。」孟子則把先秦時期的統治者高度概括爲「暴君代作」。從他們打交道的具體君主來說，孔子長期侍奉的君主是魯昭公，而晉大夫叔齊對魯昭公的評價是：「今政令在家，不能取也。有子家羈，弗能用也。奸在大國之盟，陵虐小國。利人之難，不知其私。公室四分，民食於他。思莫在公，不圖其終。爲國君，難將及身，不恤其所。禮之本末，將於此乎在，而屑屑焉習儀以亟。」（《左傳・昭公五年》）魯昭公爲季孫、叔孫、孟孫三家所逐，流亡至齊，孔子也跟隨到齊國，並希望遊說齊景公施行他的政治主張。而齊景公也是昏庸之人，面對晏子的一再勸告其修德惠民，回答是竟是「善哉！我不能矣」（《左傳・昭公二十六年》）。景公最終爲權臣陳恒所弒。孔子兩次去衛國，卻爲衛靈公所羞辱，結局是：「孔子曰：『吾未見好德如好色者也。』於是醜之，去衛。」（《史記・孔子世家》）孟子重點遊說的對象是梁惠王，然而「不仁哉，梁惠王也！……以土地之故，糜爛其民而戰之，大敗，將復之，恐不能勝，故驅其所愛子弟以殉之」（《孟子・盡心下》）。而梁襄王則是「望之不似人君」（《孟子・梁惠王上》）。孟子游說齊宣王，而齊宣王只對齊桓、晉文的霸業感興趣。荀子去齊、去楚，並打破儒者不入秦的規矩而遊說秦王，均無結果。孔子、孟子、荀子晚年均從事著述，也是對當時的君主失望所致。

也許有人說，先秦儒家仁政思想在先秦時期不爲統治者所信奉，沒有實踐的機會。那麼在秦漢以後，特別是漢武帝「罷黜百家，獨尊儒術」後而成爲封建王朝的主流意識形態後，先秦儒家的德化帝王思想得到了充分的實踐，其效果又如何呢？下面做一個簡要的考察。

有感於秦王朝的暴政而亡，漢初儒生陸賈、賈誼等都痛感到德化帝王的必要性。賈誼專門從太子教育的角度探討了這一問題。賈誼說：

夏爲天子，十有餘世，而殷受之。殷爲天子，二十餘世，而周受之。周爲天子，三十餘世，而秦受之。秦爲天子，二世而亡。人性不甚相遠也，何三代之君有道之長，而秦無道之暴也？其故可知也。古之王者，太子乃生，固舉以禮，使士負之……昔者成王幼在

> 繈抱之中，召公爲太保，周公爲太傅，太公爲太師。……故乃孩提有識，三公、三少固明孝仁禮義以道習之，逐去邪人，不使見惡行。於是皆選天下之端士孝悌博聞有道術者以衛翼之，使與太子居處出入。故太子乃生而見正事，聞正言，行正道，左右前後皆正人也。（《漢書・卷四十八・賈誼傳》）
>
> 夫三代之所以長久者，以其輔翼太子有此具也。及秦而不然。……使趙高傅胡亥而教之獄，所習者非斬劓人，則夷人三族也。故胡亥今日即位而明日射人，忠諫者謂之誹謗，深計者謂之妖言，其視殺人若艾草菅然。豈惟胡亥之性惡哉？彼其所以道之者非其理故也。（《漢書・卷四十八・賈誼傳》）

賈誼告訴當時的統治者，爲什麼夏、商、周三個王朝可以長達十餘世、二十餘世、三十餘世，而秦王朝二世就亡了呢？原因在於前三個王朝極其重視儲君的教育，以最賢能的士人用仁、義、禮、智對儲君進行規範引導，儲君成年後即是正直賢能之人。而秦始皇只是用趙高這樣品德卑污、唯精於嚴刑峻法之人對儲君胡亥進行教育，以至胡亥只知道殺人如草芥。所以秦王朝因暴政二世而亡也就理所當然。

漢文帝採納了賈誼的意見，以愛子梁懷王交賈誼進行教育。不幸的是梁懷王因墜馬而死，賈誼也因此自責傷心而早亡。但賈誼的意見爲漢室及後世王朝所信奉，極其重視儲君的教育，且主要以儒家思想以教育之。雄才大略的漢武帝師王臧。「王臧乃儒生，武帝即位，大興儒術，其早年受教育亦是一因。」〔註 43〕武帝之後的漢代儲君幾乎毫無例外由當世名儒教育之。三國時劉備冊封劉禪爲太子時說：「使使持節丞相亮授印綬，敬聽師傅，行一物而三善皆得焉。」（《三國志・卷三十三・後主傳》）劉備臨終告訴兒子：「吾亡之後，汝兄弟父事丞相，令卿與丞相共事而已。」（《三國志・卷三十二・先主傳》裴松之注）隋文帝楊堅教育太子楊勇：「我聞天道無親，唯德是與，歷觀前代帝王，未有奢華而得長久者。」（《隋書・卷四五》）後因楊勇奢華而廢黜之，改立表現爲節儉的次子楊廣，並爲磨練楊廣，讓楊廣十三歲時總督并州，二十歲時率五十萬軍隊滅陳統一中國。唐太宗非常重視對太子李治的教育：「自建立太子，遇物必有誨諭，見其臨食將飯，謂曰：『汝知飯乎？』對曰：

〔註 43〕錢穆：《國史大綱》，商務印書館，2009 年版，第 143 頁。

『不知。』曰：『凡稼穡艱難，皆出人力，不奪其時，常有此飯。』見其乘馬，又謂曰：『汝知馬乎？』對曰：『不知。』曰：『能代人勞苦者也，以時消息，不盡其力，則可以常有馬也。』見其乘舟，又謂曰：『汝知舟乎？』對曰：『不知。』曰：『舟所以比人君，水所以比黎庶，水能載舟，亦能覆舟。爾方爲人主，可不畏懼！』……」（《貞觀政要・教戒太子諸王》）清雍正皇帝建立秘密立儲、生前可隨時更改儲君的制度，一則爲避免皇族奪嫡之血案，二則讓皇子們加強歷練，以提高儲君的能力。

封建王朝由於重視對於儲君的教育，因而產生了一批好皇帝，也卓有成效地延續了某些王朝的生命。這些皇帝中我們耳熟能詳的有漢文帝、景帝、武帝，唐太宗、玄宗，宋仁宗、神宗，清康熙、雍正、乾隆，等等。人們常說漢代、唐代、宋代有昏君而無暴君，清代有庸君而無昏君，顯然與有效的皇儲教育是分不開的。

但是中國封建社會德化帝王的實踐有沒有達到如先秦儒家所預想的目標呢？相去遠也。封建時代產生了更多的庸君、昏君乃至暴君。劉邦是明君，兒子劉盈卻庸碌無爲；劉備是梟雄，兒子劉禪是亡國之君；隋文帝楊堅繼三國、兩晉、南北朝長期戰亂後再次一統中國，雖有對大臣用刑嚴苛的缺點，卻也是大有作爲、節儉愛民的好皇帝，兒子楊廣卻是極其荒唐的亡國之君；李世民是明君，兒子李治卻是庸懦無爲；朱元璋是明君，兒子朱標庸懦早死，繼位之長孫朱允炆孱弱無能，被叔父朱棣篡弒而不知所終。上述父子兩代帝王，如此地虎父犬子，令人感慨不已。當然還有大家熟悉的白癡皇帝晉惠帝，殘暴至喪失人性的吳主孫皓，精通文藝而荒淫亡國的唐後主、宋徽宗，逃跑皇帝趙構，一再誅殺衛國大將而身死國亡的明崇禎皇帝，等等。

我們不妨把德化帝王的思想稍加延伸，擴展到官吏群體。因爲王朝政權對社會的治理並非皇帝一人所能做到，而是通過龐大的官僚機構來進行的。所以封建社會不僅重視對皇儲的教育，而且重視對百官的教育。對百官的教育主要是通過儒家思想進行教育的，並以太學這樣的最高官方教育機構，以孝廉、科舉等人才選拔機制加以保證。同時以王朝法律、監察御史這樣的制度與機構對百官進行約束。明太祖朱元璋對每一位赴任官員，均諄諄教誨，盼其清廉。朱元璋的這一做法被清王朝制度化，官吏不論大小，均面見皇帝接受教育後上任。

由於封建王朝注重官吏教育，歷史上產生了很多廉吏與名臣，部分載之於史冊，並在民間廣爲流傳。如西漢之汲黯任東海太守，「治官理民，好清靜……歲餘，東海大治」(《史記・汲鄭列傳》)。並當面指責武帝：「陛下內多欲而外施仁義，奈何欲效唐虞之治乎！」(同上)

再如東漢之董宣，以「硬脖子縣令」名揚後世。爲洛陽令時果斷處決光武帝之姐湖陽公主之犯罪家僕，光武令其叩頭謝罪，堅決不從。死後，「詔遣使者臨視，唯見布被覆屍，妻子對哭，有大麥數斛、敝車一乘。帝傷之……葬以大夫禮」(《後漢書・卷七十七》)。

又如宋代之包拯，是民間廣爲流傳的「包青天」。包拯爲官清廉，做端州知府時，端硯名貴，但「拯命制者才足貢數，歲滿不持一硯歸」(《宋史・卷三一六》)。生活儉樸，「雖貴，衣服、器用、飲食如布衣時」(同上)。包拯不畏權貴，斷案如神，時稱「關節不到，有閻羅包老」(同上)。

還有敢於罵皇帝的明代清官海瑞。海瑞極端清廉，做淳安知縣時「布袍脫粟，令老僕藝蔬自給」(《明史・卷二二六》)。死的時候，「僉都御史王用汲入視，葛幃敝籯，有寒士所不堪者。因泣下，醵金爲斂」(同上)。但海瑞卻不懼權威，連封疆大吏抗倭名將胡宗憲的兒子、前任首輔徐階家屬等都加以懲治。上書萬曆皇帝，指責他的種種劣行：「一意修眞，竭民脂膏，濫興土木，二十餘年不視朝，法紀弛矣。數年推廣事例，名器濫矣。……且陛下之誤多矣，其大端在於齋醮。」(同上)

但是我們必須看到，封建時代產生了更多的貪官污吏，而且越到封建社會的後期越呈現集團腐敗的趨勢。北宋徽宗朝出現了六大權奸——蔡京、王黼、童貫、梁師成、李彥、朱勔，而全國官吏又多數是六賊的徒黨。徽宗朝的吏治腐敗與北宋滅亡有直接的關係。明大宦官魏忠賢的門徒有所謂文臣「五虎」、武臣「五彪」、尙書「十狗」以及「十孩兒」、「四十孫」等，門徒又有門徒（《明史・卷三〇五》)，構成一個藏污納垢的龐大官僚群體。魏忠賢集團的被查處離明朝的覆亡也只有幾十年的時間，二者間的聯繫是很明顯的。

爲什麼先秦儒家主張德化帝王與官吏，後世的封建王朝也眞誠地實踐過，而其實際的結果卻是暴君、昏君與貪官越來越多？僅僅明白這一事實是不夠的，更重要的是探究其原因。黑格爾說：「每一位研究科學的人所應有的精神，總不外乎是要希望求得合理的眞知灼見，而不是存心要堆積知識，顯得淵博。」〔註 44〕要弄清古代中國德治實踐的失敗原因絕非易事，下面嘗試分析之。

二、先秦儒家德治思想的人治本質

高兆明教授曾經指出：「中國古代社會原初意蘊之『德治』在學理邏輯上可以分別被導向兩個不同的方向：法制與人治。……要保持政治上的穩定，就應當通過制度的客觀性來預防政治者個體德性主觀性的局限性。然而，由於在中國古代社會中缺少那樣一種客觀條件或機緣，原初的德治並沒有沿著這一學理邏輯線索發展，而是沿著另一個方向向人治發展了。……由於早期的『德治』所關注的焦點是治者本人，看到的是君主在社會政治生活中的作用，因而，它就潛藏著一種蛻變爲人治的可能。」〔註 45〕黑格爾則說：「東方人……只知道一個人是自由的。」「在中國，大家長的原則把整個民族統治在未成年的狀態中。」〔註 46〕黑格爾因爲對中國歷史知之不多，難免對中國有所誤解，但他的上述觀點對我們分析先秦儒家德治思想的人治本質仍然有很大的借鑒意義。

孔子等先秦儒學宗師把統治者的作用誇大到無以復加的地步：

> 定公問：「一言而可以興邦，有諸？」孔子對曰：「言不可以若是其幾也。人之言曰：『爲君難，爲臣不易。』如知爲君之難也，不幾乎一言而興邦乎？」曰：「一言而喪邦，有諸？」孔子對曰：「言不可以若是其幾也。人之言曰：『予無樂乎爲君，唯其言而莫予違也。』如其善而莫之違也，不亦善乎？如不善而莫之違也，不幾乎一言而喪邦乎？」（《論語・子路》）
>
> 哀公問政。子曰：「文武之政，佈在方策。其人存，則其政舉；其人亡，則其政息。人道敏政，地道敏樹。夫政也者，蒲盧也。故爲政在人。」（《禮記・中庸》）
>
> 一正君而國定矣。（《孟子・離婁上》）

〔註 44〕〔德〕黑格爾：《歷史哲學》，王造時譯，上海書店出版社，2006 年版，第 9 頁。

〔註 45〕高兆明：《中國古代「德治」發微》，《江蘇社會科學》2002 年第 3 期，第 166～170 頁。

〔註 46〕〔德〕黑格爾：《歷史哲學》，王造時譯，上海書店出版社，2006 年版，第 16、129 頁。

有亂君，無亂國；有治人，無治法。……法不能獨立，類不能自行，得其人則存，失其人則亡。(《荀子・君道》)

上述言論表明，諸儒明顯認爲國家的治亂興衰只是維繫於個別統治者的賢不肖。其中以孔子所說最經典：「人存政舉，人亡政息。」他在與魯定公的對話中，實際上肯定了「一言興邦，一言喪邦」。孟子、荀子用語不同，但思想實質與孔子無異。

與鼓吹統治者的巨大作用相對應，廣大民眾則是無足輕重的，被排除於政治活動之列，只能做消極的被統治者。

民可使由之，不可使知之。(《論語・泰伯》)

君子學道則愛人，小人學道則易使也。(《論語・陽貨》)

天下有道，則庶人不議。(《論語・季氏》)

勞心者治人，勞力者治於人。(《孟子・滕文公上》)

少事長，賤事貴，不肖事賢，是天下之通義也。(《荀子・仲尼》)

把廣大民眾排除於政治統治之外，把安邦治國的重任完全寄託在少數帝王將相身上，是先秦儒家所犯下的根本錯誤。美國哲學家科恩說：「理想的聖明君主——制定、執行最合理的法令，選用最賢良的輔助，以高度的智慧執法，大力發展社會文化——常常爲人們所嚮往。……要實現這樣一種理想，想像中的專制者就必須具有超人的官能與精力。……然而專制統治的實際卻令人大失所望。實際情況是歷史上的專制統治，賢明而有效的實屬罕見。很可能是由於獨裁統治對專制者的要求太高，不是任何人所能達到的。」「對專制的批判也同樣，或者說更適合於寡頭集團。找一個偉人不易，找一群絕頂智慧與無限仁慈的人必然更難。……如果他們碰巧是一批能人，他們會比專制者更難以找到同樣能幹的繼承者。」〔註47〕

由少數帝王將相來專司安邦治國的職責，不僅是無法完成的任務，而且正是庸君、暴君代作的根源。無法完成任務而消極殆工，是爲庸君。如果明知自己能力不及，僅憑自己的主觀意志而肆意枉爲，嚴重擾亂社會秩序則爲暴君。帝王一旦處於獨裁的地位也更容易成爲暴君。孔子已經指出：「如不善而莫之違，不幾乎一言而喪邦乎？」(《論語・子路》) 朱熹注：「范氏曰：『言

〔註47〕〔美〕卡爾・科恩：《論民主》，引自，劉軍寧編，《民主二十講》，中國青年出版社，2008年版，第260～261頁。

不善而莫之違，則忠言不至於耳。君日驕而臣日諂，未有不喪邦者也。』謝氏曰：『……惟其言而莫予違，則讒諂而諛之人至矣。』」就是說獨裁者一般來說聽不到（或不願聽）忠言，聽到的只是讒諛之言，因而犯錯誤胡作非爲也就難免。

問題更在於家天下的世襲制，便暴君、庸君代作更加難以避免。開國之君之所以大多是明君，原因在於這些人全部生於亂世，他們的皇位不是繼承來的，而是在群雄逐鹿過程中通過殘酷的競爭得來的。在殘酷的爭戰中，非有過人的智慧、亡命的苦戰與一定程度的德性不足以勝出。但是繼世的君主不是靠這樣的機制產生的，而是靠偶然的出身擁有皇位的，所以也就無法保證他們的德性與智慧。劉禪是「扶不起的阿斗」，但偏偏只有劉禪才能做皇帝。這一根本的缺陷，依靠再完備的皇儲教育都無法補救。隋文帝精心教育次子楊廣，然而楊廣弒父自立後表現得既荒淫又無能，面對洶湧的農民起義一籌莫展，坐視滅亡。唐太宗對太子的教育可謂用心良苦，但高宗李治仍然是昏庸之人，史家謂有亡國之德，是武則天延續了唐王朝的強盛。清王朝的秘密立儲制度算得上是一大進步，但依然解決不了家天下的根本問題：其一，皇子的賢不肖由皇帝一人來判斷，而這是不可靠的。比如道光、咸豐就不是皇子中能力最強的。其二，如果皇子只有一位或很少的幾位，則無法進行汰劣選優。

世襲制使帝王與大臣之間的矛盾突出，也是產生暴君的一大原因。焦國成先生說：「歷史上那些並不聖明的君主從來也不想實行什麼德治，而被選拔上來的德才兼備之士卻又眞誠地抱有平治天下的理想，因而君臣之間常常發生不可調和的衝突，最後大多是以賢臣的悲劇而告終。」〔註 48〕問題也有另一方面，世襲的家天下制使得政權的更替除了宮廷政變、革命、篡弒之外別無他途。而一旦發生篡弒後，又會對前朝王室成員大肆殺戮。「自宋受晉終，馬氏遂爲廢姓；齊受宋禪，劉宗盡見誅夷。」（《南史・卷四三》）出於對篡弒的提防，在位的君主往往先下手爲強，對重臣（有時包括其它覬覦帝位的皇子）痛下殺手，由此而成爲暴君。這方面的史實太多，不須枚舉。

概言之，古代中國的德治實踐之所以必然失敗，因爲它終究是人治，而人治的根源則在於宗法等級社會及家天下政治體制。下面再結合古代法制進

〔註 48〕焦國成：《論作爲治國方略的德治》，《中國人民大學學報》2001 年第 4 期，第 1～7 頁。

一步分析。

三、古代禮制（法制）的人治痼疾

治理任何廣土眾民的國家，沒有法制這樣的行爲規範體系都是不可想像的。

何謂法？《說文解字》中說：「灋，刑也。平之如水。廌所以觸不直者去之，從廌去。」法通刑，刑有二義，一者「型」，模型也，規矩準則也；二者，刑，「剄也」，殺戮也。法就其同於「型」之規矩準則義，與道德並沒有多大的區別。法就其同於「剄」之殺戮義，「觸不直者去之」，是與德之區別點。法者，道德規範之特別部分也，以國家強力加以保障之道德規範也。

中國古代的法制最早採取禮制的形態。章太炎先生說：「禮者，法度之通名，大別則官制、刑法、儀式是也。」（章太炎《檢論》）郭沫若先生則說：「法與禮在本質上也並沒有多麼大的差別。」〔註49〕古代中國的法、禮、刑常常是異名而同指。

先秦儒學宗師孔子、孟子、荀子三人都承認法的重大作用，他們說：

> 「克己復禮爲仁。一日克己復禮，天下歸仁焉。……非禮勿視，非禮勿聽，非禮勿言，非禮勿動。」（《論語・顏淵》）
>
> 「徒善不足以爲政，徒法不能以自行。……遵先王之法而過者，未之有也。」（《孟子・離婁上》）
>
> 「離婁之明、公輸子之巧，不以規矩，不能成方圓；師曠之聰，不以六律，不能正五音。」（《孟子・離婁上》）
>
> 「禮者，法之大分，類之綱紀也。」（《荀子・勸學》）
>
> 「禮之於正國家也，如權衡之於輕重也，如繩墨之於曲直也。」（《荀子・大略》）
>
> 「不教而誅，則刑繁而邪不勝；教而不誅，則奸民不懲。」（《荀子・富國》）

孔子、孟子、荀子或言禮，或言法，但它們都被定義爲規矩、繩墨、準則，本質上都是法。儒學宗師們都強調法或禮在規制社會生活中的作用，特別孔子要求非禮「勿視、勿聽、勿言、勿動」，可以說把法的作用強調到無以

〔註49〕郭沫若：《十批判書》，人民出版社，1982年版，第346頁。

復加的地步。正因爲儒家本身有重視法制的傳統，所以眾多法家人物出自儒門也就不奇怪了。如李悝是孔子弟子子夏的門徒，商鞅又是執李悝《法經》而入秦變法，韓非、李斯都曾師事荀子，等等。

從中國的法制實踐來說，中國古代法制歷史悠久：「夏有亂政而作《禹刑》，商有亂政而作《湯刑》，周有亂政而作《九刑》。」（《左傳・昭公六年》）並在先秦的百家爭鳴中產生了以推崇法制爲其顯赫特點的法家。秦漢以來，以唐律與明律爲代表的中國封建時代的法制建設，更是取得了巨大的成就，而被法制史家稱之爲「中華法系」、「遠東法系」的典範，並對同時代的朝鮮、日本、越南等亞洲國家產生重大影響。

但是與現代法制文明相比，中國古代法制文明有其難以克服的局限。最根本的缺陷在於它始終囿於人治的範圍。現代法制的基本要求是所有的人都處在法律的統治之下，不允許任何人有超越法律的特權。其重點是要求掌管國家權力的統治階層遵守法律。現代法制的產生必須源於人民意志，是國民以適當方式平等協商的結果。這兩方面與中國傳統法制，恰恰形成鮮明的反差。中國古代法制，法律約束的對象只是普通民眾，帝王不在法律的約束範圍之列，相反法律只是帝王的工具。各級貴族、官僚應當守法，但享有法定的特權。中國傳統法制的產生也不是民眾協商的結果，而是體現皇帝意志，由皇帝單方發佈的命令。相對於現代法制，中國傳統法制只能謂之人治。

關於中國封建法制與現代法制的區別，我們比較一下儒學宗師荀子與英國近代思想家霍布斯的論述可以看得很清楚。

荀子與霍布斯都認爲，在沒有法的情況下，人類的生活是非常混亂與不幸的。荀子說：「今人之性，生而有好利焉，順是，故爭奪生而辭讓亡焉；生而有疾惡焉，順是，故殘賊生而忠信亡焉；生而有耳目之欲，有好聲色焉，順是，故淫亂生而禮義文理亡焉。然則從人之性，順人之情，必出於爭奪，合於犯分亂理而歸於暴。」（《荀子・性惡》霍布斯則說：「在人類中我們便發現：有三種造成爭鬥的原因存在。第一是競爭，第二是猜疑，第三是榮譽。……在沒有一個共同權力使大家懾服的時候，人們便處在所謂的戰爭狀態之下。這種戰爭是每一個人對每個人的戰爭。……最糟糕的是人們不斷處於暴力死亡的恐懼和危險中，人的生活孤獨、貧困、卑污、殘忍而短壽。」〔註50〕可以看出兩位不同時代、不同國度的思想家對人類沒有法的狀態的描

〔註50〕〔英〕霍布斯：《利維坦》，黎思復、黎廷弼譯，商務印書館，1997年版，第

述，幾乎沒有差別。

荀子與霍布斯的原則區別在於對人類如何走出這種沒有法的狀態，換言之，關於法的產生的路徑的觀點大相徑庭。荀子就如何從無法走向有法寫道：「古者聖王以人之性惡，以爲偏險而不正，悖亂而不治，是以爲之起禮義，製法度，以矯飾人之情性而正之，以擾化人之情性而導之也。」（《荀子・性惡》）荀子在另一處寫道：「爭則必亂，亂則窮矣。先王惡其亂也，故制禮義以分之。」（《荀子・王制》）而霍布斯則說：「理智便提示出可以使人同意的方便易行的和平條件。這種和平條件在其它場合下也稱爲自然律。」〔註 51〕霍氏的意思是，人類的理性使人類可以走出無法的不幸狀態。然後霍布斯便列舉了人類理性所發現的自然律，內容很多，不便一一引證，其中最重要的是第二自然律：「在別人也願意這樣做的條件下，當一個人爲了和平與自衛的目的認爲必要時，會自願放棄這種對一切事物的權利；而在對他人的自由權方面滿足於相當於自己讓他人對自己所具有的自由權利。因爲只要每個人都保有憑自己想好做任何事情的權利，所有的人就永遠處在戰爭狀態之中。但是如果別人都不像他那樣放棄自己的權利，那麼任何人就都沒有理由剝奪自己的權利，因爲那樣就等於自取滅亡（沒有人必須如此），而不是選取和平。」〔註 52〕霍布斯這段較爲冗長的話的意思是說：所有的人放棄爲所欲爲的自由，相互讓步，相互保持受一定限制的自由，才可以進入和平狀態。霍布斯又說：「國家的本質……就是一大群人相互訂立信約、每個人都對它的行爲授權，以便使它能按其認爲有利於大家的和平與共同防衛的方式運用全體的力量和手段的一個人格。」〔註 53〕比較荀子與霍布斯的論述，可以看出，荀子認爲法是聖王制定的，而霍布斯則認爲法是所有社會成員共同約定的產物。（霍布斯受制於當時君主專制的現實，尚認可君主專制的合法性，造成理論的自相矛盾。而洛克則堅決否認君主在信約之外〔註 54〕。）聯繫二人

94～95 頁。

〔註 51〕〔英〕霍布斯：《利維坦》，黎思復、黎廷弼譯，商務印書館，1997 年版，第 97 頁。

〔註 52〕〔英〕霍布斯：《利維坦》，黎思復、黎廷弼譯，商務印書館，1997 年版，第 98 頁。

〔註 53〕〔英〕霍布斯：《利維坦》，黎思復、黎廷弼譯，商務印書館，1997 年版，第 132 頁。

〔註 54〕〔英〕洛克：《政府論》（下篇），葉啓芳、瞿菊農譯，載《家庭藏書集錦》（光盤版），紅旗出版社，1999 年版，第 55～61 頁。

的人性論，可以更清楚地看出二人法制觀的不同。認爲人性本惡是二人的共同點。但在人類是否平等方面，二人的思想是截然相反的。荀子說：「人之生固小人。」（《荀子・榮辱》）「聖人化性而起僞，僞起而生禮義，禮義生而制法度。……今誠以人之性固正理平治邪？則有惡用聖王，惡用禮義矣哉！」（《荀子・性惡》）而霍布斯則說：「自然使人在身心兩方面的能力都十分相等，以致有時某人的體力雖則顯然比另一人強，或是腦力比另一人敏捷；但這一切總加在一起，也不會使人與人之間的差別大到使這人能要求獲得人家不能像他一樣要求的任何利益。」〔註 55〕就是說，荀子認爲人類分爲兩部分：小部分高明的聖人與絕大部分愚昧的大眾。而霍布斯則認爲人與人在才智方面是平等的。

荀子對後世的影響是深遠的，譚嗣同說「兩千年之學，荀學也」〔註 56〕，此言不誣。但是反過來說，荀子的思想並非天才虛構，而是對正在形成中的封建專制政治體制的反映。夏偉東先生說，在封建專制制度的制約下，封建時代的德治是人治〔註 57〕，封建時代的法制同樣是人治〔註 58〕。秦始皇建立起極爲獨裁的政治體制，其中包括對法的制定權的獨裁。秦帝國「法令由一統」。秦始皇「命爲『制』，令爲『詔』」（《史記・秦始皇本記》）。「博士雖七十人，特備員弗用。丞相諸大臣皆受成事，倚辨於上。」（同上）秦帝國雖迅速瓦解，但其制度對後世影響極大。史家謂「漢承秦制」，譚嗣同則說：「二千年之政，秦政也。」〔註 59〕皇帝不可能一個人制定法律。秦始皇是假手李斯等制定法律的，劉邦是假手蕭何等制定法律的，李世民是假手長孫無忌等制定法律的，朱元璋是假手李善長等制定法律的，等等。但如荀子所說「人主不可獨也。卿相輔佐，人主之基杖也」（《荀子・君道》）。大臣只是皇帝的工具罷了，並無獨立的意志與人格。

中國古代法制的人治屬性除了帝王壟斷法律制定權外，還具體表現爲如下幾個方面：其一，帝王本身不是法律約束的對象。《詩經・小雅・北山》中

〔註 55〕〔英〕霍布斯：《利維坦》，黎思復、黎廷弼譯，商務印書館，1997 年版，第 92 頁。

〔註 56〕譚嗣同：《仁學》，中華書局，1958 年版，第 47 頁。

〔註 57〕夏偉東：《儒家的德治爲什麼產生了人治的結果》，《道德與文明》2004 年第 4 期，第 11～16 頁。

〔註 58〕夏偉東：《爲什麼説法家的「法治」是人治的一種表現形式》，《倫理學研究》2004 年第 5 期，第 27～29 頁。

〔註 59〕譚嗣同：《仁學》，中華書局，1958 年版，第 47 頁。

說：「溥天之下，莫非王土；率土之濱，莫非王臣。」帝王本身的獨尊地位，規定了他不可能是法律約束的對象。秦始皇在琅邪石刻中也說：「六合之內，皇帝之土。……人跡所至，無不臣者。」（《史記・秦始皇本紀》）秦始皇是一切土地（財產之代稱）與人民的主人。秦帝國雖速亡，但秦始皇的說法卻爲後世帝王所完全傚仿。主人與奴隸，不存在契約關係。一旦存在契約關係，主人與奴隸的關係也就終結了。兩千多年封建社會絕對找不到約束帝王的法律條款。迄至清朝末年的 1908 年，在內外煎逼下，清廷頒佈了憲法性文件《欽定憲法大綱》，首次對皇帝與人民的關係做出規定。然而與近現代憲法以宣佈與保護人民權利爲宗旨的精神相悖，該文件總計 23 條，正文 14 條規定的是君上大權，宣佈「大清皇帝統治大清帝國，萬世一系，永永尊戴」。「君上神聖尊嚴，不可侵犯」。規定皇帝內政外交的全權，不受任何限制。附錄 9 條才規定臣民的權利義務。在人民抗爭下的《欽定憲法大綱》尚且如此規定君主集權，反證了此前皇帝根本不在法律管轄之內。正因爲如此，帝王們才得以「乾綱獨斷」，爲所欲爲。秦始皇因術士的一句「亡秦者胡也」，就發兵三十萬打匈奴；隋煬帝建洛陽新都，開運河，征高麗，都不需要任何人的同意。大臣們可以勸諫，但勸諫如不合皇帝胃口，不但勸諫無用，而且大臣有性命之憂。與此相聯，其二，帝王也不存在違法的情況。黑格爾說：「在近代，國王必須承認法院就私人事件對自身有管轄權，而且在自由的國家裏，國王敗訴，事屬常見。」〔註 60〕黑格爾的文字，中國人至今讀來尚覺不可思議。臨朝稱制的呂后，爲報復情敵戚夫人，「遂斷戚夫人手足，去眼，煇耳，飲瘖藥，使居廁中，命曰『人彘』」（《史記・呂太后本紀》）。如此慘無人道，誰能對呂后問責？隋楊廣弒父自立，淫逼先帝后妃，時人雖覺大逆不道，但絕對不存在任何機關能將之繩之以法。其三，法律不體現人民的意志，法律對人民來說始終是外在的與他律的。中國古代法律從來都是帝王的單方命令，從來也不曾徵求過人民的意見。而人民只有在服從自己的意志時，才談得上是自由自律的。盧梭說：「人是自由的，儘管是屈服於法律之下。……因爲這時候我所服從的就只不過是既屬於我自己所有、也屬於任何別人的共同意志。」〔註 61〕羅爾斯則說，公民的自由在於「他們將他們自己視爲各種有效要求的

〔註 60〕〔德〕黑格爾：《法哲學原理》，范揚、張企泰譯，商務印書館，1982 年版，第 231 頁。

〔註 61〕〔法〕盧梭：《社會契約論》，何兆武譯，商務印書館，2006 年版，第 20 頁注②。

自證之源。這就是說，他們認爲自己有資格向他們的制度提出各種要求、以發展他們的善觀念」〔註 62〕。但是中國古代社會從來就不承認人民有參與制定法律的素質與資格，只是把制定好的法律強加在人民頭上。

官僚、貴族的法律地位如何？郭沫若先生說：「秦始皇把六國兼併了之後，是把六國的奴隸主和已經解放了的人民，又整個化爲了奴隸。」〔註 63〕郭沫若先生所言甚是，封建社會只有一個主人，那就是皇帝，或者像曹操那樣名爲大臣實爲皇帝的人，其它人概處於奴隸地位。特別是封建社會後期，君主越來越集權，大臣的身家性命是朝不保夕的。「明祖……特用重典馭下……時京官每旦入朝，必與妻子訣，及暮無事則相慶，以爲又活一日。」（趙翼《二十二史劄記・卷三十二》）皇帝爲便於自己的統治，有時嚴懲甚至濫殺官吏以緩和人民的不滿情緒，有時又放縱官吏作惡以博取官僚系統的支持。但總的來說，貴族、官僚相對於人民大眾還是享有一定的特權。上古即有「刑不上大夫」制度。進入封建社會後，自三國兩晉時始即正式確立「八議」、「官當」制度。「八議」者，規定八種權貴人物享有小罪赦免、大罪輕處的特權。「官當」者，規定當官者可以官位抵罪，官階越高抵罪越多。

普通民眾作爲被動的法律客體，遵守王朝法律是天經地義的事。臣民也有一定限度的財產權與人身權等，但不能對王朝政府理直氣壯地主張。王朝政府是可以隨時剝奪臣民的權利的。臣民相互間的傷害與糾紛可以「請大老爺明斷」，但常常是不管有罪無罪被作爲「大膽刁民」當庭杖責，以示警誡。嫌犯證據不足，不是無罪釋放，而是定罪處刑，只不過從輕發落而已。

古代中國政治領域的一個突出問題是法制與德治的內在衝突：以德代法，又以法毀德，而衝突的總根源又恰恰在於專制社會人治的至上性。

道德與法制之間存在著密切的聯繫。任何法律都建立在一定的道德理念的基礎上，都有其道德根據，都可以進行道德分析與道德評價。反過來，重要的道德信條要爲人民切實遵循，也必須體現於以國家強制力作爲後盾的法律之中。這也就是中國古人所說的「出禮則入刑」（《後漢書・陳寵傳》），「禮者，禁於將然之前；而法者，禁於已然之後。」（《大戴禮記・禮察》）這裏的「禮」是從德規的意義上講的。但是法與德之間存在著一與多的矛盾。一般

〔註 62〕〔美〕羅爾斯：《政治自由主義》，萬俊人譯譯林出版社，2006 年版，第 33 頁。

〔註 63〕郭沫若：《十批判書》，人民出版社，1982 年版，第 459 頁。

來說，一國的法律體系是唯一的，而道德體系是多種多樣的。就中國古代來說，先秦有所謂百家爭鳴，每一家都有其獨特的道德體系。漢武帝起「罷黜百家，獨尊儒術」，但隨歷史的演變仍出現了儒、道、佛三足鼎立的局面。儒家學說主體內容是道德學說，但其內部也是派別林立。漢代治《春秋》，就有所謂公羊、穀梁、左氏三大流派。宋明理學是儒學發展的高峰，但有所謂程朱理學、陸王心學、荊公新學、事功學派等等的分立。極而言之，每個人的道德信念都與他人的有所不同。不同的道德信念存在矛盾與鬥爭是正常現象。舉個例子，《水滸傳》七十四回寫道，李逵當了回臨時縣官，審理二人鬥毆，判道：「這個打了人的是好漢，先放了他去。這個不長進的，怎地吃人打了？與我枷號在衙門前示眾。」而且親自監督執行，把原告帶了枷示眾。李逵的這種強者有理、弱者有罪邏輯，在許多人看來是荒謬的，但卻為李逵之類的人真實信奉。為處理多元道德與一元法制的矛盾，現代社會強調法律與道德之間的分野。現代法制只能建立在羅爾斯所說的重疊共識的基礎之上。至於重疊共識之外的思想與行為，只能任由各人信奉的不同的道德學說加以支配，並可相互批判，法律不加干涉。如果以國家的強制力，強行維護某一道德學說的權威性，打壓其它道德學說。一則與權力的公共性相悖。羅爾斯說：「自由而平等的公民都平等分享著社會合作性的政治權力和強制性權力，而所有公民都同樣負有這些判斷的負擔。這樣一來，任何一個公民或公民聯合體，就沒有任何理由有權利利用國家的政治權力，去決定憲法根本或完備性學說所指向的該個人或該聯合體的基本正義問題。」〔註 64〕二則會嚴重損害人民的自由，特別是思想自由。而思想自由是極為寶貴的。恩格斯說地球上最美麗的花朵是思維著的精神。密爾說：「人類若彼此容忍各照自己所認為好的樣子去生活，比強迫每人都照其餘的人們所認為好的樣子去生活，所獲是要較多的。」〔註 65〕羅爾斯則說：不同學說「之間長期存在的有序競爭，乃是尋找哪一種理念最合乎理性——如果有的話——的最為可靠的方式。」〔註 66〕

而中國古代法制恰恰在這兩方面都與現代精神相悖。中國古代常常以道

〔註 64〕〔美〕羅爾斯：《政治自由主義》，萬俊人譯譯林出版社，2006 年版，第 65 頁。

〔註 65〕〔英〕密爾：《論自由》，許寶騤譯，商務印書館，2005 年版，第 14 頁。

〔註 66〕〔美〕羅爾斯：《政治自由主義》，萬俊人譯譯林出版社，2006 年版，第 241 頁。

德代法律。由於自漢武帝始，儒家思想處於獨尊的地位，最常見的現象是以儒家學說直接代替法律。其突出的事例是「春秋決獄」，也就是漢儒公孫弘、董仲舒所倡導的直接以儒家經義來處理案件。據說董仲舒寫有《春秋決事》一書，收錄該類判例 232 例。問題是春秋決獄只是按照董仲舒個人所理解的儒家精神來判案，而不同的人對儒家經義的理解是大相徑庭的。「至西漢末……形成十餘家諸說並存的局面。西漢政府承認各家的解釋具有直接的、同等的法律效力，可用來進行斷獄的大約有二萬餘條，七百七十三萬餘字。」〔註 67〕春秋決獄的最終結果只能是司法人員隨意引證儒家經文處理案件，法律的穩定性與公開性蕩然無存。

以德代法的極端表現，是以皇帝的個人道德觀念代替法律。典型的表現是朱元璋的《明大誥》。朱元璋基於其特殊的生活經歷，對元朝的吏治腐敗極其痛恨，必欲除貪腐而後快。終於發生到拋開自己制定的《大明律》，完全憑己意志對官員的貪瀆行為，後來又延及民眾的其它行為，隨意定罪，施以酷刑。以皇帝個人的道德理念代替法律，在封建專制體制下有一定的普遍性，只是朱元璋做得更為突出而已。

以德代法的另一方面，是一切皆在法律（道德法）的直接干預之下，人民沒有自己的生活空間域，因為道德滲透於一切生活領域、無處不在的。舉明朝大清官海瑞為例，他在南直隸巡撫任上，厲行所謂「督撫條約」三十六款：「條約規定：境內成年男子一律從速結婚成家，不願守節的寡婦應立即改嫁，溺殺嬰孩一律停止。……境內的若干奢侈品停止製造，包括特殊的紡織品、頭飾、紙張文具以及甜食。」〔註 68〕從海瑞的行為看來，只要他願意管，人民的一切行為不論鉅細，他都可以干預。在道德專制的社會裏，人民是沒有屬於自己他人不得干涉的生活空間域的。

另一方面，古代中國又以法律來禁錮、毀滅道德自由。孔子要求：「非禮勿視，非禮勿聽，非禮勿言，非禮勿動。」（《論語‧顏淵》）荀子說：「凡言不合先王，不順禮義，謂之奸言，雖辨，君子不聽。……聖王起所以先誅之，然後盜賊次之。盜賊得變，此不得變也。」（《荀子‧非相》）孔子、荀子所說的禮都是先王所制定的帶有法律規範的強制性質。在政治實踐中以法毀德的

〔註 67〕張晉藩：《中國法制史》（第一卷），中國人民大學出版社，1981 年版，第 177 頁。

〔註 68〕黃仁宇：《萬曆十五年》，北京三聯書店，1997 年版，第 145 頁。

始作者俑者還是秦始皇，始皇帝接受李斯的意見：「人善其所私學，以非上之所建立。……非博士官所職，天下敢有藏詩、書、百家語者，悉詣守、尉雜燒之。有敢偶語詩書者棄市。……若欲有學法令，以吏爲師。」(《史記・秦始皇本紀》) 焚書之後，又繼之以坑儒，人民除了做逆來順受的羔羊沒有任何自由。文化專制是秦失民心、速亡的重要原因。漢代吸取了秦的教訓，不再「以法爲教，以吏爲師」，但又於漢武帝時「罷黜百家，獨尊儒術」。「獨尊」與「禁」還是有區別的，儒之外流派存在並不違法。但畢竟是以國家強力來扶持某種學說，壓制其它流派。至此先秦那種百家爭鳴的文化盛況一去不復返了。宋明時期，儒學流派之一——程朱理學則被奉爲獨尊，科舉考試不得越出朱熹《四書集注》的範圍，且只能以代聖人立言的方式答卷。清朝時，更加之以大興文字獄，迫使當時最聰慧的頭腦只能去考古，思想自由徹底禁絕。密爾說，中國人「已變成靜止的了，他們幾千年來原封未動」〔註 69〕。此論雖顯絕對，但基本上反映了封建社會後期中國的現實，也揭示了近代中國落後的重要原因。

總之，先秦儒家倡言德治，要求統治者具有美德。在秦以後的政治實踐中，封建統治者貫徹儒家的德治要求，並以法制輔助德治。但是古代中國的德治與法制，始終繫屬於人治，從而在德治、法制、人治之間構成深刻的悖論，相互反對，相互掣肘，相互抵消，嚴重制約了古代中國的社會進步。

〔註 69〕〔英〕密爾：《論自由》，許寶騤譯，商務印書館，2005 年版，第 85 頁。

第四章　仁政的現代轉化

英國歷史學家卡爾有一句名言：「歷史……是現在跟過去之間永無止境的問答交流。」〔註1〕我們之所以回顧與分析先秦儒家的仁政學說，並不是爲了頌揚先哲的英明與偉大，而是有其現實的關切，就是利用祖宗的智慧爲現實服務。我們已經從春秋戰國的歷史背景出發探究了先秦儒家仁政學說的原初意蘊，又分析了儒家仁政學說對秦漢以後兩千年封建社會的指導意義及其所面臨的無法解決的矛盾。本章將從中國的現實出發，探索仁政在當代是否可能，形態如何。我們依然從民本、利民、吏德三個向度進行分析。

第一節　民主：民本的現代規定

國家政權的本質規定性何在？先秦儒家的回答是「民惟邦本」（《尚書・五子之歌》），簡稱「民本」。問題在於，民本可以有兩種理解：家長制的民本與民主制的民本。家長制民本的簡要規定是「天子作民父母，以爲天下王」（《尚書・洪範》）。民主制民本的簡要規定是人民當家作主。二者恰與不同的時代相聯繫：前現代與現代。先秦儒家仁政學說所主張的民本屬於前者。

一、「天子作民父母」：前現代之民本

先秦儒家認爲人民是國家的根本，爲民造福是人類成立國家的目標所在。荀子說：「天之生民，非爲君也。天之立君，以爲民也。」（《荀子・大略》）荀子此處所說的「君」乃國家之代稱。另一方面，荀子的語言也透露了一個

〔註1〕〔英〕愛德華・卡爾：《歷史是什麼？》，商務印書館，1981年版，第28頁。

信息，先秦儒家所認可的政治體制是君主制。

中國古代政治一開始就是君主制。《尚書》開篇即稱呼「帝堯」、「帝舜」，並非後儒附會，而是很準確的。舜帝「流共工于幽州，放驩兜于崇山，竄三苗于三危，殛鯀于羽山，四罪而天下咸服。」（《尚書・舜典》）「禹致群神於會稽之山，防風氏後至，禹殺而戮之。」（《國語・魯語下》）舜禹的殺戮都表明了他們作爲帝王的巨大權力。但是中國古代的君主專制與古埃及的法老政治、古巴比倫的神權政治相比還是有很大的不同的，後二者在假以神意的基礎上對國民（多爲奴隸）進行赤裸裸的暴力統治。中國古代政治帶有溫情的一面，「天子作民父母」就表徵了這一點。黑格爾對中國知之不多，羅素說：「關於中國，黑格爾除知道有它而外毫無所知。」〔註2〕但黑格爾說，中國皇帝以大家長的姿態行事，「皇帝對於人民說話，始終帶有尊嚴和慈父般的仁愛和溫柔」〔註3〕還是很準確的。

中國古代的君主專制之所以又滲透了血緣親情的屬性，與中國進入文明時代特有的演進路徑有關。以古希臘爲代表的歐洲國家進入文明時代，徹底斬斷了原始氏族血緣的紐帶。而古代中國進入文明時代，不僅沒有割斷氏族血緣的紐帶，反而把它改造爲宗法制，使之在以後幾千年的中國歷史上發揮了巨大的作用〔註4〕。夏、商王朝因史料缺乏，存而不論。單就周王朝而言，宗法制起了巨大的政治紐帶作用。周武王、周公旦分封建國，「立七十一國，姬姓居五十三人，周之子孫苟不狂惑者，莫不爲天下之顯諸侯」（《荀子・君道》）。姬姓親族廣立政治、軍事據點，星羅棋佈，相互支持，形成強大的政治、軍事力量。在子孫對後世，又以親疏遠近不同從而權利義務有別的宗法制加以維繫：「別子爲祖，繼別爲宗，繼禰者爲小宗，有百世不遷之宗，有五世則遷之宗。百世不遷者，別子之後也。宗其繼別子之所自出者，百世不遷者也。宗其繼高祖者，五世則遷者也。」（《禮記・大傳》）對於異姓貴族，則以聯姻的方式加以籠絡：「五官之長曰『伯』……天子同姓則謂之『伯父』，異姓則謂之『伯舅』。……九州之長，入天子之國曰『牧』。天子同姓，謂之『叔父』，異姓謂之『叔舅』。」（《禮記・曲禮》）從而在全國範圍內構成了一

〔註2〕〔英〕羅素：《西方哲學史》（下），馬元德譯，商務印書館，2006年版，第282頁。

〔註3〕〔德〕黑格爾：《歷史哲學》，王造時譯，上海書店出版社，2006年版，第128頁。

〔註4〕侯外廬：《中國思想通史》（第一卷），人民出版社，1992年版，第17頁。

張親戚網。古代中國依靠血緣親情，很大程度上削弱與掩蓋了因經濟剝削與政治壓迫所引起的社會矛盾。

但如果認爲古代中國只有血緣親情，沒有壓迫與衝突，就會導致誤判。首先，遠古氏族與宗族間自始就存在殘酷的爭戰。李澤厚先生說：「原始社會晚期以來，隨著氏族部落的吞併，戰爭越來越頻繁，規模越來越巨大。中國兵書成熟如此之早，正是長期戰爭經驗的概括反映。『自剝林木（剝林木而戰）而來，何日而無戰？大昊之難，七十戰而濟；黃帝之難，五十二戰而後濟；牧野之戰，血流漂杵。』（羅泌《路史·前紀卷五》）大概從炎黃時代直到殷周，大規模的氏族部落之間的合併戰爭，以及隨之而來的大規模的、經常的屠殺、俘獲、掠奪、奴役、壓迫和剝削，便是社會的基本動向和歷史的常規課題。」〔註5〕夏、商、周王朝都可以看作是某一宗族對其它宗族的暴力統治。中國古代的法制起源也說明了這一點。中國最早的法制是以刑法的面目出現的，然而：

> 蠻夷猾夏，寇賊奸宄，汝作士，五刑有服。(《尚書·舜典》)
>
> 德以柔中國，刑以威四夷。(《左傳·僖公二十五年》)
>
> 禮不下庶人，刑不上大夫。(《禮記·曲禮》)

前兩則資料強調夷夏之分，刑法是專門用於蠻夷氏族的。而所謂蠻夷氏族，只不過是統治氏族對被統治氏族的蔑稱。第三則資料則說刑法是用來對付「庶人」的。梁啓超先生說：「部落時代之刑律，專爲所謂『庶人』之一階級而設，而『庶人』大率皆異族也。故刑不上大夫，與刑以威四夷，其義實一貫。然則古代對於貴族，更無制裁之法乎？曰：有之，放逐是已。」〔註6〕

古代中國有無階級區分與階級統治？黑格爾認爲沒有，他說：「除掉皇帝的尊嚴以外，中國臣民中可以說沒有特殊階級，沒有貴族；只有皇帝後裔和公卿兒孫享有一種特權，但是這個與其說是由於門閥，不如說是地位的關係。其餘都是人人一律平等，只有才能勝任的人做得行政官吏，因此，國家公職都由最有才智和學問的人充當。所以他國每每把中國當作一種理想的標準。」〔註7〕更多的中國學者如梁漱溟、錢穆、牟宗三等人持有類似的觀點，

〔註5〕李澤厚：《美的歷程》，中國社會科學出版社，1984年版，第45頁。
〔註6〕《梁啓超全集》（第十二卷），北京出版社，1997年版，第3628頁。
〔註7〕〔德〕黑格爾：《歷史哲學》，王造時譯，上海書店出版社，2006年版，第117頁。

認爲古代中國只有職業分途（士、農、工、商），而無階級區分。

黑格爾之所以認爲古代中國沒有階級區分，大概是因爲他在古代中國沒有發現類似於古代印度與古代歐洲的那種森嚴的階級區分。古代印度嚴格區分爲婆羅門、刹帝利、毗舍、首陀羅等多個階層。而且「印度有一種特殊的情形，就是個人所隸屬的階層，在他出生時就已經完全決定了，以後一生就屬於這個階層。……各階層自始便不能互相混合、互相結婚。……旃陀羅遇著上層人民經過，必須迴避一旁，沒有迴避的人，婆羅門可以把他打倒。一池清水經過旃陀羅取飲後，便算是玷污了，非重新奉祀不可。」〔註 8〕而封建時代的歐洲，比如法國，是嚴格區分爲三個等級的，各等級權力義務的區分是森嚴的。「貴族的權力在法國大革命前已經被黎塞留削弱，他們的特殊權力也被剝奪了；不過他們同僧侶階級仍然保持著一切權利，比起下層階級仍然占著便宜。當時法蘭西的局面是亂七八糟的一大堆特殊權利」。而法國大革命之所以暴發是因爲「朝廷、教會、貴族以及國會自身都不願意放棄他們掌握中的那些特權」〔註 9〕。

但是古代中國是存在階級與階層區分的。《左傳·昭公七年》說：

> 天有十日，人有十等，下所以事上，上所以共神也。故王臣公，公臣大夫，大夫臣士，士臣皂，皂臣輿，輿臣隸，隸臣僚，僚臣僕，僕臣臺。馬有圉，牛有牧，以待百事。

孟子則說：

> 天子一位，公一位，侯一位，伯一位，子、男同一位，凡五等也。君一位，卿一位，大夫一位，上士一位，中士一位，下士一位，凡六等。天子之制，地方千里，公侯皆方百里，伯七十里，子、男五十里，凡四等。不能五十里，不達於天子，附於諸侯，曰附庸。天子之卿受地視侯，大夫受地視伯，元士受地視子、男。大國地方百里，君十卿祿，卿祿四大夫，大夫倍上士，上士倍中士，中士倍下士，下士與庶人在官者同祿，祿足以代其耕也。次國地方七十里，君十卿祿，卿祿三大夫，大夫倍上士，上士倍中士，中士倍下士，下士與庶人在官者同祿，祿足以代其耕也。小國地方五十里，君十

〔註 8〕〔德〕黑格爾：《歷史哲學》，王造時譯，上海書店出版社，2006 年版，第 135 頁。

〔註 9〕〔德〕黑格爾：《歷史哲學》，王造時譯，上海書店出版社，2006 年版，第 417 頁。

卿祿，卿祿二大夫，大夫倍上士，上士倍中士，中士倍下士，下士與庶人在官者同祿，祿足以代其耕也。耕者之所獲，一夫百畝；百畝之糞，上農夫食九人，上次食八人，中食七人，中次食六人，下食五人。庶人在官者，其祿以是爲差。(《孟子・萬章下》)

孟子的這段文字讀起來相當繁瑣，《禮記・王制》等篇章則有更複雜的記錄，似乎古代中國的階級區分不亞於古印度。有人可能說，《孟子》、《禮記》中所記錄的是正在消亡中的階級區分。因爲齊桓公於葵丘稱霸時即與諸侯盟誓「士無世官」(《孟子・告子下》)，商鞅變法的重要內容是破除「世卿世祿制度」。但商鞅在破壞舊的等級制的同時，又新設二十級軍功爵，構建新的等級制度。封建時代法制中的「八議」、「官當」就說明等級特權的存在，且加以嚴格區分，否則就不知如何以爵位折抵罪行了。《水滸傳》中的農民起義領袖們也嚴格排座次，講尊卑，是對封建等級制度的曲折反映。

當然古代中國的階級區分確實不同於古代印度與歐洲，一則封建中國的階級與階層有極大的開放性，上一階層與下一階層之間並沒有不可逾越的鴻溝。由於自漢代始，中國就逐漸實行賢良選舉制，後來演變爲科舉制，「朝爲田舍郎，暮登天子堂」是一種正常的階層流動現象。秦漢以後的官吏，大多來自「白衣卿士」。反過來官員卸任，告老還鄉，他的子孫也沒有世襲的特權，與平民無異。二則，絕大多數的國民都是一盤散沙氏的農民，辨不出太大的階層區分。這與中國自古就以農立國有關。梁啓超先生說：「我國文化發生於大平原，而生計託命於農業。……而民皆以農爲業，受一廛爲氓，自耕而食之。此種經濟組織之下，自然不適於奴隸之發育，與歐洲古代國家發源於地狹人稠之市府者，本異其撰也。」〔註10〕

古代中國階級區分的最大特點是斷然把國民劃分爲兩個部分：以皇帝爲首的統治群體與被統治的民眾群體。而且恰好以宗法製作爲根據，前者是聰明聖智、起碼是理智成熟的父母官，而後者卻是理智永遠難以臻於成熟的帶有智障色彩的愚昧子民。黑格爾說「在中國，大家長的原則把整個民族統治在未成年的狀態中。」〔註11〕他的觀察不太準確（因爲帝王不可能一人統治社會，必須借助官僚集團），但又是很深刻的。梁啓超先生說：先秦諸子言必

〔註10〕《梁啓超全集》(第十二卷)，北京出版社，1997年版，第3626頁。
〔註11〕〔德〕黑格爾：《歷史哲學》，王造時譯，上海書店出版社，2006年版，第16、129頁。

稱愛民，然而「治者和被治者，還是打成兩橛。」〔註 12〕「徒言民爲邦本，政在養民，而政之所從出，其權力乃在人民以外。此種無參政權的民本主義，爲效幾何？我國政治之最大缺點，毋乃在是。」〔註 13〕

古代中國形成專制集權統治的經濟根源何在？馬克思在《路易・波拿巴的霧月十八日》中的解釋具有啓發性。馬克思說：「小農人數眾多，他們的生活條件相同，但是彼此間並沒有發生多種多樣的關係。他們的生產方式不是使他們互相交往，而是使他們互相隔離。這種隔離狀態由於法國的交通不便和農民的貧困而更爲加強了。他們進行生產的地盤，即小塊土地，不容許在耕作時進行分工，應用科學，因而也就沒有多種多樣的發展，沒有各種不同的才能，沒有豐富的社會關係。每一個農戶差不多都是自給自足的，都是直接生產自己的大部分消費品，因而他們取得生活資料多半是靠與自然交換，而不是靠與社會交往。……數百萬家庭的經濟生活條件使他們的生活方式、利益和教育程度與其它階級的生活方式、利益和教育程度各不相同並互相敵對，就這一點而言，他們是一個階級。而各個小農彼此間只存在地域的聯繫，他們的利益的同一性並不使他們彼此間形成共同關係，形成全國性的聯繫，形成政治組織，就這一點而言，他們又不是一個階級。……他們不能代表自己，一定要別人來代表他們。他們的代表一定要同時是他們的主宰，是高高站在他們上面的權威，是不受限制的政府權力，這種權力保護他們不受其它階級的侵犯，並從上面賜給他們雨水和陽光。」〔註 14〕從馬克思的論述可知，農民之所以默認乃至擁戴專制獨裁，原因有二：其一，農民無力參與政治，形不成強大的政治力量，不能制約專制獨裁；其二，農民需要獨裁政權爲其提供基本的生產秩序與生活秩序。農民之所以無力參與政治，一則因爲小農生產方式生產力水平的低下導致農民的貧窮，沒有財力、時間與精力來參與政治。二則農民是孤立地、分散地從事自給自足式的農業勞動，不可能也不必要進行廣泛的社會交往，因而不可能形成一股強有力的社會力量。加之，古代的交通的落後，不便於人民的交往與聯絡。法國這樣的小國尚且如此，古代中國這樣的超大規模的國家就更是如此。在古代中國，農民只是在無法生存，形成大規模的流民，演變成農民起義與暴動時，其力量才得以凸現。

〔註 12〕《梁啓超全集》（第十二卷），北京出版社，1997 年版，第 3699 頁。
〔註 13〕《梁啓超全集》（第十二卷），北京出版社，1997 年版，第 3605 頁。
〔註 14〕《馬克思恩格斯選集》（第一卷），人民出版社，1995 年版，第 677～678 頁。

但爲時很短。一旦新政權誕生，人民得以休養生息，力量頓時瓦解。農民無力參與政治，只能期望政治強人提供起碼的生產與生活秩序，其代價是提供稅收、兵役與徭役等。所以說古代中國長期的家天下制集權統治，是有其必然性根據的，不能簡單歸之於專制帝王們的惡意。

專制集權統治內在地摧毀了先秦儒家的民本追求。專制集權統治排除了人民的意志，必然導致人民在政治生活中的對象化、客體化與工具化。黑格爾曾談到拿破侖對被征服地的人民傲慢地說：「我不是你們的國君，我是你們的主人。」〔註15〕中國古代專制皇帝對人民大眾正是這種心態。秦始皇宣稱：「六合之內，皇帝之土。……人跡所至，無不臣者。」所以他「振長策而御宇內，吞二周而亡諸侯，履至尊而制六合，執棰拊以鞭笞天下。」（《史記・秦始皇本紀》）

專制集權統治表現爲仁政純屬偶然，表現爲惡政卻是必然。惡政引起革命，循環革命則引起周期性的社會大動蕩，人民生靈塗炭，大量文明成果化爲灰燼。儒家所設想的君民相愛的仁政理想每每化爲泡影。更大的問題在於，在與以民主政治爲基石的西方列強的競爭中，中國傳統體制的缺點暴露無疑，中華民族岌岌乎有亡國滅種之憂。

二、民主：現代之民本

民主政治作爲與家天下的君主專制不同的另一政治文明形式，其樸素的形態在遠古時期應當是廣泛存在的。恩格斯在《家庭、私有制與國家的起源》中曾就氏族制度寫道：「沒有貴族、國王、總督、地方官和法官……一切爭端和糾紛，都由當事人的全體即氏族或部落來解決……雖然當時的公共事務比今日多得多……可是，絲毫沒有今日這樣臃腫複雜的管理機關。」〔註16〕我國遠古時期堯舜禹禪讓的傳說，也可以歸屬於這種樸素的民主政治的範疇。進入階級社會以來，民主政治大多爲家天下政治所取代，僅在古希臘雅典這樣的小城邦中得以幸存並發揚光大，但終於未能延續下去，爲異族入侵所顛覆。民主政治的因素在古羅馬的元老院政治及中世紀的自治城市中殘存，但也未能顯示出多大的優越性，每每爲獨裁統治所打斷。民主政治眞正綻放出光芒，表明它是人類政治文明的更高形態，則是英吉利民族實踐的結果。牟

〔註15〕〔德〕黑格爾：《法哲學原理》，范揚、張企泰譯，商務印書館，1982年版，第305頁。

〔註16〕《馬克思恩格斯選集》（第四卷），人民出版社，1995年版，第95頁。

宗三先生曾感歎說：「論政治的智慧是英國人最高……所以，英國這個民族不容輕視。」〔註 17〕

英國的民主政治是通過艱難的鬥爭得來的。1215 年的《大憲章》作爲發生內戰的國王與貴族的妥協產物，規定了不通過議會不得徵稅，以及保護人身自由等內容。但是君主專制的趨勢一直在加強。詹姆士一世與查理一世父子的專制獨裁追求終於引發了 1640 年的內戰。國王戰敗，查理一世作爲「暴君、叛徒、殺人犯及國家的敵人」而身首異處。之後又經歷克倫威爾的軍事獨裁統治與查理、詹姆士兄弟的復辟。直到 1688 年的「光榮革命」，英國的民主政治才最終穩固下來。

從表面的法律文本上看，「光榮革命」後英國國王的權勢與專制君主並無多大區別。「依照憲法，英國國王對議會的任何決議能夠拒絕同意，並能夠不顧議會的反對任命和繼續任用內閣閣員。但是這個國家的憲政道德使這些權力歸於無效，使它們從未得到行使。」〔註 18〕英國的政治中心在於議會，議會選舉獲勝的政黨團體自行組閣，國王只是予以消極任命而已。如果說英國的民主政治只是局限於英倫三島的狹小區域，與英國有極大親緣關係的美利堅民族則是在遼闊的國土上建立起帶有美國特點的民主政治。英美的民主政治以其巨大的優點而爲世界各國所普遍接受。當今世界公開宣稱實行獨裁統治的幾乎沒有，至多是掛民主的羊頭賣專制的狗肉而已。

民主政治在全世界的勝利，不僅如黑格爾所說「世界歷史無非是『自由』意識的進展」〔註 19〕，更是客觀的經濟力量發展的結果。民主政治的產生是資產階級帶領廣大民眾反封建的結果，而馬克思在《共產黨宣言》中寫道：「現代資產階級本身是一個長期發展過程的產物，是生產方式和交換方式的一系列變革的產物。資產階級的這種發展的每一個階段，都伴隨著相應的政治上的進展。……資產階級在它已經取得了統治的地方把一切封建的、宗法的和田園詩般的關係都破壞了。」〔註 20〕

發源於歐美盛行於全世界的民主政治，實際上是更高歷史形態的民本。與中國古代民本相比，其區別在於：其一，民主最根本的特點在於人民主權，

〔註 17〕 牟宗三：《中國哲學十九講》，上海古籍出版社，2006 年版，第 135 頁。

〔註 18〕 〔英〕密爾：《代議制政府》，汪瑄譯，商務印書館，2007 年版，第 69 頁。

〔註 19〕 〔德〕黑格爾：《歷史哲學》，王造時譯，上海書店出版社，2006 年版，第 17 頁。

〔註 20〕 《馬克思恩格斯選集》（第一卷），人民出版社，1995 年版，第 274 頁。

國家的一切權力被賦予人民。此人民是由平等自由的個體所組成。而古代中國政治的最高原則是君本，「朕即國家」、「普天之下，莫非王土；率土之濱，莫非王臣」。所謂仁政愛民不過是帝王對人民的恩賜而已。現代民主政治的基本理念是契約論。而所謂「契約論」，即宣佈專制獨裁是非法的，國家的建立必須建立在人民同意的基礎上。洛克說：「任何人放棄其自然自由並受制於公民社會的種種限制的唯一方法，是同其它人協議聯合組成爲一個共同體，以謀他們彼此間的舒適、安全和和平的生活。」〔註 21〕「任何政府都無權要求那些未曾自由地對它表示同意的人民服從。」〔註 22〕盧梭說：「只要形成權利的是強力，結果就隨原因而改變。」「強力並不構成任何權利，而人們只是對合法的權力才有服從的義務。」「既然強力並不能產生任何權利，於是便只剩下來約定才可以成爲人間一切合法權威的基礎。」〔註 23〕美國人則說：「政府之正當權利，是經被治理者的同意而產生的。當任何形式的政府違背了上述使命時，人民便有權力改變或廢除它，以建立一個新的政府。」〔註 24〕民主政治的一個基本理念是人與人的平等，所有的人都是理性的存在物，不承認統治者的天才與民眾的愚昧。羅素說：「找出一群『有智慧』的人來而把政府交託他們，這個問題乃是一個不能解決的問題。這便是要擁護民主制的最終理由。」〔註 25〕其二，民主政治通過嚴格的程序與機制，保證了執政者的選優汰劣。英國實行定期的議會選舉，美國則實行議會與總統的分別選舉，爲人民信任的政黨與政治領袖才能上臺執政。人民也有誤判政治家的時候，但這種定期選舉的方式總的來說保證了能者上臺與庸者下臺。中國古代民本政治所導致的那種依靠血統、長於深宮中的帝王們的「乾綱獨斷」，乃至「暴君代作」（《孟子・滕文公下》）基本上被民主政治杜絕了。其三，民主選舉中的競爭因素，使社會變革成爲了國家的基本主題，確保了社會發展、造福民眾

〔註 21〕〔英〕洛克：《政府論》（下篇），葉啓芳、瞿菊農譯，載《家庭藏書集錦》（光盤版），紅旗出版社，1999 年版，第 61 頁。

〔註 22〕〔英〕洛克：《政府論》（下篇），葉啓芳、瞿菊農譯，載《家庭藏書集錦》（光盤版），紅旗出版社，1999 年版，第 122 頁。

〔註 23〕〔法〕盧梭：《社會契約論》，何兆武譯，商務印書館，2006 年版，第 9～10 頁。

〔註 24〕〔美〕漢密爾頓等：《聯邦黨人文集》〔M〕//劉軍寧：《民主二十講》，北京：中國青年出版社，2008 年，第 46～47 頁。

〔註 25〕〔英〕羅素：《西方哲學史》（上），何兆武、李約瑟譯，商務印書館，2006 年版，第 147 頁。

的生機與活力。梁啓超先生說：「政黨之治，凡國必有兩黨以上，其一在朝，其它在野。在野黨欲傾在朝黨而代之也，於是自布其政策，以掊擊在朝黨之政策……民悅之也，而得占多數於議院，而果與前此之在朝黨易位，則不得不實行其所布之政策，以副民望而保大權，而群治進一級焉矣。……如是相競相軋，相增相長，以至無窮，其競愈烈者，則其進愈速。」〔註 26〕相反，古代中國民本政治就缺少這樣的改革動力，因循守舊、「祖宗之法不可變」往往成了執政者的美德。其四，民主政治較好地體現了人民在國家政治生活中的主人地位，極大地激發了國民的愛國心，提高了國民的政治素質。相反，古代中國民本政治，人民被拒之於政治之外，愚民是最好的國民。密爾說：「古來有一句諺語說，在專制國家最多只有一個愛國者，就是專制君主自己。……一切事聽任政府，就像聽任上帝一樣，意味著對一切事毫不關心。」「儘管古代的社會制度和道德觀念存在著缺點，但是古雅典的陪審員和公民會議的實踐將普通公民的智力水平提高到遠遠超過古代或現代任何其它群眾。」〔註 27〕黑格爾讚美英國說：「專制國家的人民只繳納少數捐稅，而在一個憲政國家，由於人民自己的意識，捐稅反而增多了。沒有一個國家，其人民應繳納的捐稅有象英國那樣多的。」〔註 28〕

民主政治與我國古代的禪讓既有聯繫也有區別。二者的共同要求都在於通過和平的不流血的方式實現政權交替〔註 29〕。二者的區別在於禪讓是樸素的形態，而民主則是發達的形態。民主政治具有選舉、公決、代議制、選舉訴訟等反映民意的制度性規定與解決糾紛的機制。而中國古代的禪讓則缺少這些內容，因而許多難題無法解決，以致禪讓很可能流變爲武力角逐或陰謀篡弑。舉例來說，意見不一致，民主政治以選票及少數服從多數作爲解決問題的辦法，禪讓則沒有。我國上古時禹死後依規定應禪讓於伯益，但有的部

〔註 26〕《梁啓超選集》，上海人民出版社，1984 年版，第 237～238 頁。

〔註 27〕〔英〕密爾：《代議制政府》，汪瑄譯，商務印書館，2007 年版，第 39～40、53～54 頁。

〔註 28〕〔德〕黑格爾：《法哲學原理》，范揚、張企泰譯，商務印書館，1982 年版，第 322 頁。

〔註 29〕武力逼宮式的禪讓，只是篡弒的遮羞布，不屬於此處討論的禪讓。此類禪讓如，曹丕的魏政權是由漢獻帝禪位而來，司馬氏的晉政權是由曹魏陳留王禪位而來，楊堅的隋政權是由北周靜帝禪位而來，李淵的唐政權是由隋恭帝禪位而來，朱溫的後梁政權是由唐哀帝禪位而來，趙匡胤的宋政權是由後周恭帝禪位而來等等。上述禪讓均爲武力逼迫，禪位者嗣後大多被殺害了。

落支持夏啓，矛盾無法解決，不是少數服從多數，而是用戰爭來解決。又如，燕噲禪讓于相國子之，「子之南面行王事，而噲老不聽政，顧爲臣，國事皆決勝於子之。三年，國大亂，百姓恫恐」（《史記・燕召公世家》）。遂起內亂，並引起齊國入侵，差點亡國。子之禪讓是戰國時的大事，嚴重破壞了自遠古流傳下來的關於禪讓的美談。孟子、荀子等都不再理直氣壯地堅持禪讓〔註 30〕。郭沫若先生說：「燕王噲和子之演過一次禪讓的鬧劇，失敗了，禪讓說已經不吃香。」〔註 31〕但仔細分析可知，子之禪讓只是齊人蘇代與子之要陰謀燕噲上當的結果，根本不是民意的反映，所以才引起內亂。再如，漢之王莽禪讓是封建時代的大事，王莽的失敗使禪讓從此在中國聲譽掃地。「這不是王莽個人的失敗，是中國史演進過程中的一個大失敗。」〔註 32〕但王莽上臺很難說有違民意，「有司請『還前所益二縣及黃郵聚、新野田，採伊尹、周公稱號，加公爲宰衡，位上公。』……是時，吏民以莽不受新野田而上書者前後四十八萬七千五百七十二人，及諸侯、王公、列侯、宗室見者皆叩頭言，宜亟加賞於安漢公」（《漢書・王莽傳上》），可見王莽當時爲大臣、民眾所擁戴的程度。王莽是雄心勃勃的改革家，期望徹底解決西漢當時所面臨的所有難題，但他的改革全盤失敗。而王莽又占著位子，眼睁睁坐視滅亡。如果是民主政治就不會這樣，王莽在新一輪大選中下臺了事。從根本上說，禪讓與民主政治是不同歷史時期的產物。禪讓發生於古代社會，而民主政治只能是近現代社會的產物。

民主政治並非完美無缺，它的缺點也是有目共睹的。美國建國之初，就爲黨爭所困擾。「人們報怨說：我們的政府太不穩定，在敵對黨派的衝突中不顧公益，決定措施過於頻繁。」〔註 33〕俞可平先生也指出，「民主確實會使公民走上街頭，舉行集會，從而可能引發政局的不穩定；民主使一些在非民主條件下很簡單的事務變得相對複雜和煩瑣，從而增大政治和行政的成本；民主往往需要反反覆覆的協商和討論，常常會使一些本來應當及時做出的決定，變得懸而未決，從而降低行政效率；民主還會使一些誇誇其談的政治騙

〔註 30〕梁濤：《論早期儒學的政治理念》，《哲學研究》2008 年第 10 期，第 48～56 頁。

〔註 31〕郭沫若：《十批判書》，人民出版社，1982 年版，第 246 頁。

〔註 32〕錢穆：《國史大綱》，商務印書館，2009 年版，第 153 頁。

〔註 33〕〔美〕漢密爾頓等：《聯邦黨人文集》，引自，劉軍寧編：《民主二十講》，中國青年出版社，2008 年版，第 52 頁。

子有可乘之機，成為其蒙蔽人民的工具，如此等等。」目前許多發展中國家頻繁的政治動蕩大多與民主政治有關。但是世界上本沒有十全十美之事，權衡利弊，民主政治相比於古代中國民本政治下的君主專制獨裁，終究是更高形態的政治文明。俞可平先生說：「在人類迄今發明和推行的所有政治制度中，民主是弊端最少的一種。也就是說，相對而言，民主是人類迄今最好的政治制度。」〔註 34〕如果不承認民主政治的優越性，則無以解釋歐美近三四百年何以取得如此輝煌的文明成就，在與其它專制獨裁的政權的競爭中屢屢獲勝。

三、我國民主之路的反思

中國是在鴉片戰爭後，在與歐美國家的比較中，逐步認識到民主政治的重要性的。林則徐、曾國藩、李鴻章等晚清重臣，一開始只認識到西方軍事裝備之先進，尚不認為中國政治體制之落後。但郭嵩燾、薛福成等駐西方使節很快認識到西方政治體制的先進性，並加以宣傳。甲午戰爭失敗後，中國人普遍認識到政治制度的缺陷。認識轉變之後，中國人民就進入了為民主奮鬥的歷程。康有為、梁啓超的君主立憲，孫中山的民主革命，其直接目標都在於廢棄專制，實行民主。然而中國的民主之路特別漫長。專制的清王朝被推翻了，帝制自為的袁世凱被推翻了，掛民主羊頭賣專制狗肉的北洋軍閥被推翻了，拒絕兌現民主的蔣介石政權也被推翻了，但是中國人的民主理想還是沒有成為現實。新中國成立後，毛澤東於「文化大革命」期間進行了人類歷史上罕見的民主實驗，賦予了人民以「大鳴、大放、大字報、大辯論」的「四大」自由，允許人民實行自下而上的「奪權」，期望以大亂達到大治，保證政權的人民性。中國人的這一做法，使許多西方人士，如薩特這樣的哲人都欣喜若狂。然而令人遺憾的是，這場「大民主」的最終結局是全國性的內亂、毀滅與恐怖，中國人民什麼也沒有得到。

為什麼中國人苦苦追求民主，然而民主之門始終沒有對中國人打開？如果只是用少數人不擇手段維護其既得利益的惡意來加以解釋——這一點當然不能完全否認，是缺乏說服力的。其根本原因何在？根本原因即在於，民主只能建立在人民力量崛起的基礎之上。而中國傳統的落後的小農生產方式，

〔註 34〕俞可平：《民主是個好東西》，載 http://theory.People.com.cn/GB/49150/49152/5224247.html. [2009-6-16]。

只能產生貧窮的、分散的、一盤散沙般的農民。而貧窮的農民國度只能造成專制獨裁的政治現實，而與民主政治無緣。人類歷史告訴我們，人民力量的崛起只能寄希望於市場經濟。市場經濟帶來了財富的湧流與人民的強大。「資產階級在它的不到一百年的階級統治中所創造的生產力，比過去一切世代創造的全部生產力還要多，還要大。」「它按照自己的面貌爲自己創造出一個世界。」〔註 35〕我們不要忘記，英國資產階級處死查理一世的同時，仍然一如既往地經商、貿易與瓜分殖民地，彷彿什麼事也沒有發生。其原因在於英國的資產階級已是如此強大，完全憑他們的意志來規劃政治生活，任何與其爲敵者都是螳臂擋車。中國近代史上誕生的政黨數以百計，遺憾的是都沒有什麼群眾基礎，更談不上以實力強大的群眾作基礎，因而都是不堪一擊的，只能在專制政體面前俯首稱臣。過去我們一再說近代中國民主革命的失敗在於資產階級的軟弱性，道理即在於此。當然中國長達數千年的專制體制這一政治傳統，也對中國的民主進程造成很大的阻礙。盧梭說：「凡是生於奴隸制度之下的人，都是生來作奴隸的；……奴隸們在枷鎖之下喪失了一切，甚至喪失了擺脫枷鎖的願望；……強力造出了最初的奴隸，他們的怯懦使他們永遠當奴隸。」〔註 36〕生產方式落後與文化傳統使中華民族遲遲難以進入現代社會。黃仁宇先生說，對中國這樣的老大帝國來說，不經過內外煎逼，是很難走向現代化之路的。「將一種新的組織之原則加在一個泱泱大國頭上，確有愚公移山一樣的困難。」〔註 37〕

當然如果認爲中國人民自鴉片戰爭以來的 160 多年都是在浪費時間，也過於悲觀了。黃仁宇先生說：「鴉片戰爭以來之事跡並非一連串，做得無頭無腦上下不得的錯誤。中國對西方之挑戰的反應既強烈，也前後一貫。……如果與荷蘭與英國曠日持久的紀錄相較，也不能說中國已放棄了很多機會，坐費了不少寶貴光陰。……國民黨和蔣介石製造了一個新的高層機構。中共與毛澤東創造了一個新的低層機構，並將之突出於蔣之高層機構之前。現今領導人物繼承者的任務是在上下之間敷設法制性的聯繫，使整個系統發揮功效。」〔註 38〕中國共產黨的社會主義革命，以生產資料公有制這一特殊的方

〔註 35〕《馬克思恩格斯選集》（第一卷），人民出版社，1995 年版，第 277、276 頁。

〔註 36〕〔法〕盧梭：《社會契約論》，何兆武譯，商務印書館，2006 年版，第 7～8 頁。

〔註 37〕黃仁宇：《中國大歷史》，北京三聯書店，1997 年版，第 279 頁。

〔註 38〕黃仁宇：《中國大歷史》，北京三聯書店，1997 年版，第 294～295 頁。

式，終結了中國二千多年無法走出的農民與地主二分的社會結構怪圈。「中共已把這癌症式的複雜情形大刀闊斧肅清。」〔註 39〕強有力的高度集權的計劃經濟也爲中國社會打下了必要的工業基礎。但是「公有制＋計劃經濟」的斯大林模式終究只能湊一時之效，不符合歷史發展的大趨勢。所以 1978 年後，中國便走上了逐步放棄斯大林模式的經濟變革之路。農村的聯產承包責任制、城市的國營企業改制、深圳等經濟特區的建立，逐步讓中國走入市場經濟的軌道。2001 年中國加入世界貿易組織（WTO），融入經濟全球化，實際上宣告了中國徹底奉行市場經濟的準則。中國市場經濟建設的成就是巨大的。中國三十年來是世界經濟高速增長的國家。如果說世界沒有所謂「叫花子的民主」〔註 40〕，則中國人民已經擺脫絕對貧困。中國人普遍較過去一切時代富裕，而且造就了一個龐大的富人群體。中國部分發達地區的經濟水平已經與歐美社會相差不大。雖然貧富懸殊與地區差異引發了新一輪社會問題。但「一部分人與一部分地區先富起來」對民主政治終究是有益的。實際上經濟生活的變化已不同程度上引起了政治與文化生活的變化。高兆明教授說：「當代中國社會生活中發生在政治、文化、思想領域中的一切重大變化，都是隨著市場經濟建設的深入發展而被引發、推動。……這些變化在過去乃至在市場經濟建設之初，均爲人們不敢想像，而且這些變化在總體上並沒有引起社會的較大混亂與動蕩。其秘密就在於：社會主義市場經濟建設在總體上使這些領域的變化水到渠成。」〔註 41〕當然，民主政治不是市場經濟的自然結果。民主政治與市場經濟終究是社會生活的不同領域。民主政治建設需要付出艱辛的努力與高度的智慧。黑格爾說：「人們觀察自然界，反覆提到造物之巧，但是並不因而就相信自然界是比精神界更高級的東西。」「國家必須被看作一個建築學上的大建築物，被看做顯現在現實性中的那理性的象形文字。」〔註 42〕鄧小平也說：「現在經濟體制改革每前進一步，都深深感到政治體制改革的必要性。不改革政治體制，就不能保障經濟改革的成果，不能使經濟體制改革繼續前進……這個問題太困難……需要審愼從事。」〔註 43〕

〔註 39〕黃仁宇：《中國大歷史》，北京三聯書店，1997 年版，第 304 頁。

〔註 40〕黃仁宇：《中國大歷史》，北京三聯書店，1997 年版，第 306 頁。

〔註 41〕高兆明：《現代化進程中的倫理秩序研究》，人民出版社，2007 年版，第 78 頁。

〔註 42〕〔德〕黑格爾：《法哲學原理》，范揚、張企泰譯，商務印書館，1982 年版，第 285、300 頁。

〔註 43〕《鄧小平文選》（第三卷），人民出版社，1993 年版，第 176 頁。

中華民族在追求民主生活的道路上可謂「乘馬班如，泣血漣如」（《易經・屯卦》），但民主政治終究是中華民族的不歸之路。也只有在民主政治的基礎上，先秦儒家所設想的「大道之行，天下爲公」的仁政理想才會眞正變成現實。

第二節　民生：愛民的現代要求

先秦儒家由民本而主張仁政愛民。現代社會認爲「主權在民」，國家存在的目的理當在於民生幸福。愛民在不同的時代有不同的內容。其中最重要的變化是：從古代到現代，對民的認識發生了由工具性存在到目的性存在的變遷。愛民，也發生了由工具性之愛到目的性之愛的演變。下面簡述之。

一、從維護生存需要到滿足正當需求

先秦儒家倡導統治者愛民是一以貫之的，因爲它是「民惟邦本」的邏輯結論。在周成王冊封蔡侯之子蔡仲的策命（——當時大多是周公姬旦代表成王頒佈策命）之中，有兩句著名的話：「皇天無親，惟德是輔。民心無常，惟惠之懷。」（《尚書・蔡仲之命》）前一句說政權的存亡在於統治者是否有德，後一句則說人民並沒有固定不變的主人，而是誰能給予恩惠就歸附誰（「惟惠之懷」）。在周公訓誡成王的《尚書・無逸》中，周公對成王說：「先知稼穡之艱難，乃逸，則知小人之依。」孔穎達正義：「民之性命，在於穀食，田作雖苦，不得不爲。……在上位者，先知稼穡之艱難，乃可謀其逸豫，使家給人足，乃得思慮不勞，是爲『謀逸豫』也。」史入春秋，政治家們也反覆闡述了統治者應當致力於民生幸福，如晏子告訴齊景公：「陳氏雖無大德，而有施於民。豆、區、釜、鍾之數，其取之公也薄，其施之民也厚。公厚斂焉，而陳氏厚施，民歸之矣。《詩》曰：『雖無德與女，式歌且舞。』陳氏之施，民歌舞之矣。後世若少惰，陳氏而不亡，則國其國也已。」（《左傳・昭公二十六年》）陳氏代齊是春秋時期的重大歷史事件，原因只是在於陳氏能給民眾以好處，而齊景公等姜姓國君卻只知道向民眾徵收重稅而苦民。晏子一再向齊景公講清這個道理，齊景公也不是不知道，可惜能知而不能行，「善哉！我不能矣。」（同上）所以姜姓失國也就不可避免。

孔子、孟子、荀子等儒家宗師從他們的民本思想出發，認爲統治者治國理政最迫切的，也是最根本的任務是滿足人民的基本需求。孔子有所謂著名

的「庶、富、教」三部曲（《論語・子路》），富而後教的順序不能顛倒。孔子「所重：民、食、喪、祭」（《論語・堯曰》）。治國的大事中，吃飯問題擺在首位。孟子則說：「養生送死無憾，王道之始也。」「老者衣帛食肉，黎民不饑不寒，然而不王者，未之有也。」（《孟子・梁惠王上》）並且要求「明君制民之產」（《孟子・梁惠王上》）。荀子極力強調人的欲望的合理性：「凡人有所一同：饑而欲食，寒而欲暖，勞而欲息，好利而惡害，是人之所生而有也，是無待而然者也，是禹、桀之所同也。」（《荀子・榮辱》）「雖爲守門，欲不可去，性之具也。」（《正名》）荀子著《富國》篇，但他的富國是建立在富民的基礎上的：「下貧則上貧，下富則上富。故田野縣鄙者，財之本也；垣窌倉廩者，財之末也。」（《荀子・富國》）

先秦儒學宗師的時代局限性在於，他們所主張的對於人民需求的滿足，僅以基本生存爲限。超過基本生存的限度，便不視爲必需，甚至視之爲道德之惡。在滿足人民生存需求的前提下，便大談教化與禁欲。孔子說：「不患寡而患不均，不患貧而患不安。」（《論語・季氏》）只要做到平均，窮一點也沒關係。「君子喻於義，小人喻於利。」（《論語・里仁》）作爲一個有德之君子，眞正的追求在於義而不在於利。孟子的禁欲色彩更爲濃厚：「養心莫善於寡欲。」（《孟子・盡心下》）「雞鳴而起，孳孳爲善者，舜之徒也。雞鳴而起，孳孳爲利者，跖之徒也。」（《孟子・盡心上》）追求利益就淪爲與強盜爲伍了：「人之有道也，飽食、暖衣、逸居而無教，則近於禽獸。」（《孟子・滕文公上》）基本需求得到滿足，則應追求道德，否則與禽獸無別。荀子承認人們追求富貴的心理是正當的：「夫貴爲天子，富有天下，是人情之所同欲也。」（《荀子・榮辱》）但荀子又提出「維齊非齊」的「分」的觀點：「制禮義以分之，使有貧富貴賤之等。」（《荀子・王制》）主張不同等級的人應有不同的生活方式：「古者先王分割而等異之也，故使或美，或惡，或厚，或薄，或佚樂，或劬勞，非特以爲淫泰誇麗之聲，將以明仁之文，通仁之順也。故爲之雕琢、刻鏤、黼黻文章，使足以辨貴賤而已，不求其觀；爲之鐘鼓、管磬、琴瑟、竽笙，使足以辨吉凶、合歡、定和而已，不求其餘；爲之宮室、臺榭，使足以避燥濕，養德、辨輕重而已，不求其外。」（《荀子・富國》）天子可以，也只有天子才能過最奢華的生活：「天子者勢至重而形至佚，心至愉而志無所詘，而形不爲勞，尊無上矣。衣被則服五采，雜間色，重文繡，加飾之以珠玉；食飲則重大牢而備珍怪，期臭味，曼而饋，伐皋而食，雍而徹乎五祀，執薦者百餘人，侍西房；居則設張容，負依而坐，諸侯趨走乎堂下；出戶而巫覡有事，出門而宗祝有事，乘大路趨越席以養安，側載睪芷以養鼻，前有錯衡以養目，和鸞之聲，步中武象，趨中韶護以養耳，三公奉軶、持納，諸侯持輪、挾輿、先馬，大侯編後，大夫次之，小侯元士次之，庶士介而夾道，庶人隱竄，莫敢視望。居如大神，動如天帝。」（《荀子・正論》）當然先秦儒學宗師之所以主張禁欲，或主張等級生活方式，從根本上說是由當時極爲落後的生產力水平所決定的。

現代社會主張國家政權存在的目的在於民生幸福，似爲常識。如洛克即說：「我認爲政治權力就是爲了規定和保護財產而制定法律的權利……而這一切都只是爲了公眾福利。」〔註44〕美國《獨立宣言》中說：「我們認爲下面這些眞理是不證自明的：人人生而平等，造物者賦予他們若干不可剝奪的權利，其中包括生命權、自由權和追求幸福的權利。」〔註45〕現代社會與古代社會的重大區別，在於主張應當滿足人民一切合理需求。這主要得益於近代以來人類社會生產力的飛速發展。馬克思在《共產黨宣言》中說：「資產階級在它的不到一百年的階級統治中所創造的生產力，比過去一切世代創造的全部生產力還要多，還要大。」〔註46〕隨著物質產品的豐富，人類逐漸打破了禁欲主義，認爲人的一切正常的欲望都是合理的，都應當得到滿足。黑格爾說：「人是生物這一事實並不是偶然的，而是合乎理性的，這樣說來，人有權把他的需要作爲他的目的。生活不是什麼可鄙的事，除了生命以外，再也沒有人們可以在其中生存的更高的精神生活了。」〔註47〕黑格爾並且指出，動物的需要是有限的，而人的需要是繁多的，並且越來越複雜。他寫道：「動物用一套局限的手段和方法來滿足它的同樣局限的需要。人雖然也受到這種限制，但同時證實他能越出這種限制並證實他的普遍性，藉以證實的首先是需要和滿足手段的殊多性，其次是具體的需要分解和區分爲個別的部分和方面，後者又轉而成爲特殊化了的，從而更抽象的各種不同需要。」〔註48〕由

〔註44〕〔英〕洛克：《政府論》（下篇），葉啓芳、瞿菊農譯，載《家庭藏書集錦》（光盤版），紅旗出版社，1999年版，第3頁。

〔註45〕美國《獨立宣言》，引自，劉軍寧編：《民主二十講》，中國青年出版社，2008年版，第46頁。

〔註46〕《馬克思恩格斯選集》（第一卷），人民出版社，1995年版，第277頁。

〔註47〕〔德〕黑格爾：《法哲學原理》，范揚、張企泰譯，商務印書館，1982年版，第126頁。

〔註48〕〔德〕黑格爾：《法哲學原理》，范揚、張企泰譯，商務印書館，1982年版，

於生產的發展，近代以來的人類普遍過上古代社會難以想像的物質生活。洛克當年就說道：美洲部落的「一個擁有廣大肥沃土地的統治者，在衣食住行方面還不如英國的一個粗工。」〔註 49〕生活方式的奢華也不再是貴族等級身份的標誌。意大利文藝復興時期的身份卑賤的資產階級，正是以華麗的服裝，奢侈的享受與特立獨行的行爲來彰顯其存在與力量的。中國自改革開放以來，由於生產力的迅猛發展，人們的生活水平普遍有了很大的提高。建國初期所宣傳的「樓上樓下，電燈電話」，改革開放後迅速成爲現實。上世紀七、八十年代年輕人結婚時奉爲時尚的傢具「三轉一響」，現在已經成爲傢具中的「古董」了。現代社會不是不要勤儉節約的美德，但勤儉節約的內容應當是因時而變的。過去視爲豪華的享受，今日可能只視爲正常的生活，乃至爲生活所必需。比如擁有手機，上世紀 90 年代應視爲豪華，本世紀初應視爲正常，現在則視爲必需，只要不在款式上刻意追求新潮，不給自己帶來經濟的負擔，就可以視爲節儉了。現代社會的節儉絕對不可能是重複「新三年舊三年，縫縫補補又三年」的貧窮生活方式。現代社會也不是要把人都變成只知道物質享受的經濟動物。現代社會需要，也正享受著前無古人的精神生活。現代人接受文化教育的時間越來越長，而且每日消費大量的文化產品。但是現代人的精神生活絕對不應該是脫離塵世生活的基督徒式、佛教徒式的天國夢幻。

二、財產權及其保護

仁政愛民的一項重要內容是對民眾的財產權的設定及其保護。孟子強調擁有財產對於民眾的根本意義，這就是他的制民之產學說。孟子說：「民之爲道也，有恒產者有恒心，無恒產者無恒心。……是故賢君必……取於民有制。」（《孟子・滕文公上》）孟子並且規劃了讓民眾擁有財產的具體方式，主要有兩種說法，一是「明君制民之產……五畝之宅……百畝之田」（《孟子・梁惠王上》）。二是「方里而井，井九百畝，其中爲公田，八家皆私百畝」（《孟子・滕文公上》）。荀子沿襲孟子的說法，主張「家五畝宅，百畝田」（《荀子・大略》）。

孟子的理想是讓民眾擁有一塊田產，從事自治自足的農業生產。孟子的

第 205 頁。

〔註 49〕〔英〕洛克：《政府論》（下篇），葉啓芳、瞿菊農譯，載《家庭藏書集錦》（光盤版），紅旗出版社，1999 年版，第 28 頁。

學說對後世影響深遠，從董仲舒的「限民名田」，王莽的試圖把土地收歸國有以重新分配，曹操的屯田制，司馬昭的占田制，到唐代的均田制，以及農民起義領袖李自成的均田免糧，洪秀權的天朝田畝制度，等等，都可以看作實踐孟子學說的努力。

但是孟子的學說本身存在重大的缺憾，首先，制民之產的前提條件何在？除非政府掌握足夠多的土地，否則如何讓人民戶均擁有百畝土地（雖然古畝小於今制許多，且百畝並非不可變動的確數）？從史實來看，漢初因爲緊隨數百年戰亂而人少地多，漢政府並未留意制民恒產的問題，以至土地兼併越來越嚴重，至王莽時已形成嚴重的社會問題。王莽企圖收回全部土地歸國有（王有）而進行重新分配，卻遭到廣泛抵制而徹底失敗。唐朝的均田制是實行孟子學說的典範，爲後世學者備加讚譽。然而唐朝的均田制自始就沒有普遍做到法令所規定的每夫 20 畝永業田、80 畝口分田，而且土地兼併一直在加快，實際至唐玄宗開元盛世時均田制已經進行不下去了〔註 50〕。至唐德宗實行兩稅法，只是承認均田制失敗的事實而已。由此也反證了孟子學說存在難以逾越的障礙。

次之，先秦儒家主張的制民恒產，設定的是一種有限制的、低水平的財產權，內在地蘊含了對商品經濟的歧視與抵制。孟子的理想只是讓人民維持基本生存之需：「明君制民之產，必使仰足以事父母，俯足以畜妻子，樂歲終身飽，凶年免於死亡。」（《孟子・梁惠王上》）達此目標後便大談道德教化了，「謹庠序之教，申之以孝悌之義。」（同上）謀求更多的財產，就是說追求發家致富就爲孔孟所不贊同了。孔子說：「君子喻於義，小人喻於利。」（《論語・里仁》）孟子說「何必曰利？亦有仁義而已矣。」（《孟子・梁惠王上》）「雞鳴而起，孳孳爲利者，跖之徒也。」（《孟子・盡心上》）財產權取得與運用的重要途徑是爲商品交易。黑格爾曾思辨地說：「我可以轉讓自己的財產，因爲財產是我的，而財產之所以是我的，只是因爲我的意志體現在財產中。」〔註 51〕蘭德說：「從社會存在中可獲得兩項偉大的價值：知識和交易。……社會存在的第二項好處是勞動分工：它使人們能夠把精力奉獻給特定領域的工作，並以此交換其它專業人員的工作成果。在荒島上或農莊裏，

〔註 50〕范文瀾：《中國通史》（第三冊），人民教育出版社，1994 年版，第 250 頁。

〔註 51〕〔德〕黑格爾：《法哲學原理》，范揚、張企泰譯，商務印書館，1982 年版，第 73 頁。

每個人都得生產自己需要的一切，與此相比，基於社會分工的合作允許所有參與者爲自己的努力獲得更多知識、技能和生產回報。」〔註 52〕但商品交易常常以逐利爲出發點而爲先秦儒家所不允許。孔子弟子顏回很窮，子貢因經商致富，但孔子說：「回也，其庶乎！屢空。賜不受命，而貨殖焉，億則屢中。」（《論語．先進》）何晏注：「言回庶幾聖道，雖數空匱，而樂在其中。賜不受教命，唯財貨是殖，億度是非。蓋美回，所以勵賜也。」朱熹注：「范氏曰：『……子貢以貨殖爲心，則是不能安受天命矣。』」總之孔子對於子貢的經商行爲是不贊成的。與儒家有極大淵源關係，某種意義上可以看作由儒家分化出去的法家人物商鞅、韓非等〔註 53〕，則明確倡導重農抑商政策。且看商鞅、韓非之言：

> 使商無得糴，農無得糶。……無裕利則商怯。……貴酒肉之價，重其租，令十倍其樸，然則商賈少……商賈少，則上不費粟。……重關市之賦，則農惡商，商有疑惰之心。農惡商，商疑惰，則草必墾矣。（《商君書．墾令》）

> 其商工之民，修治苦窳之器，聚弗靡之財，蓄積待時，而侔農夫之利。……人主不除此五蠹之民，不養耿介之士，則海內雖有破亡之國、削滅之朝，亦勿怪矣。（《韓非子．五蠹》）

重農抑商政策嚴重地損害了商人的利益，遏制了財產權在商業領域的應用。法家旗號雖因秦王朝的敗亡而不爲後世統治者所高揚，但它的重農抑商思想卻爲後世統治者所承襲，從而嚴重制約了中國社會的進步。

再次，先秦儒家自上古承襲而來的財產王有原則，對後世產生了長久的不利的影響。《詩經．小雅．北山》所說：「溥天之下，莫非王土；率土之濱，莫非王臣。」爲後世所反覆引用與確證，相當於古代中國最高的憲法原則。其實財產王有本身並非絕對。夏、商、周時期，宗主與封國（封臣）之間只存在貢賦關係，封臣在其封國內享有土地財產的自主支配權。公元前 594 年魯國實行初稅畝，後來商鞅在秦國實行「廢井田，開阡陌」等改革，使土地私有、土地買賣成爲合法。戰國時李悝著《法經》，《法經》是後世法制之祖。《法經》七篇中首列盜、賊二篇，原因在於「王者之政莫急於盜賊」（《晉

〔註 52〕〔美〕安．蘭德：《保障自由》，引自，劉軍寧編：《民主二十講》，中國青年出版社，2008 年版，第 152～153 頁。

〔註 53〕郭沫若：《十批判書》，人民出版社，1982 年版，第 341 頁。

書・刑法志》)。應當說封建時代對財產所有權(包括私有權)是加以保護的。然而財產王有原則並未廢棄,並隨大一統帝國的形成而更加鞏固。其一是法理的重申。秦始皇宣稱:「六合之內,皇帝之土。西涉流沙,南盡北戶。東有東海,北過大夏。人跡所至,無不臣者。」(《史記・秦始皇本紀》)其二是皇帝對財富的廣泛佔有。山林河澤等自然資源、無主的荒地等一概屬於王有。其三帝國對部分行業的壟斷,不許百姓染指。封建時代最重要的鹽、鐵產業一直爲政府所壟斷,其它工業、礦業也多爲帝國壟斷。中國封建時代最著名的商邦,如晉商、徽商等,其最重要的業務不過是代理帝國所壟斷的產業而已,與近現代的商業組織不可同日而語。其四,帝國侵吞民眾的財產視同兒戲。金人、蒙古人作爲野蠻民族入主中原胡作非爲也就罷了。明「亦承襲元制,盛行賜田,皇室乃至勳戚之莊園,爲害於北方農業進展者猶甚大。」「世宗時,勘各項莊田,共計二十萬九百十九頃二十八畝。而尤甚者,神宗詔賜福王莊田多至四萬頃。」「清順治元年入北京,即發圈地令。凡近京各州縣無主荒田,及前明皇親、附馬、公、侯、伯、內監歿於寇亂者,其田盡分給東來諸王、勳臣、兵丁人等。是年即立莊百三十有二。以後逐年圈地。失業者雖有視產美惡補給之諭,亦僅爲具文。」〔註54〕

古代中國的財產王有原則,及其對商品經濟的歧視政策,使中國遲遲難以進入現代社會。黃仁宇說:「一個現代國家,其社會由貨幣管制。內中分工合作情形,物品和服務工作彼此交換,與其因此而產生的權利和義務全有法律明文規定。……清朝組織有它的特點,它不可能效法西歐的民族國家。……明清政府構成時,其宗旨即在支持大多數小自耕農,可是後者的生產方式一進展到某種飽和點即再也無法增進。」〔註55〕

人類近代以來與自由、平等、人權相伴隨的一項思想成果是對財產權的捍衛。英國資產階級革命的代言人洛克說:「政府除了保護財產之外,沒有其它目的。」「君主或議會縱然擁有制定法律的權力來規定臣民彼此之間的財產權,但未經他們的同意,絕不能有權取走臣民財產的全部或一部分。因爲,這樣就會使他們在事實上根本並不享有財產權了。」〔註56〕黑格爾則從自由的高度高揚所有權對人的巨大意義:「所有權所以合乎理性不在於滿足需要,

〔註54〕錢穆:《國史大綱》,商務印書館,2009年版,第767～768頁。
〔註55〕黃仁宇:《中國大歷史》,北京三聯書店,1997年版,第231～233頁。
〔註56〕〔英〕洛克:《政府論》(下篇),葉啓芳、瞿菊農譯,載《家庭藏書集錦》(光盤版),紅旗出版社,1999年版,第60、90頁。

而在於揚棄人格的純粹主觀性。人唯有在所有權中才是作爲理性而存在的。」「財產是自由最初的定在，它本身是本質的目的。」〔註 57〕蘭德則說：「沒有財產權，其它權利都不可能存在。因爲人不得不通過自己的勞動來維持生命，所以無權擁有自己勞動產品的人也就沒有辦法維持生命。如果一個人生產出的產品被他人剝奪，那麼他就是奴隸。」〔註 58〕

人類近代以來不僅要捍衛財產權，而且捍衛的是個人財產權、私有財產權。黑格爾說：「在所有權中，我的意志是人的意志；但人是一個單元，所以所有權就成爲這個單元意志的人格的東西。由於我借助所有權而給我的意志加以定在，所以所有權也必然具有成爲這個單元的東西或我的東西這種規定。這就是關於私人所有權的必然性的重要學說。……許多國家很正確地解散了修道院，因爲歸根到底團體不像人那樣擁有這樣一種所有權。」〔註 59〕由於財產私有導致人對人的剝削，貧富分化等，許多思想家對於財產私有加以批評，主張消滅私有制，並在歐美社會一度掀起國有化的浪潮。然而 Tom Bethell 說：「直到最近我們才弄明白，私有財產權將永遠伴隨著我們。它是人類最根本性制度之一，它的作用是無可替代的，它是中央集權的永遠的抵制者。沒有私人財產權，就沒有繁榮，沒有和平，也沒有自由……私有財產權是其它一切權利的守護者。」〔註 60〕

如果個人財產權與國家、集體財產權發生衝突怎麼辦？這個問題常常以另一個命題的形式出現，即個人利益與國家、社會、集體利益產生矛盾怎麼辦。俗常的看法是國家、社會、集體涉及更多人的利益，它的利益應予捍衛。對此，羅爾斯堅決予以否認，「每個人都擁有一種基於正義的不可侵犯性，這種不可侵犯性即使以社會整體利益之名也不能逾越。因此，正義否認爲了一些人分享更大利益而剝奪另一些人的自由是正當的，不承認許多人享受的較大利益能綽綽有餘地補償強加於少數人的犧牲。」羅爾斯指出，認爲以社會整體的名義可以侵犯個人利益，是功利主義的必然結論。功利主義的推論是：

〔註 57〕〔德〕黑格爾：《法哲學原理》，范揚、張企泰譯，商務印書館，1982 年版，第 50、54 頁。

〔註 58〕〔美〕安・蘭德：《保障自由》，引自，劉軍寧編：《民主二十講》，中國青年出版社，2008 年版，第 162 頁。

〔註 59〕〔德〕黑格爾：《法哲學原理》，范揚、張企泰譯，商務印書館，1982 年版，第 55 頁。

〔註 60〕Tom Bethel：《財產權、繁榮與千年教訓》，轉引自，周林彬：《物權法新論》，北京大學出版社，2002 年版，第 15 頁。

「每個在實現他自己利益的人都肯定會自動地根據他自己的所得來衡量他自己的損失。因此，我們就有可能在目前做出某種自我犧牲，以得到未來的較大利益。既然一個人能非常恰當地行動（至少在別人不受影響的情況下），以達到他自己的最大利益，盡可能地接近他的合理目的，那麼爲什麼一個社會就不能按照同樣的原則去行動」。功利主義「不再關心（除了間接的）滿足的總量怎樣在個人之間進行分配。……這樣原則上就沒有理由否認可用一些人的較大得益補償另一些人的較少損失，或更嚴重些，可以爲了使很多人分享較大利益而剝奪少數人的自由。」〔註 61〕但是這是錯誤的，它破壞了人與人之間的平等。自康德以來，歐洲，也可以說人類，有一個根深蒂固的觀點：人與人是平等的，每個人都應予以尊重，不能把任何人（包括別人與自己）當作純粹的手段。康德說：「你的行動，要把你自己人身中的人性，和其它人身中的人性，在任何時候都同樣看作是目的，永遠不能只看作手段。」〔註 62〕其實揭開集體的面紗，集體是個人的集合體。集體利益與個人利益的矛盾最終可以還原爲人與人的矛盾。依康德的說法，個人以集體爲純粹的手段當然不允許，但是集體以個人作爲純粹的手段，並不因爲集體人數多就有了正當性。蘭德則認爲：「任何群體或『集體』，不論大小，都只是許多個體組成的。除了個體成員的權利之外，群體不擁有任何權利。」「國家就像其它群體一樣，只是若干個體的集合，除了其個體公民的權利之外，它沒有任何權利。」「權利是個人的所有物，社會是沒有權利的，政府的唯一道德目標是保護個人權利。」〔註 63〕

近代以來，財產權的取得與運用是與商品經濟分不開的，而商品經濟慣常是以逐利爲出發點的。傳統的基督教也曾視逐利爲禍水，然而西方思想家早已爲逐利正名。斯密說：

> 我們每天所需要的食物和飲料，不是出自屠夫、釀酒家或烙麵師的恩惠，而是出於他們自利的打算。我們不說喚起他們利他心的話，而說喚起他們利己心的話。我們不說自己有需要，而說對他們

〔註 61〕〔美〕羅爾斯：《正義論》，何懷宏等譯，中國社會科學出版社，2001 年版，第 3～4、23、25～26 頁。

〔註 62〕〔德〕康德：《道德形而上學原理》，苗力田譯，上海人民出版社，2005 年版，第 48 頁。

〔註 63〕〔美〕安·蘭德：《保障自由》，引自，劉軍寧編：《民主二十講》，中國青年出版社，2008 年版，第 168、170、161 頁。

有利。〔註 64〕

斯密的這段名言，起碼說明兩點：一則如上文所說，人的逐利心理與利己動機是市場經濟發展的原動力。如果不是出於逐利的動機，商品生產者、經營者一般不會有熙熙攘攘、忙碌奔波的積極性。在特別的情況下，如爲救災、戰爭之急務要求人民義務勞動是可以的，但它不可能讓人們保持持久的積極性。二則通過不同勞動者如屠夫、釀酒家、烙麵師等等之間的正常交易，每個人通過自己的勞動產品換回了自己生活所需要的東西，或換回了貨幣財富，這裏並不存在我贏你虧、損人以利己的情況。通過勞動與交易增加自己的財富，並不損人利己，只有以偷盜、詐騙、搶劫等非勞動的途徑擴大自己的財富才是損人利己。

在中國傳統社會中，談不上存在嚴格的個人財產權，因爲個人沒有獨立性，個人匍匐於皇權的淫威之下，如前所述，王朝政權極大地限制並隨意地侵犯個人的財產權。另一方面，個人又淹沒於家庭之中。盧作孚說：「實則中國人除了家庭，沒有社會。就農業言，一個農業經營是一個家庭。……人從降生到老死的時候，脫離不了家庭生活，尤其脫離不了家庭的相互依賴。……家庭是這樣整個包圍了你，你萬萬不能擺脫。」〔註 65〕作爲家庭成員，沒有自己的獨立財產。除了衣服這樣基本的生活用品，所有的家庭財產概由家長支配。封建王朝的法律規定，家庭成員「別藉異財」是犯罪行爲，唐律規定應判處徒刑三年〔註 66〕。如黑格爾所說，所有權與自由相聯繫。沒有個人所有權也就沒有個人的自由。在傳統社會中，家庭是最基本的生產單位，家庭成員的勞動以及其它交往活動都由家長來支配。家庭成員幾乎沒有脫離於家庭與家長的行爲自由，連婚姻也是家庭的事，而不是個人的事，所以婚姻的成立必須是「父母之命、媒妁之言」。

在中國共產黨領導的社會主義革命過程中，財產私有作爲罪惡之源被徹底消滅。1956 年後，中國只有全民所有與集體所有兩種所有制形式〔註 67〕，

〔註 64〕〔英〕亞當·斯密：《國民財富的性質和原因的研究》，郭大力等譯，商務印書館，1997 年版，第 14 頁。

〔註 65〕《梁漱溟選集》，吉林人民出版社，2005 年版，第 173 頁。

〔註 66〕楊中鈺：《中國法制史教程》，中國政法大學出版社，1998 年版，第 134 頁。

〔註 67〕在全民與集體兩種所有制之間，只要政府認爲有必要，就可以變集體所有制爲全民所有制。改革開放後，各地政府風起雲湧的低價徵收農民土地然後出賣牟利，即以此爲據。

私人財產只存在於個人擁有的少量生活用品之中。公有制的一統天下，使所有社會成員都固定於某一單位之中，一切生老病死都由單位來支配，且大多以非貨幣的形式提供，離開單位意味著一無所有，個人只能聽命於單位與單位領導。個人沒有自己的獨立生活空間域，連結婚都由單位以開介紹信的方式加以控制。大至政治立場，小至生活作風，單位都有管理與教育的權利與義務。特別是在「文革」這樣的政治至上的極「左」時期，任何小事都可能被無限上綱，影響到自己的身家性命。黑格爾曾批評柏拉圖的理想國：「有人認爲如果普遍性把特殊性的力量都吸收過來，誠如柏拉圖在他的理想國中所闡述的那樣，看來普遍性的景況會好些。但這也只是一種幻想，因爲普遍性和特殊性兩者都只是相互倚賴、各爲他方而存在的，並且又是相互轉化的。」〔註 68〕誠哉斯言！對個人之私的絕對消滅，並沒有給中國人民帶來想像中的幸福，而是自由的缺失與禁錮。

改革開放以後，這種情況逐步有了改變。農村進行的家庭聯產承包責任制，城市進行的國有企業改制，使個人財產權逐步呈現。特別是隨著個體、私營經濟的暴發式發展，私有經濟所佔的社會份額越來越大。與此相連，人們有了廣泛的職業選擇權，「跳槽」已是司空見慣的事，並曾一度成爲時髦。農民也以打工的方式流動於城市，不再禁錮於土地之上。單位也主要以貨幣工資的方式與職工發生聯繫，而不是對職工的生活全包大攬。個人有了越來越多的生活自主權，公共生活與私人生活越來越呈分離的趨勢。個人有權對自己的生活進行規劃與設計，個人也有義務對自己的規劃後果負責。個人越來越意識到自己是與家庭、社會相對分離的個體。個人可以也必須關注自己的利益與自由。

隨著私有經濟的迅猛發展，國人越來越意識到保護私有財產的必要性。那種視私有爲罪惡之源的思想逐步被人們摒棄。1988 年 1 月 13 日發生於深圳蛇口工業區的「蛇口風波」〔註 69〕中，關於個體戶要不要把大部分收入捐獻給國家發生了激烈的爭論。原因在於當時許多人仍然認爲，個人佔有了生產資料就會導致剝削，導致罪惡。現在已經很少有人這樣認爲了。現在人們爭論的問題是房屋拆遷中的「釘子戶」的權益是不是神聖的。

〔註 68〕〔德〕黑格爾：《法哲學原理》，范揚、張企泰譯，商務印書館，1982 年版，第 199 頁。

〔註 69〕《蛇口風波》，http://www.thebeijingnews.com/news/reform30/2008/09-13/039@131803.html [2009-9-2]。

隨著對個人財產權的尊重，及對商品經濟、市場經濟的認可，那種視逐利為禍水的思想也逐步為國人所摒棄。在「蛇口風波」中，當時的「青年教育專家」曲嘯，指責有的人來深圳不是為了建設國家，而是來「淘金」的。在曲嘯的潛意識中，逐利自然是可恥的。曲嘯的觀點遭到當時深圳青年的反對。自「蛇口風波」以來，時間已過去二十多年，中國人民無論是市井百姓，還是社會精英，都已經認可了追求個人利益的正當性。

三、對弱者權益的保護

關注民生，很重要的方面是對面臨生存之憂的弱勢群體的社會救助。充滿人道情懷的儒家思想，自然關注這一問題。孔子的理想是「老者安之，朋友信之，少者懷之。」（《論語・公冶長》）孟子則說：「老而無妻曰鰥，老而無夫曰寡，老而無子曰獨，幼而無父曰孤。此四者，天下之窮民而無告者。文王發政施仁，必先斯四者。」（《孟子・梁惠王下》）《禮記・禮運》則把「矜寡孤獨廢疾者，皆有所養」作為大同社會的基本特徵。中國在長達兩千年的封建社會中，王朝政府除了對黃河決堤、水旱災害中的災民進行臨時性的放糧賑災，並無對弱勢群體的制度性救助措施。在廣大民間，自發產生了許多家族性的救助機制，如以「族田」的方式，救助家族中的老弱病殘。《紅樓夢》第十三回中，踏上黃泉路的秦可卿建議王熙鳳：「趁今日富貴，將祖塋附近多置田莊房舍地畝，以備祭祀供給之費皆出自此處，將家塾亦設於此。合同族中長幼，大家定了則例，日後按房掌管這一年的地畝，錢糧，祭祀，供給之事。……便敗落下來，子孫回家讀書務農，也有個退步，祭祀又可永繼。」秦可卿所說的就是這種族田保障方式。但由於封建社會生產力水平低下，「有時所謂地主與佃農只有大同小異，彼此距挨餓不過只兩三步」〔註 70〕。物質如此匱乏，任何對弱者的救助措施的效果都是可疑的。

新中國成立後，政府希望通過全包大攬的方式解決人民生計的所有問題。但是由於大包大攬的公有制的低效率，數以億計的人民始終解決不了溫飽問題。否則鄧小平不會說「不管天下發生什麼事，只要人民吃飽肚子，一切就好辦了。」〔註 71〕

〔註 70〕黃仁宇：《中國大歷史》，北京三聯書店，1997 年版，第 298 頁。
〔註 71〕《鄧小平文選》（第二卷），人民出版社，1994 年版，第 406 頁。

市場經濟體制的改革，使中國逐步放棄了計劃經濟體制，同時也放棄了對民生採取全包大攬的方式。市場經濟帶來了效率，但也帶來了貧富分化，及弱者的生存危機。國有企業改革，大量工人下崗，生存極為艱難，為改革開放付出了沉重的代價。建國以來所形成的城鄉分治的國策，城市人口與農村人口的法定身份區分及差別待遇，使城鄉差距越來越大，農村的教育、醫療、公共服務等不進反退，社會公平問題更加突出。

現代社會與古代社會的重大差別在於強調市場經濟效率的同時，也加強了對弱者的社會救助與保護。現代社會認為生存權是人的基本權利，必須得到社會的保障；所有的社會成員都應當從社會發展中受益。羅爾斯認為社會是人與人的合作系統，「每個人的福利都依靠著一個社會合作體系，沒有它，任何人都不可能有一個滿意的生活；其次，我們只可能在這一體系的條件是合理的情況下要求每一個人的自願合作」。由此，「我們假定存在著平等的自由和公平機會所要求的制度結構，那麼，當且僅當境遇較好者的較高期望是作為提高最少獲利者的期望計劃的一部分而發揮作用時，它們是公正的。」所以正義的「第二個原則，社會和經濟的不平等應這樣安排，使它們……在與正義的儲存原則一致的情況下，適合於最少受患者的最大利益」〔註 72〕。羅爾斯的理論是歐美社會福利制度的理論表現。資本主義發展的早期，社會底層勞動者的生活是極其痛苦的。恩格斯在《英國工人階級狀況》中描寫當時倫敦的貧民窟：「這些地方的骯髒和破舊是難以形容的；這裏幾乎看不到一扇玻璃完整的窗子，牆快塌了，門框和窗框都損壞了，勉勉強強地支撐著，門是用舊木板釘成的，或者乾脆就沒有，而在這個小偷很多的區域裏，門實際上是不必要的，因為沒有什麼可以給小偷去偷。到處是一堆堆的垃圾和煤灰，從門口倒出來的污水就積存在臭水窪裏。住在這裏的是窮人中最窮的人，是工資最低的工人，摻雜著小偷、騙子和娼妓制度的犧牲者。」〔註 73〕但是隨著資本主義的發展，歐美社會對弱者的救助機制從無到有，日漸完善。時至 20 世紀 70 年代末，中國副總理王震訪問英國，他看到的情況是：「這個失業工人住著一棟一百多平方米的兩層樓房，有餐廳、客廳，有沙發、電視機，裝飾櫃子裏有珍藏的銀器，房後還有一個約五十平方米的小花園。由於失業，

〔註 72〕〔美〕羅爾斯：《正義論》，何懷宏等譯，中國社會科學出版社，2001 年版，第 103、76、302 頁。

〔註 73〕《馬克思恩格斯全集》（第二卷），載《家庭藏書集錦》（光盤版），紅旗出版社，1999 年版，第 307～308 頁。

他可以不納稅，享受醫療，子女免費接受義務教育。」〔註 74〕當然歐美社會，特別是西北歐的健全的社會福利制度，是兩三百年發展的結果，不是一蹴而就的，而且正暴露出嚴重的弊端。但總的來說，歐美社會的福利制度，爲解決人類的公平正義進行了有益的探索，也爲中國提供了有益的借鑒。中共十七大報告提出：「走共同富裕道路，促進人的全面發展，做到發展爲了人民、發展依靠人民、發展成果由人民共享。」「努力使全體人民學有所教、勞有所得、病有所醫、老有所養、住有所居。」這些主張反映了社會發展的必然趨勢，也反映了市場經濟完善過程中的廣大人民的迫切願望。

總之，謀求民生幸福是先秦儒家仁政思想的優良傳統，但它的內容與途徑應當是與時俱進的。在現代社會，民生的內容是滿足人民的正當需要，它的途徑應當是市場經濟，維護弱者的權益應當是它的必不可少的內容。

第三節　民僕：現代仁政之吏德

先秦儒家倡導仁政之緣起在於強調官吏之德性。孔子說：「爲政以德，譬如北辰，居其所而眾星共之。」（《論語・爲政》）此處之「德」首先是指統治者具備優良的德性。現代社會官吏應具有何種德性，仍然是政治哲學的重要內容。因爲官吏畢竟是掌握公共權力的特殊人群。中國當代的吏治建設對於先秦儒家吏治傳統既有繼承的方面，更有根本性的變革。下面簡述之。

一、從父母官到人民公僕

現代社會的吏治與古代社會吏治的根本區別，在於對官民關係中官吏的屬性的認識不同：古代社會認爲官吏乃民之父母，而現代社會則認爲官吏只是人民的公僕。

先秦儒家對官吏屬性的認識，孟子、荀子都有明確的表述。孟子引用古《尚書》說：「《書》曰：『天降下民，作之君，作之師。惟曰其助上帝，寵之四方。』」（《孟子・梁惠王下》）官吏是人民的君師，是上帝統治人民的助手。孟子經常提到民之父母，如：「爲民父母，行政，不免於率獸而食人。惡在其爲民父母也？」（《孟子・梁惠王上》）「爲民父母，使民盻盻然，將終歲勤動，不得以養其父母，又稱貸而益之，使老稚轉乎溝壑，惡在其爲民父母

〔註 74〕辛子陵：《王震的訪英感悟》，《共產黨員》2008 年第 7 期，第 62 頁。

也？」（《孟子・滕文公下》）在孟子看來，統治者是「民之父母」是不言自明的，用不著懷疑的。荀子不但引用《詩經》說明統治者爲民之父母是古老的說法，而且加以理論論證。「詩曰：『愷悌君子，民之父母。』彼君子者，固有爲民父母之說焉。父能生之，不能養之；母能食之，不能教誨之；君者，已能食之矣，又善教誨之者也。」（《荀子・禮論》）

古代社會之所以認爲官吏乃民之父母，其原因概有二：一是從權力來源上說，官吏的權力並非民授，而是認爲源於天授，天命令他們做下民的統治者；二是從能力上說，古代普遍民智未開，官民之間存在嚴重的才智懸殊。從權源上說，古代官吏是君主的代理人，而不是人民的代理人。荀子說：「人主不可以獨也。卿相輔助，人主之基杖也。」（《荀子・君道》）就是說官吏是君主的工具。荀子的弟子韓非子說：「臣盡死力以與君市，君垂爵祿以與臣市，君臣之際，非父子之親也，計數之所出也。」（《韓非子・難一》）對於法家代表人物韓非子的君臣買賣關係說如何評價姑且不論，但韓非子所說的大臣乃君主所雇用的奴僕，而不是人民的代理人，應當說是古代社會的眞實反映。中國古代的君主是主權的擁有者，他們的最高統治權向來不是民授的。他們的王位基本上是靠武力奪取的，然後以父子相傳的家天下的方式延續。但是武力不能說明政權的合法性。一則武力作爲權源是不穩定的。如盧梭所說：「只要形成權利的是強力，結果就會隨原因而改變；……這種隨強力的終止便告消滅的權利，又算一種什麼權利呢？如果必須要用強力使人服從，人們就無須根據義務而服從了。」〔註 75〕二則王位的奪取確有許多武力外的因素，包括偶然與幸運等因素，這些因素帝王本身可能也感到難以理解，只好歸之於天。三則武力作爲權源也不足以欺騙與恐嚇民眾，謂之天授卻往往收到這一效果。所以古代帝位的奪取，一概假以天命。商湯在奪取夏桀的帝位時說：「夏氏有罪，予畏上帝，不敢不正。」（《尚書・湯誓》）周武王奪取商紂帝位時說：「今予發惟恭行天之罰。」（《尚書・牧誓》）古人也看到了民眾的力量，說了許多重視民意的話，如「天視自我民視，天聽自我民聽。」（《尚書・泰誓中》）「民之所欲，天必從之。」（《尚書・泰誓上》）但是重視民意並不代表政權須民授。中國古代的政治家、思想家沒有認眞探究以何種方式來考察民意，所以始終發明不了人類近代以來的投票、代議等程序方法。事實上中國古代政權的更迭從來也不曾以人民同意——也可能是不知如何客觀考察民意——爲

〔註 75〕〔法〕盧梭：《社會契約論》，何兆武譯，商務印書館，2006 年版，第 9 頁。

前提。王莽等篡臣玩禪讓的把戲，並非以民意為最重要的根據，而以形形色色的所謂天命在身的符瑞作依據。迄至近代，袁世凱想當皇帝搞了個人民大上「推戴書」，事實上乃是騙局，是近代史上的一大醜聞。如此一來政權的合法性不能歸之於武力，也不能歸之於民意，只好歸之於神秘的不可知的天意。而歸之於天，又可證明他們的權力是無限的。古人之天乃上帝之別名，是宇宙的創造者。帝王稱「天子」，是天在人間的代表，即可證明他們的全權，所謂「普天之下，莫非王土；率土之濱，莫非王臣」。各級官吏既然是帝王的代理人，自然有權統治百姓。

從能力上說，古人認為官吏階層與普通民眾的才智存在巨大的懸殊。當孟子、荀子等稱統治者為民之父母時，就意味著如父母之官吏是有完全理性的人，而普通民眾猶如未成年的兒童，是理智不足的群體，需要父母官們來監督、管理、約束與照顧。孟子又說：「行之而不著焉，習矣而不察焉，終身由之而不知其道者，眾也。」（《孟子・盡心上》）荀子說：「禮者，眾人法而不知，聖人法而知之。」（《荀子・法行》）孟子、荀子都認為民眾的理智是很有限的。後世的儒生賈誼就說得就更直白了。他說：「夫民之為言也，瞑也；萌之為言也，盲也。」（《新書・大政下》）當然也有另一方面，在古代社會才能優秀的人一般都成了官吏，當官是社會精英的唯一正當職業。孔子弟子子夏說：「學而優則仕」（《論語・子張》）孔子責罵弟子樊遲學稼、學圃，原因在於對士來說這是不務正業。孟子也說：「士之失位也，猶諸侯之失國家也。……士之仕也，猶農夫之耕也。」（《孟子・滕文公下》）官吏理應是君子，而君子理應為品德優秀之人。孔子說：「君子而不仁者有矣夫，未有小人而仁者也。」（《論語・憲問》）總之，社會精英與官吏很大程度上是同一群體。

上述古人之間認識能力的差異，導致儒家等古人認為，統治管理是少數社會精英的事，人民只能做消極的被統治者。孔子即說：「民可使由之，不可使知之。」（《論語・泰伯》）老百姓只要服從命令就行了。南懷瑾先生辯護說：「據我所瞭解，有些人如果要他去做事，先把一切計劃理由告訴他，他去做起來一定很糟糕。好像帶部隊，下命令，三百公尺，限五十秒跑到，跑得到有獎，跑不到處罰。結果跑到了獎賞他就是了，他一定高興。假如先告訴他理由，什麼政治學，什麼心理學、什麼學什麼學的，結果他跑到半路上研究起心理學、政治學來了，目標達不到了。據此回轉來一想，孔子的話絕對的對，並不是一般人所說的愚民政策。」〔註 76〕南懷瑾用這種要麼明白直觀、要麼涉及機密的戰役指揮特例來辯護愚民政策，是文不對題的。民主規制的對象是立法、組閣、宣戰、媾和等國之大事，而非具體行政行爲等。依南懷瑾的說法，國家打仗從來也不需要向國民說明理由，元首想打仗就是理由，非專制獨裁而何？同樣孟子也是把官吏與百姓截然兩分。「有大人之事，有小人之事。……勞心者治人，勞力者治於人；治於人者食人，治人者食於人：天下之通義也。」（《孟子・滕文公上》）孟子把官吏稱之爲大人，把民眾稱之爲小人，等級差異一望可知。荀子有段名言：「雖王公士大夫之子孫也，不能屬於禮義，則歸之庶人。雖庶人之子孫也，積文學，正身行，能屬於禮義，則歸之卿士大夫。」（《荀子・王制》）荀子此論似乎很激進，要求打破階級之間的界限，但他的缺陷依然在於：庶人是不能參與政治的。韓非子的愚民最徹底，乾脆要求老百姓「以吏爲師」，不允許任何懷疑與抗爭。

現代社會對於官吏屬性的認識，與古代社會截然相反。一則從權源上說，認爲官吏只是人民委託的代理人，所謂公僕是也；二則不認爲官吏是才能傑出的特異群體。近代以來最基本的政治理念是社會契約論。盧梭就政權的合法性寫道：「既然強力並不能產生任何權利，於是便剩下來約定才可以成爲人間一切合法權威的基礎。」〔註 77〕洛克寫道，由於受專制獨裁之苦，「人民感到他們的財產在這個政府下不像以前那樣能獲得保障（殊不知政府除了保護財產之外，沒有其它目的），因此他們非把立法權交給人們的集合體（你稱之爲參議院、議會等等），就不會感到安全和安心，也不會認爲自己處在公民社會中。採用這種辦法每一個人和其它最微賤的人都平等地受制於那些他自己作爲立法機關的一部分所訂定的法律」。政治社會的起源應該是這樣的：「任何人放棄其自然自由並受制於公民社會的種種限制的唯一方法，是同其它人協議聯合組成一個共同體，以謀他們彼此間的舒適、安全和和平的生活，以便安穩地享受他們的財產並且有更大的保障來防止共同體以外任何人的侵犯。」〔註 78〕美國《獨立宣言》稱：「政府之正當權力，是經被治理者的同意而產生的。當任何形式的政府違背了上述使命時，人民便有權力改變或廢除

〔註 76〕南懷瑾：《論語別裁》，載《家庭藏書集錦》（光盤版），紅旗出版社，1999 年版，第 421～422 頁。

〔註 77〕〔法〕盧梭：《社會契約論》，何兆武譯，商務印書館，2006 年版，第 10 頁。

〔註 78〕〔英〕洛克：《政府論》（下篇），葉啓芳、瞿菊農譯，載《家庭藏書集錦》（光盤版），紅旗出版社，1999 年版，第 60、61 頁。

它，以建立一個新的政府。」〔註 79〕不過雖然人民是主權的擁有者，但是如密爾所說：「所有的人親自參加公共事務是不可能的，從而就可得出結論說，一個完善的政府的理想類型一定是代議制政府了。」〔註 80〕也就是由人民選出的議會來實際行使主權。並且議會對「政府事務的控制和實際去做這些事務，其間有根本的區別」〔註 81〕。但是議會「監督和控制政府：把政府的行爲公開出來，迫使其對人們認爲有問題的一切行爲做出充分的說明和辯解，譴責那些該受責備的行爲，並且如果組成政府的人員濫用職權，或者履行責任的方式同國民的明顯輿論相衝突，就將他們撤職，並明白地或事實上任命其後繼人。這的確是廣泛的權力，是對國民自由的足夠保證」〔註 82〕。總之，現代社會上至國家元首下至刀筆小吏，都只是人民委託爲民服務的社會公共產品的製造者。

關於官吏與普通民眾的才能差異。首先，近代以來，人類堅決認爲人與人之間是平等的，具有理性是有人與動物的區別所在。洛克說：「我們是生而自由的，也是生而具有理性的。」〔註 83〕康德說：「人，一般說來，每個有理性的東西，都自在地作爲目的而實存著。」〔註 84〕除了判定眞正的未成年兒童或智障成年人爲理性不足之人，認爲其它成人是沒有理性之人，是對其人格的污辱。現代社會的官吏也只是普通職業之一種，並非社會精英唯一聚集場所。科學家、企業家、藝術家、體育家等等都是備受推崇之社會精英。與古代社會設定官吏爲品行良好之人（慈如父母）相反，現代社會則要求對官吏的品德墮落嚴加提防。休謨說：「在設計任何政府體制和確定該體制中的若干制約、監控機構時，必須把每個成員都設想爲無賴之徒……我們必須利用這種個人利害來控制他，並使他與公益合作，儘管他本來貪得無厭、野心很大。」〔註 85〕密爾則揭示，官吏因掌握權力更易墮落：「以一個人處於普通人

〔註 79〕美國《獨立宣言》，引自，劉軍寧編：《民主二十講》，中國青年出版社，2008 年版，第 46～47 頁。

〔註 80〕〔英〕密爾：《代議制政府》，汪瑄譯，商務印書館，2007 年版，第 55 頁。

〔註 81〕〔英〕密爾：《代議制政府》，汪瑄譯，商務印書館，2007 年版，第 70 頁。

〔註 82〕〔英〕密爾：《代議制政府》，汪瑄譯，商務印書館，2007 年版，第 80 頁。

〔註 83〕〔英〕洛克：《政府論》（下篇），葉啓芳、瞿菊農譯，載《家庭藏書集錦》（光盤版），紅旗出版社，1999 年版，第 39 頁。

〔註 84〕〔德〕康德：《道德形而上學原理》，苗力田譯，上海人民出版社，2005 年版，第 47 頁。

〔註 85〕〔英〕休謨：《休謨政治論文選》，引自，劉軍寧編：《民主二十講》，中國青

的地位的行事來推論他處於專制君主地位將同樣行事，那會是何等可笑。處於後一種地位時，他的人性中的壞的部分，不是受到他的生活狀況和周圍的人的限制和壓制，而是受到所有的人的阿諛奉承，並且一切情況都對他有利。」〔註 86〕制度防腐是現代吏治的基本內容。

二、從無限權力到有限權力

官吏履行職務必須有權力。官吏不是抽象的個人，他們是國家機構的實際行爲主體。他們的職務行爲受制於國家的使命。國家起碼有兩項任務，一是鎮壓的任務，以維護社會的基本安全與穩定。包括對反社會的個人的鎮壓，對敵對社會集團如封建時代的農民起義、當代所謂恐怖組織的鎮壓，以及對外的戰爭等。二是建設的任務。如中國古代的建長城、修運河，現代國家的宏觀經濟調控等等。官吏在具體落實國家的這些任務時，必須擁有權力。所謂權力，也就是對人對事的支配權。國家權力通常以軍隊、法庭、監獄、警察等爲物質基礎，以法律制度爲規範依據與合法性根據。沒有權力，官吏就不成其爲官吏，無法對社會進行管理。就此來說，法家所言「堯爲匹夫不能治三人，而桀爲天子能亂天下，吾以此知勢位之足恃，而賢智之不足慕也」(《韓非子・難勢》)。也不失爲對客觀眞理的揭示。但是權力是把雙刃劍，官吏掌握權力，又可以危害民眾。孔子所言「苛政猛於虎也」(《禮記・檀弓下》)，是對權力這一面的揭示。如何賦予官吏權力又設法對其加以控制，是人類面臨的艱難任務。

總的來說，中國古代官吏掌握的權力是沒有限制的。當然相對於帝王，他們是奴才，是有嚴格權限與分工的。但是在面對人民大眾時，他們是至高無上的帝王的代理人，是人民的父母官。父母對於不懂事的子女是應當全面監管的。中國古代的官吏並非總是粗暴地發佈命令。通過教化與說服讓人民不令而行、不禁而止，是中國古代先賢很早就總結出來的統治經驗。商王盤庚遷都，眾人不願。盤庚雖然威脅說：「我乃劓殄滅之，無遺育，無俾易種於茲新邑。」但總的來說還是對民眾做反覆細緻的勸說工作(《尚書・盤庚》)。況且古代官僚機構的人員及物質設施是相當有限的，什麼事都管實際上是做不到的。加上道家無爲思想的影響，無爲而治，儒家在很大程度上也

年出版社，2008 年版，第 40 頁。

〔註 86〕〔英〕密爾：《代議制政府》，汪瑄譯，商務印書館，2007 年版，第 96～97 頁。

予以認同。如孔子說：「無爲而治者，其舜也與！夫何爲哉？恭己正南面而已矣。」(《論語・衛靈公》客觀物質條件的限制，無爲而治的理念，加上主觀上的懶惰，古代官僚管的事並不多。稅收是必須完成的硬性任務。至於懲治違法犯罪，明清兩代的基層政府定有所謂「放告日」，也就是在特定的時間才能告狀。只有謀反等大案與殺人、強盜等命案才允許隨時告狀。其它案件儘量不管。極端的情況，「此外民事，置若罔聞，遇盜竊，則與失主爲仇；有人命，則與屍親作對。百計抑勒，諱飾不報。一切戶婚、田土爭訟，概不准理。」〔註 87〕但是，應該清楚的是，不管是一回事，有沒有權利管是另一回事。而恰恰在權力歸屬上，古代官僚幾乎是權力無邊的。中國古代從來不曾在國家權力與人民自由權利之間劃出清晰的界限。或者說，中國古代從來不存在人民享有官府不得侵犯的自由權利這樣的理念。相對於人民，官吏的行爲是高度自由的，只要他們願意管，什麼事都可以管。這在一些勤勉的官員身上表現得更爲明顯。明代名臣海瑞在其南直隸巡撫任上雷厲風行所謂「督撫條約」：「條約規定：境內男子一律從速結婚成家，不願守節的寡婦應立即改嫁……境內的奢侈品要停止製造，包括特殊的紡織品、頭飾、紙張文具以及甜食。」〔註 88〕而海瑞本人也因其妻、妾二人短期內相繼死亡，被同僚彈劾，認爲是其性情怪僻不盡人情所致。明代大儒王守仁任地方官，見當地男女同在河中洗浴，認爲不成體統，即下令禁止。總之，事無大小，只要官吏認爲不妥當的，都可以管，根本不存在權力法限、「法無授權不自由」一說。

近代以來，人類以英、法、美爲發端，與暴政進行了不懈的鬥爭。在把查理一世、路易十六等暴君送上斷頭臺後，歐美諸國宣佈主權不歸屬於帝王，而是歸屬於人民，政權的成立及其權限以人民同意爲前提。人民同意政權擁有的權限有多大呢？對此有兩種說法，即所謂大契約與小契約。大契約是說人民把一切權力交給政府，以霍布斯、盧梭爲主要代表。霍布斯說：「由於多數人以彼此同意的意見宣佈了一個主權者……他必須心甘情願地聲明承認這個主權者所作的一切行爲」〔註 89〕。盧梭說：「每個結合者及其自身的一切權

〔註 87〕田文鏡：《州縣適宜・聖諭條列州縣事宜》，道光八年本，轉引自，王志強：《清代的喪娶、收繼及其法律實踐》，《中國社會科學》2000 年第 6 期。

〔註 88〕黃仁宇：《萬曆十五年》，北京中華書局，2008 年版，第 130 頁。

〔註 89〕〔英〕霍布斯：《利維坦》，黎思復、黎廷弼譯，商務印書館，1997 年版，第 94～95、135 頁。

利全部都轉讓給整個集體。因爲，首先，每個人都把自己全部地奉獻出來……其次，轉讓既是毫無保留的……最後，每個人既然是向全體奉獻出自己，他就並沒有向任何人奉獻出自己。」〔註 90〕小契約以洛克爲主要代表，認爲人們向政府轉讓的只是立法權、裁判權與處刑權，保護財產權是組成國家的目的所在，是不能轉讓的。洛克說：「人們一起加入社會，以互相保護他們的生命、特權和地產，即我根據一般的名稱稱之爲財產的東西。」「最高權力，未經本人同意，不能取去任何人財產的任何部分。」〔註 91〕密爾則繼續闡發洛克的思想，主張人民應當擁有最大限度的自由。密爾說：「人類之所以有理有權可以各別地或者集體地對其中任何分子的行動自由進行干涉，唯一的目的只是自我防衛。……任何人的行爲，只有涉及他人的那部分才須對社會負責。在僅涉及本人的那部分，他的獨立性在權利上則是絕對的。對於本人自己的身和心，個人乃是最高主權者。」〔註 92〕歐美近代以來由於確立了私有權神聖不可侵犯的原則，及奉行市場經濟原則，洛克、密爾式的小契約成爲歐美社會的傳統主流思想。自由資本主義時期，普遍主張建立「守夜人式」的消極無爲政府。但由於 20 世紀經濟危機的頻繁暴發，「看不見的手」的作用失靈，歐美社會普遍加強了對經濟與社會的干預，大契約的思想有抬頭的趨勢。但是由於 20 世紀出現了納粹德國的獨裁統治及斯大林統治下前蘇聯的集權統治，嚴重侵犯人民的自由權，釀成了人道災難。此類災難從思想根源上被歸罪於盧梭的思想，大契約理論備受指責。二戰以來，雖然歐美的社會福利制度不斷完善，經濟調控措施不斷加強，但捍衛個人的自由卻是根本的原則，小契約理論具有不容爭辯的權威性。羅爾斯的理論是這種思潮的典型代表。在《正義論》中，羅爾斯提出了所謂正義二原則，第一原則是平等原則，第二原則是差別原則，但二者存在所謂「詞典式次序」，首先捍衛個人的平等自由權利，然後再談得上差別保護的問題。在《政治自由主義》中，羅爾斯進一步要求政治與道德的二分，政治問題是一元的，依賴於人們的重疊共識，而所謂共識羅氏依然認爲應當是他的正義論；道德問題則是多元的，也應當是多元的，允許自由發展與爭辯。決不允許搞道德專制，以損害人民的思想

〔註 90〕〔法〕盧梭：《社會契約論》，何兆武譯，商務印書館，2006 年版，第 19～20 頁。

〔註 91〕〔英〕洛克：《政府論》（下篇），葉啓芳、瞿菊農譯，載《家庭藏書集錦》（光盤版），紅旗出版社，1999 年版，第 79、89 頁。

〔註 92〕〔英〕密爾：《論自由》，許寶騤譯，商務印書館，2005 年版，第 10～11 頁。

與行爲自由。

中國人民自鴉片戰爭以來，受人類社會發展的大趨勢的影響，日益不滿於清政府腐敗與專橫，強烈要求對政府的權力加以限制。清王朝 1908 年頒佈的《欽定憲法大綱》，雖然乖謬地把君上大權規定爲無限，把人民權利只規定於附則中，但也是中國歷史上第一次對人民有何種權利做出規定。此後在北洋政府與民國期間，中國頒佈了多部憲法，對人民有何種權利一次又一次地做出規定。雖有「掛民主羊頭賣專制狗肉」之嫌，但也有緩慢的進步。共和國成立後，宣佈國家的一切權力屬於人民，國家主席也只是人民的勤務員。但由於高度集權的計劃經濟體制，政府嚴格控制了國民的一言一行，連農民養幾隻雞幾頭豬這樣的事也須政府加以批准。在頻繁的政治運動中，國家權力越來越強化，人民自由權的保障幾乎化爲烏有。「文化大革命」中隨便一個「人民群眾革命委員會」便可以判人死刑且自行執行，連劉少奇這樣的國家主席也被隨意關押折磨致死。改革開放後，這種情況逐步得到扭轉。改革伊始的 1979 年，國家即制定《刑事訴訟法》，規定國家限制公民人身自由的法律要件與法定程序。1989 年通過的《行政訴訟法》，宣佈政府的行爲並不當然是正確的。2004 年的憲法修正案宣佈「國家尊重與保障人權」。2007 年通過的《物權法》，宣佈所有物權，包括私人物權受法律保護，任何單位與個人不得侵犯。中國的人權事業與依法限制政府權力正在緩慢而艱難地取得進步。

三、官吏爲民美德的制度性保障

立官爲民與官吏貪腐是一對難分難解的事。設置官吏是爲了造福人民，這一點古今的認識是共同的。即使如中國古代所說，官吏乃民之父母，從情理上說，父母（官）應當關心愛護子（民），而不能爲害子民。所以孟子每談及民之父母，總是談到他們的責任。如「爲民父母，使民盻盻然，將終歲勤動，不得以養其父母，又稱貸而益之，使老稚轉乎溝壑，惡在其爲民父母也？」（《孟子．滕文公上》）然而官吏手中握有權力，可能運用權力謀取私利又是簡單明白的事。中國自有文字記載以來，就不乏貪官的記載。首先所有的昏君與暴君都無例外是最大的貪官。其次，普通官員貪腐也是很早就出現了。《史記．夏本紀》載：「帝中康時，羲、和湎淫，廢時亂日。」羲氏、和氏這兩位天文官，應當是史書記載最早的貪瀆官員了。《尚書．微子》載：「天毒降災荒殷邦，方興沈酗於酒，乃罔畏畏，咈其耇長舊有位人。今殷民乃攘竊神祇之犧牷牲用，以容將食，無災。」後期的殷貴族既嗜酒又盜賣祭祀用的神器，其實這二者有必然的聯繫。酒在當時乃難得奢侈之物，大量飲用，不貪腐錢從何來？讀春秋戰國史，各大國縱橫捭闔的鬥爭中，常常伴之以行賄受賄。在許多重大歷史事件中，賄賂起了難以估量的作用。秦相張儀為敗楚齊之盟，翻手為雲覆手為雨，行賄是基本的手段；秦趙長平之戰，秦國使趙國撤換名將廉頗，換上紙上談兵的趙括，是反間加行賄的結果；呂不韋讓公子異人成為秦國國君也是行賄的結果。由這些歷史事件，可見當時各國吏治腐敗之冰山一角。秦漢以後，中國吏治腐敗越來越嚴重，史料太多，不需囉嗦引證。

任何一個政權都不會肯定貪腐的合理性，而是要與之作鬥爭。中國古代抑制貪腐，一則靠道德教化，二則靠制度約束。道德教化，主要是儒家經典的教化，主張所有的人具有優良的德性是儒家不變的主題。孔子說：「君子無終食之間違仁，造次必於是，顛沛必於是。」（《論語・里仁》）孟子說：「天子不仁，不保四海；諸侯不仁，不保社稷；卿大夫不仁，不保宗廟；士庶人不仁，不保四體。」（《孟子・離婁上》）漢武帝「獨尊儒術」後，儒學在意識形態與學術領域取得統治地位，並有太學、舉孝廉、科舉等制度加以保證。儒家思想對官吏的教化是有很大成效的。古代的廉吏名臣大都熟讀並信奉儒家學說。古代社會從來也沒有忽視以制度來約束與威懾各級官員。墨子的主張是特務統治：「數千萬里之外，有為不善者，其室人未遍知，鄉里未遍聞，天子得而罰之。是以舉天下之人，皆恐懼振動惕栗，不敢為淫暴，曰：『天子之視聽也神』！先王之言曰：『非神也。夫唯能使人之耳目助己視聽，使人之吻助己言談，使人之心助己思慮，使人之股肱助己動作。』」（《墨子・尚同中》）荀子也有類似的主張：「人主之守司，遠者天下，近者境內，不可不略知也。……然則主將何以知之？曰：便嬖左右者，人主之所以窺遠收眾之牖向也，不可不早具也。」（《荀子・君道》）秦王朝將之制度化，設御史大夫及御史臺，任務就是糾察百官。這一做法為兩千年封建社會沿襲與強化。封建王朝也運用刑法對貪官污吏加以嚴懲，部分皇帝如隋文帝、明太祖、清雍正帝均以大力肅貪而著稱。

中國古代社會對官吏貪腐的防治，效果不能說沒有，但總的來說沒有能夠成功遏制貪腐的滋生蔓延，否則不會給世人留下中國乃貪腐之國的印象。

密爾總結俄國與清政府的官僚政治的特點之一便是「可怕的內部貪污腐化」〔註 93〕。黃仁宇說:「西方人士經常提及的一個印象是,內中有多數安分守己的善良中國人民,又有一群貪污枉法之官吏。」〔註 94〕吏治防腐之所以沒有達到預期的目的,其原因概在於:其一,官吏權力的無限性。對於毫無權利保障的普通百姓,官吏可輕易地將其權力變現爲利益。其二,皇帝懲腐的孤軍奮戰。皇帝掌握主權,各級官吏是皇帝的代理人,對皇帝負責,而不需要對人民負責。人民不是反腐敗的主體,沒有權利制約官吏。皇帝爲維護其家天下,而與龐大的官僚群體進行博弈,常常力不從心,敗下陣來。除了朱元璋等少數「暴君」能較爲有效地懲治腐敗,大多數皇帝既無能力,也無決心懲治腐敗,只有放任腐敗的滋生蔓延。其三,防止腐敗的制衡機制無效。御史只是消極地事後舉報貪腐,而不能事前防止腐敗的發生。御史不是被其它官員收買,就是面對大面積的腐敗而無能爲力。

近代以來,歐美社會出於對官吏的道德品質的擔憂,對防止貪腐作出了有益的探索。一是嚴格限制政府的權力。自由資本主義時期,強調政府應當是管事越少越好的守夜人式的政府。政府除了負責治安、國防等維護社會基本秩序的事項,其它概不管理。歐美社會之所以如此,主要是出於對暴政的提防及對自由的偏愛。但由於經濟危機的頻繁暴發,「看不見的手的失靈」,歐美社會被迫用政府這隻「看得見的手」對經濟生活進行干預,主要是運用信貸、稅收、利率、政府投資等經濟手段,調節「經濟周期」。在經濟蕭條時,刺激經濟發展;在經濟過熱時,控制通貨膨脹。在前蘇聯的計劃經濟的影響下,西方國家也加大了國有經濟的比重,試圖介入微觀經濟領域。但事實證明,政府介入微觀經濟領域,有百害而無一利。政府的宏觀調控措施必然損害經濟自由,也必然滋生腐敗。歐美社會在不得不加強對經濟干預的同時,又想方設法控制政府的權力,竭力維護人民的自由權及經濟的自由運行。二是強化國家機構間的制衡機制。美國人說:「立法、行政和司法權置於同一人手中,不論是一個人、少數人或許多人,不論是世襲的、自己任命的或選舉的,均可公正地斷定是暴政。」「人民交出的權力首先分給兩種不同的政府,然後把各政府分得的那部分權力再分給幾個分立的部門。因此,人民的權利就有了雙重保障。兩種政府將互相控制,同時各政府又自己控制自

〔註 93〕〔英〕密爾:《代議制政府》,汪瑄譯,商務印書館,2007 年版,第 90 頁。
〔註 94〕黃仁宇:《中國大歷史》,北京三聯書店,1997 年版,第 303 頁。

己。」〔註 95〕由於分權與制衡，歐美國家，特別是丹麥、瑞典、挪威、芬蘭、冰島等北歐國家在防止腐敗方面取得了令人滿意的效果，被評價爲世界上廉潔度最高的國家。

中國近代以來，孫中山等人發現腐敗、無能、言而無信的清政府已病入膏肓，於是舉起革命的旗幟。先烈們灑下無數的鮮血，終於在 1912 年建立了民國。1927 年蔣介石建立了較爲穩定的南京國民政府。然而，曾幾何時爲自由奮鬥的革命志士，一朝大權在握，轉眼就變成了貪官。「四大家族」憑藉政權的力量聚斂財富，壟斷了國民經濟命脈。抗戰期間，也忘不了發國難財。抗戰結束時的「接收大員」就是貪污大員，禍民大員。以至百姓說：「想中央、盼中央，中央來了更遭殃。」司徒雷登評價國民政府說：「它變得如此腐敗無能，如此的不得人心，以致哪怕任何自身的有序改革都少有希望，即使沒有共產主義運動，恐怕也會爆發爲另一場革命。」〔註 96〕貪污腐化，民心盡失，是國民黨失去政權的基本原因。

新中國成立後，熟讀文史的毛澤東及時警告說：「可能有這樣一些共產黨人，他們不曾被拿槍的敵人征服過的，他們在這些敵人面前不愧爲英雄的稱號；但是經不起人們用糖衣裹著的炮彈的攻擊，他們在糖衣炮彈面前要打敗仗。我們必須預防這種情況。」〔註 97〕然而不幸的情況還是發生了。不久就出了劉青山、張子善這樣舉國震驚的貪官。毛澤東連續不斷地發動「小四清」、「大四清」、「文化大革命」等政治運動，防止腐敗不能不說是其重要的動機。中共中央在《關於建國以來黨的若干歷史問題的決議》中說毛澤東發動「文革」的「主要論點是：……相當大的一個多數的單位的領導權已經不在馬克思主義者和人民群眾手裏。」也就是出現了嚴重的權力異化現象。在一浪高過一浪的政治運動中，官吏腐敗確實有所收斂。但是頻繁的政治運動，嚴重干擾了經濟建設，終究不是反腐敗的正確路徑。上述《決議》說：「對於黨的國家肌體中確實存在的某些陰暗面，當然需要作出恰當的估計並運用符合憲法、法律和黨章的正確措施加以解決，但決不應該採取『文化大革命』的理論和方法。」中共中央在十一屆三中全會後，果斷調整政治方向，以經

〔註 95〕〔美〕漢密爾頓等：《聯邦黨人文集》，引自，劉軍寧編：《民主二十講》，中國青年出版社，2008 年版，第 65、69 頁。

〔註 96〕〔美〕肯尼迪・雷・約翰・布魯爾同：《被遺忘的大使：司徒雷登駐華報告》，尤存、牛軍譯，江蘇人民出版社，1990 年版，第 196 頁。

〔註 97〕《毛澤東選集》（一卷本），人民出版社，1964 年版，第 1328 頁。

濟建設爲中心。但是問題隨之而來。大面積的腐敗到了令人瞠目結舌的程度。以至鄧小平說：「風氣如果壞下去，經濟搞成功又有什麼意義？會在另一方面變質，反過來影響整個經濟變質，發展下去會形成貪污、盜竊賄賂橫行的世界。」〔註98〕鑒於嚴峻的腐敗形勢，中共中央「治亂國用重典」，用「雙規」這種有爭議的方式來偵辦腐敗案件，並把一大批省部級官員送上了斷頭臺。在國有項目上馬時，用公開招標、拍賣等方法從源頭防止腐敗。方法用了不少，但是腐敗的形勢還是讓國民憂心忡忡。

腐敗是國家的伴生物，完全消除腐敗是不可能的。但人類在腐敗面前並非只有徒歎奈何的宿命。從轉變認識開始，從完善制度著眼，是歐美國家的成功經驗，也應當是我國吏治建設繼續探索的方向。

〔註98〕《鄧小平文選》(第三卷)，人民出版社，1993年版，第154頁。

尾言　仁政正義與法治正義

社會制度的首要價值是什麼？羅爾斯的回答是正義。羅氏寫道：「正義是社會制度的首要價值，正像眞理是思想體系的首要價值一樣。一種理論，無論它多麼精緻和簡潔，只要它不眞實，就必須加以拒絕或修正；同樣，某些法律和制度，不管它們如何有效率和有條理，只要它們不正義，就必須加以改造或廢除。」〔註1〕當然，何爲正義，人們的分歧極大。誠如博登海默所說：「正義有著一張普洛透斯似的臉，變幻無常、隨時可呈不同形狀並具有極不相同的面貌。當我們仔細看這張臉並試圖解開隱藏其表面背後的秘密時，我們往往會深感迷惑。」〔註2〕但是不管怎麼說，我們總可以說正義的社會是具有價值合理性的社會，是值得追求的社會。人類社會的歷史是一個不斷追求正義的歷史，中華民族也不例外。儒家思想是中國傳統文化的主幹，其終極的價值訴求是爲仁政正義。

一、仁政正義及其歷史命運

仁政正義，簡言之，就是要求統治者把人民當人看，統治者有美德，推行善政的正義理念。

先秦儒學產生的時代背景是社會秩序趨於瓦解、人民生活極爲困苦。從當時的倫理秩序來說是「禮壞樂崩」(《春秋穀梁傳序》)，從當時的政權狀況

〔註 1〕〔美〕羅爾斯：《正義論》，何懷宏等譯，中國社會科學出版社，2001 年版，第 3 頁。

〔註 2〕〔美〕博登海默：《法理學：法律哲學與法律方法》，鄧正來譯，中國政法大學出版社，1999 年版，第 252 頁。

來說是「弒君三十六，亡國五十二，諸侯奔走不得保其社稷者不可以勝數。」（《史記・太史公自序》），從當時的人民生活狀況來說是「民有饑色，野有餓莩」（《孟子・梁惠王上》）、「老稚轉乎溝壑」（《孟子・滕文公上》）。孔子、孟子等儒學宗師面臨此等亂世，以使徒般的信念，汲汲於救世，栖栖遑遑，上說下教。儒家要建立什麼樣的社會呢？簡言之是「天下歸仁」。何爲仁？孔子認爲很難界定，「子罕言利與命與仁」（《論語・子罕》）。孔子又說「仁者，其言也訒。」（《論語・顏淵》）宋邢昺正義：「言仁道至大，非但行之難也，其言之亦難。」這也就是老子所言「道可道非常道」之意。但孔子對仁之社會還是有所描述的：

> 子路、曾皙、冉有、公西華侍坐。子曰：「以吾一日長乎爾，毋吾以也。居則曰：『不吾知也！』如或知爾，則何以哉？」子路率爾而對曰：「千乘之國，攝乎大國之間，加之以師旅，因之以飢饉，由也爲之，比及三年，可使有勇，且知方也。」夫子哂之。「求，爾何如？」對曰：「方六七十，如五六十，求也爲之，比及三年，可使足民；如其禮樂，以俟君子。」「赤，爾何如？」對曰：「非曰能之，願學焉。宗廟之事，如會同，端章甫，願爲小相焉。」「點，爾何如？」鼓瑟希，鏗爾，舍瑟而作。對曰：「異乎三子者之撰！」子曰：「何傷乎？亦各言其志也。」曰：「莫春者，春服既成，冠者五六人，童子六七人，浴乎沂，風乎舞雩，詠而歸。」夫子喟然歎曰：「吾與點也！」（《論語・先進》）

在這段優美的文字中，子貢所追求的國家安全，冉有所追求的經濟富裕，公西華所追求的政治有序，曾皙所追求的生活優雅，合起來就是一個幸福、和諧、安寧的社會，蘊含於其中的倫理精神應當就是孔子所追求的社會正義。當然，《禮記・禮運》中孔子所描繪的大同社會，則從更宏偉的視角描繪他心目中的倫理秩序：

> 孔子曰：「……大道之行也，天下爲公，選賢與能，講信修睦。故人不獨親其親，不獨其子。使老有所終，壯有所用，幼有所長，矜寡孤獨廢疾者，皆有所養。男有分，女有歸，貨惡其棄於地也，不必藏於己，力惡其不出於身也，不必爲己。是故謀閉而不興，盜竊亂賊而不作。故外户而不閉，是謂大同。」（《禮記・禮運》）

相對於孔子，孟子對理想社會的描繪較爲具體。他認爲「王道」政治應該是：

> 明君制民之產，必使仰足以事父母，俯足以畜妻子，樂歲終身飽，凶年免於死亡。然後驅而之善，故民之從之也輕。……五畝之宅，樹之以桑，五十者可以衣帛矣；雞豚狗彘之畜，無失其時，七十者可以食肉矣；百畝之田，勿奪其時，八口之家可以無饑矣；謹庠序之教，申之以孝悌之義，頒白者不負戴於道路矣。老者衣帛食肉，黎民不饑不寒，然而不王者，未之有也。(《孟子・梁惠王上》)

綜合孔子、孟子、荀子等儒學宗師的學說，他們所追求的社會正義，起碼有如下幾個價值規定性。其一，立國爲民。孔子主張「天下爲公」(《禮記・禮運》)。孟子說：「民爲貴，社稷次之，君爲輕。」(《孟子・盡心下》) 荀子說：「天之生民，非爲君也；天之立君，以爲民也。」(《荀子・大略》) 其二，堅決反對暴君與暴政。孔子說：「子爲政，焉用殺？」(《論語・顏淵》) 孟子說：「賊仁者謂之賊，賊義者謂之殘，殘賊之人謂之一夫。聞誅一夫紂矣，未聞弒君也。」(《孟子・梁惠王下》) 荀子說：「夫桀紂何失而湯武何得也？曰：是無它故焉，桀紂者善爲人所惡也，而湯武者善爲人所好也。」(《荀子・強國》)「桀紂即厚有天下之勢，索爲匹夫不可得也。」(《荀子・王霸》) 其三，減輕對人民的剝削。魯哀公欲增稅，有若說：「百姓足，君孰與不足？百姓不足，君孰與足？」(《論語・顏淵》) 孟子說：「市廛而不征，法而不廛，則天下之商皆悅而願藏於其市矣。關譏而不征，則天下之旅皆悅而願出於其路矣。耕者助而不稅，則天下之農皆悅而願耕於其野矣。廛無夫里之布，則天下之民皆悅而願而爲之氓矣。信能行此五者，則鄰國之民仰之若父母矣。」(《孟子・公孫丑上》) 荀子說：「足國之道，節用裕民而善藏其餘。」「下貧則上貧，下富則上富。」(《荀子・富國》) 其四，人民應有賴以生存的產業。孔子要求「皆有所養」(《禮記・禮運》)。孟子要求「制民恒產」，要讓人民擁有「五畝之宅」、「百畝之田」，並主張恢復古代的井田制。荀子沿襲孟子的說法，「家五畝宅，百畝田，務其業而勿奪其時，所以富之也。」(《荀子・大略》) 其五，吏治清明，社會階層具有開放性與流動性。孔子要求「選賢與能」(《禮記・禮運》)、「君君、臣臣」(《論語・顏淵》)、「以道事君」(《論語・先進》)、「舉直錯諸枉」(《論語・爲政》)、「學而優則仕」(《論語・子張》)。孟子則主張「尊賢使能」(《孟子・公孫丑上》)，贊成「士無世官」(《孟子・告子下》)。荀子則說：「雖王公士大夫之子孫，不能屬於禮義，則歸之庶人。雖庶人之子孫也，積文學，正身行，能屬於禮義，則歸之卿相士大夫。」(《荀子・王制》) 其六，對人民進行教化。孔子有所謂「庶、富、教」三部曲 (《論語・子路》)。孟子則說：「學則三代共之，皆以明人倫也。人倫明於上，小民親於下。」「人之有道也，飽食、暖衣、逸居而無教，則近於禽獸。聖人有憂之，使契爲司徒，教以人倫。」(《孟子・滕文公上》) 荀子則說：「從人之性，順人之情，必出於爭奪，合於犯分亂理而歸於暴。故必將有師法之化，禮義之道，然後出於辭讓，合於文理，而歸於治。」(《荀子・性惡》) 其七，社會應有良好的禮法秩序。孔子說：「一日克己復禮，天下歸仁焉。」(《論語・顏淵》) 孟子則說：「聖人既竭目力焉，繼之以規矩準繩，以爲方員平直，不可勝用也；既竭耳力焉，繼之以六律，正五音，不可勝用也；……爲政不因先王之道，可謂智乎？」(《孟子・離婁上》) 荀子則說：「人無禮則不生，事無禮則不成，國家無禮則不寧。」(《荀子・修身》)

儒家的仁政正義理念對中華民族的影響是深遠的。在先秦時期，如韓非子所言儒家乃當時的「顯學」(《韓非子・顯學》)。莊子不懈地抨擊儒家，但又經常稱讚孔子是聖人，並借孔子之口來闡明道家的理論。韓非子也是如此，嘲弄而又稱讚與稱引孔子。秦始皇尊崇法家理念，但又把儒家所主張的「仁」、「聖」等花環戴在自己的頭上。漢代自高祖起，就逐漸重視儒學的價值，至武帝而「罷黜百家，獨尊儒術」。儒學在中國古代思想文化領域的統治地位至此而不可更改。魏晉時的玄學，隋唐時的佛學雖然對儒學造成不小的衝擊，但從根本上不能撼動儒學的統治地位，反過來只能做儒學的補充。

中國古代不僅在思想領域尊崇儒學，也在政治、經濟、社會各領域努力實踐儒家倡導的正義理念。在古代中國，暴君從來都是批評與抨擊的對象。作爲帝王，不管怎麼有才能，只要殘暴就遺臭萬年。譬如商紂王「資辨捷疾，聞見甚敏；材力過人，手格猛獸」(《史記・殷本紀》)。隋煬帝「美姿儀，少敏慧……好學，善屬文，沉深嚴重，朝野屬望」(《隋書・卷三》)。兩位才華超群的帝王之所以被視爲惡君的典型，不僅是因爲亡國，更是因爲品行惡劣，且因品行惡劣而亡國。連子貢都感歎「紂之不善，不如是之甚也。是以君子惡居下流，天下之惡皆歸焉」(《論語・子張》)。有的帝王還是很有作爲的，如秦始皇、隋文帝、明太祖、明成祖等，人們在承認他們歷史功績的同時，也一再譴責他們的殘暴行徑。在改朝換代過程中，誅滅暴君與暴政是最正當的口號。劉邦在反秦的時候就說「天下苦秦久矣」（《史記・高祖本紀》）。朱元璋揮師滅元的時候也說元朝皇帝「罔恤民隱，天厭棄之。君則有罪，民復何辜」（《明史・卷二》）。在暴君的反面教材的影響下，中國也出現了一大批仁君，如漢文帝、景帝、漢光武帝、唐太宗、宋太祖、清康熙帝等，並出現了「文景之治」、「貞觀之治」、「康乾盛世」等古代社會的盛世景觀。就官僚體制來說，中國古代具有相當大的開放性，並非只有貴族階層才能封官進爵。中國自漢代始就以太學、賢良選舉、孝廉選舉，以及後來的科舉等制度從社會各階層選拔人才，以充實官僚機構。中國古代平民階層出將入相、經邦濟世的大有人在。就經濟制度來說，各王朝想方設法謀求「耕者有其田」。王莽的土地國有改革、曹操的屯田制、司馬昭的占田制、唐代的計口授田、朱元璋的打擊豪強以人爲製造小自耕農等等，都是這種努力的表現。就文化方面來說，歷代王朝的道德教化是一以貫之的，並與科舉等制度相結合，其成效也是舉世公認的。英國人密爾即說中國人「有一套極其精良的工具用以盡可能把他們所保有的最好智慧深印於群體中的每一心靈，並且保證凡是最能稱此智慧的人將得到有榮譽有權力的地位」〔註 3〕。

然而，如果立於現代立場來考量中國古代對於仁政正義的實踐歷史，必須實事求是地承認，它的實際效果終究是有限的。首先，古代中國始終未能逃脫「其興也勃焉，其亡也忽焉」的歷史怪圈。其大致的規律是，王朝初期政治清明，人民能夠休養生息。然而過不了多久政治就轉向腐敗無能，人民流離失所，暴發農民起義或誘發外族入侵，王朝走向滅亡。中國古代不懈地反暴君與暴政，然而還是「暴君代作」。更普遍的缺陷在於，按照孔子的「君君」標準，荀子的「非聖人莫之能王」（《荀子・正論》）的標準，昏庸的君主就是不合格的君主。但是中國古代政治始終是家天下政治，繼世之君主大多是「長於深宮」、「菽麥不辨」的無能之輩。儒家要求吏治清明，賢人當政。然而「歷史上那些並不聖明的君主從來也不想實行什麼德治，而被選拔上來的德才兼備之士卻又真誠地抱有平治天下的理想，因而君臣之間常常發生不可調和的衝突，最後大多以賢臣的悲劇而告終。賢臣不得志，讒臣受寵，是儒家提出的德治方略中另一個不可解決的矛盾」〔註 4〕。儒家主張「制民恒

〔註 3〕〔英〕密爾：《論自由》，許寶騤譯，商務印書館，2005 年版，第 85 頁。
〔註 4〕焦國成：《論作爲治國方略的德治》，《中國人民大學學報》2001 年第 4 期，第 1～7 頁。

產」，讓人民過上溫飽甚至富裕的生活，但封建社會根本無法解決土地兼併、「貧者無立錐之地」而無法生存的問題。儒家主張教化，然而一則出現了「以禮殺人」的道德專制悲劇，二則出現大量「滿口仁義道德，一肚子男盜女娼」的僞君子。凡此種種都說明，古代中國的仁政正義實踐有著無法克服的缺陷。儒家對於這些缺陷不是沒有自覺，也不是沒有提出批評。明末清初啓蒙思想家黃宗羲說：「古者天下爲主，君爲客。凡君之所畢世而經營者爲天下也。今也以君爲主，天下爲客。……然則爲天下之大害者君而已矣。」（《明夷待訪錄・原君》）戴震說：「人知老、莊、釋氏異於聖人，聞其無欲之說，猶未之信也；於宋儒，則信以爲同於聖人。……人死於法，猶有憐之者；死於理，其誰憐之！」（《孟子字義疏證・卷上》）問題在於啓蒙思想家們雖然意識到封建時代的政治實踐不合於儒家仁政正義的精神，卻無法找到解決問題的更有效的路徑。中華民族先賢們的智慧至此似乎窮盡了。而發端於歐美近代以來的法治正義，卻開闢了儒家仁政理想的可行的新路徑。

二、現代法治正義

何謂法治正義，簡言之，就是建立在民主基礎上的以憲政與法制加以運作的正義。

法治與法制是什麼關係？我國過去很長一段時間多言法制，而少言法治。對於法制「較具普遍性的解釋有兩種：一種是從靜態的意義上，把法制概括爲法律和制度的總稱。這種從廣義上理解的法制，具有廣泛性、非嚴格性，認爲歷史上任何類型的國家都有法制；另一種從動態的意義上，把法制解釋爲嚴格遵守和執行法律制度，依法進行活動的一種方式。這種從狹義上理解的法制，就是近代意義上的法制。……只有資本主義和社會主義才有法制」〔註5〕。而近年來，崇尚「法治」用語，摒棄「法制」用語成爲學界時髦，並強調所謂「刀治」與「水治」的象徵意義。而所謂「法治」就是原來所說的法制的第二層含義，並無任何增加。以致有的學者感歎：「如此學問，實在沒有多大意思。」〔註6〕

誠然，如果只是因爲「法治」是近代的產物，是古代所沒有的，是進步

〔註5〕盧雲：《法學基礎理論》，載《家庭藏書集錦》（光盤版），紅旗出版社，1999年版，第295頁。

〔註6〕王全興：《經濟法基礎理論專題研究》，中國檢察出版社，2002年版，第17頁。

的標誌，而主張用「法治」來取代「法制」，並且以在黨章國法上寫上「建設法治國家」的用語爲滿足，那就太幼稚了。如果刻意追求「法治」用語，那麼祖宗早就用過了。如：「以法治國，舉措而已矣。」（《韓非子・有度》）「知法治所由生，則應時而變；不知法治之源，雖循古，終亂。」（《淮南子・氾論訓》）況且「法律制度」意義上的「法制」，如果一律都用「法治」取代之，會發生詞不達意的後果。

那麼，是否強調「法治」與「法制」之分就毫無意義呢？不是的。如果在時代精神上去界定「法治」，還是非常有意義的。現代意義上的「法治」的要害在於民主。「法治國家的核心並不是一套法律制度，也不是簡單地以法治理國家，而是表達現代交往關係類型特質的政治民主。」〔註7〕

民主也不是簡單地、抽象地規定人民是國家的主人，民主必須建立在人的平等、自由這些社會原則與社會現實基礎之上。所以，「嚴格地說，法治是一種社會歷史形式、一種政體，它所表達的是人民主權、個人平等的自由權利得到有效保障的社會歷史形式與社會構架，因而在這個意義上，法治是與民主同等意義的概念」〔註8〕。應予強調的是，如果沒有自由、平等、民主這些前提，或者說捨棄這些內涵，僅僅在「法治」與「法制」這些名詞上做文章，除了自我愚弄，實在沒有多大的意義。

民主是反暴政的結果。問題在於，英、法、美等國何以能推翻暴君，迎來民主，而許多國家卻是送走一個專制帝王，又迎來另一個專制帝王，無法走出專制獨裁的泥沼。其根源在於人民是否有力量，人民是否強大。歷史告訴我們，在農業文明中人民是注定強大不起來的。馬克思說，農民「不能代表自己，一定要別人來代表他們。他們的代表一定要同時是他們的主宰，是高高站在他們上面的權威，是不受限制的政府權力」〔註9〕。農業文明社會只能如孟子所說「勞心者治人，勞力者治於人」（《孟子・滕文公上》），少數人行使統治權，大多數人不參與政治，只做消極的被統治者。其極端的情況是「管他誰做皇帝，照樣納糧交稅」。而當人類走出農業文明，走向工業文明與市場經濟時，人民的力量就會逐漸地、必然性地強大起來，並一步步從專制

〔註 7〕 高兆明，李萍等：《現代化進程中的倫理秩序研究》，人民出版社，2007 年版，第 187 頁。

〔註 8〕 高兆明，李萍等：《現代化進程中的倫理秩序研究》，人民出版社，2007 年版，第 199 頁。

〔註 9〕 《馬克思恩格斯選集》（第一卷），人民出版社，1995 年版，第 677～678 頁。

者手中奪得統治權。馬克思在《共產黨宣言》中說:「資產階級的這種發展的每一個階段,都伴隨著相應的政治上的進展。它在封建主統治下是被壓迫的等級,在公社裏是武裝的和自治的團體,在一些地方組成獨立的城市共和國,在另一些地方組成君主國中的納稅的第三等級;後來,在工場手工業時期,它是等級君主國或專制君主國中同貴族抗衡的勢力,而且是大君主國的主要基礎;最後從大工業和世界市場建立的時候起,它在現代的代議制國家裏奪得了獨佔的統治。」〔註 10〕馬克思雖然描繪的是資本主義的民主進程,但對把握人類的民主進程還是有普遍意義的。

爭得民主成果以後,必須也必然要用法制來加以固定與完善。在英國是《權利法案》,在美國是《獨立宣言》,在法國是《人權宣言》,等等,這些憲法性文件被用來固定民主成果,並開啓國民新的生活樣式。法制是民主必不可少的體現與保障。民主的成果如果不用法律來加以固定與完善,民主就成了抽象的、漂浮的幽靈,其必然結果是權力被大小獨裁者偷偷竊取。「法國革命時期國民議會的立法紊亂多變,但所發佈的法令數量之多足以表明,該議會在革命向前發展的每一個時刻,都唯願能將社會關係體制結晶成爲正式的憲法和法律規章體系,對國家權力機構所應據以采取行動的適當辦法加以界定。」〔註 11〕而市場經濟所帶來的社會關係的繁多性與複雜性,也要求越來越多的法律來「定分止爭」。古代中華法系的傑出代表《唐律》,僅五百零二條,即足以規範當時的全部社會關係,這在現代社會是不可想像的。由憲法所率領下的龐大的法律體系,是現代社會公平正義的基本標尺。

三、法治正義基礎之上的現代仁政正義

中國幾千年是在一個相對封閉的地理環境中追求自己的社會理想,以其固有的歷史文化傳統踐行儒家所倡導的仁政正義,並取得了世人無法否認的高度文明成就。面對周邊文化相對落後的民族,中國人素重夷夏之辨。孟子即說:「吾聞用夏變夷者,未聞變於夷者也。」(《孟子・滕文公上》)明末清初的王夫之,面對滿人入主中原,仍然認爲滿人即使虛心學習中原文化也一定失敗,「夷狄而效先王之法,未有不亡者也。……沐猴而冠,爲時大妖,先王之道不可竊,亦嚴矣哉」(《讀通鑒論・晉孝武帝》)。但這種唯我獨尊的

〔註 10〕《馬克思恩格斯選集》(第一卷),人民出版社,1995 年版,第 274 頁。

〔註 11〕〔美〕泰格,利維:《法律與資本主義的興起》,紀琨譯,學林出版社,1996 年版,第 271 頁。

局面，被鴉片戰爭及其後一系列對外戰爭所打破。古老的中華文明遭遇了不同樣式的歐美近代強勢文明的挑戰。在文明的衝突中，中國經歷了一個由抗爭到學習的過程。19 世紀六七十年代的洋務運動，19 世紀末的戊戌變法，20 世紀初的清廷修律，1912 年的辛亥革命建立民國，實際上反映了中國人民近代以來追求民主法治的必然邏輯。1919 年「五四」運動喊出的「民主」口號，只不過是對這一必然趨勢的明確揭示而已。在這期間，中國也仿傚西方組織了議會，成立了很多政黨。但誠如黃仁宇所言：「代議政治只是一種僞裝，新成立之政黨縱以不同的宗旨號召，當中無一可以切實代表各選區。同時城市內新興的市民階級力量也過於低微。」〔註 12〕此後經歷了內戰、抗戰、再內戰，於 1949 年建立了以共產黨領導的人民共和國。新中國成立後，期望通過「公有制＋計劃經濟」的傳統社會主義模式，佐以「大躍進」、「人民公社化」等突擊運動，以期超英趕美，迅速走向優越於資本主義的共產主義社會。

然而無情的事實粉碎了這一幻想。首先，經濟上不僅沒能超英趕美，而是與歐美國家的差距越來越大，人民的溫飽問題始終無法解決。鄧小平說：「關起門來搞建設，搞了好多年，導致的結果不好。經濟建設也在逐步發展，也搞了一些東西，比如原子彈、氫彈搞成功了，洲際導彈也搞成功了，但總的來說，很長時間處於緩慢發展和停滯的狀態，人民的生活還是貧困。」〔註 13〕「坦率地說，在沒有改革以前，大多數農民是處在非常貧困的狀況，衣食住行都非常困難。」〔註 14〕政治方面，人民民主、「國家的一切權力屬於人民」只是紙面上的規定。由於全面的公有制，所有的人都是「單位人」，聽命於單位領導，家長制統治以空前嚴密而強大的形式存在，連養幾隻雞的小事都要領導批准。鄧小平曾就領導制度說：「不少地方和單位，都有家長式的人物，他們的權力不受限制，別人都要惟命是從，甚至形成對他們的人身依附關係。」〔註 15〕法制建設更是嚴重倒退。出於意識形態的考慮，建國後把在解放區曾經全面實行過的民國時期的「六法全書」徹底廢除。新中國不重視法制，也不需要法制，因爲國民的一切行爲，概以行政命令的方式推動。沒有民主，又沒有法制，帶來了災難性的後果。鄧小平說：「舊中國留給我們的，

〔註 12〕黃仁宇：《中國大歷史》，北京三聯書店，1997 年版，第 270 頁。
〔註 13〕《鄧小平文選》（第三卷），人民出版社，1993 年版，第 223 頁。
〔註 14〕《鄧小平文選》（第三卷），人民出版社，1993 年版，第 238 頁。
〔註 15〕《鄧小平文選》（第二卷），人民出版社，1994 年版，第 331 頁。

封建專制傳統比較多，民主法制傳統很少。解放以後，我們也沒有自覺地、系統地建立保障人民民主權利的各項制度，法制很不完備，也很不受重視。」〔註 16〕「我們過去發生的各種錯誤，固然與某些領導人的思想、作風有關，但是組織制度、工作制度方面的問題更重要。……領導制度、組織制度更帶有根本性、全局性、穩定性和長期性。這種制度問題，關係到黨和國家是否改變顏色。」〔註 17〕

建國後 30 年的社會主義建設，以良好的願望開始，以不幸的結局告終。歷史再一次證明了一個古老的戒律：欲速則不達。以鄧小平爲代表的共產黨人認眞反思了建國後 30 年社會主義建設的經驗教訓，毅然作出了改革開放的政策轉向。改革的最基本的特徵可以概括爲「予民自由」。經濟方面放棄計劃指令，尊重市場調節；放棄單一公有制，允許私有經濟的發展。政治方面，健全黨規黨法，盡力擺脫權力過分集中及家長制傾向。法制方面，迅速制定了憲法、刑法、民法、各訴訟法，等等，並不斷進行修改與完善，使生活各方面有章可循。改革開放 30 年來的成效是無可否認的。經濟方面，國民生產總值持續高速增長，人民的溫飽問題基本解決，普遍較過去一切歷史時期富裕；政治方面，民主法制日益走上軌道，國民的民主法治素質不斷提高；社會方面，各種福利保障制度陸續建立。但是問題還是相當嚴重的，許多舊的問題沒有完全解決，如總體生產力水平依然落後，國民的民主素質依然偏低，有憲法而無憲政，有法律而無法治。而新的問題又不斷湧現，如嚴重的貧富分化、觸目驚心的貪污腐敗，等等。

如何看待中國目前的發展進程與實施了 30 多年的改革開放政策，是矣？非矣？黑格爾曾經說：「精神從來沒有停止不動，它永遠是在前進運動著。但是，猶如在母親長期懷胎之後，第一次呼吸才把過去僅僅是逐漸增長的那種漸變性打斷——一個質的飛躍——從而生出一個小孩那樣，成長著的精神也是慢慢地靜悄悄地向著它新的形態發展，一塊一塊地拆除了它舊有的世界結構。」〔註 18〕黑格爾雖然說的是人類精神現象的發展，但他認爲人類的發展不過是精神現象的發展。黑格爾又說：「人的自由由於基督教的傳播開始開花，並在人類誠然是一小部分之間成爲普遍原則以來，迄今已有 1500 年。但

〔註 16〕《鄧小平文選》（第二卷），人民出版社，1994 年版，第 332 頁。

〔註 17〕《鄧小平文選》（第二卷），人民出版社，1994 年版，第 333 頁。

〔註 18〕〔德〕黑格爾：《精神現象學》（上卷），賀麟、王玖興譯，商務印書館，1981 年版，第 7 頁。

是所有權的自由在這裏和那裏被承認爲原則，可以說還是昨天的事。這是世界史中的一個例子，說明精神在它的自我意識中前進，需要很長時間，也告誡俗見，稍安勿躁。」〔註 19〕烏托邦式的趕超幻想曾讓中國人吃盡了苦頭。我們必須沿著正確的道路紮紮實實地前進，速度也許慢一點，但終究會達到目標。改革開放以來我們自覺地選擇了歐美發展過程中的成功做法，其中最主要的就是奉行市場經濟。我們的祖先說：「伐柯伐柯，其則不遠。」（《詩經．國風．伐柯》）看著斧柄做斧柄，不會有大的差錯。事實證明這是最明智的做法。只要改革的方向是正確的，也許前進道路上有這樣那樣的曲折，富強、民主、法治的理想一定會實現。

法治正義與仁政正義是何關係？如果我們捨棄字面上的糾葛，而著眼於二者所蘊含的精神內容，那麼，對於有著悠久文化傳統的中國來說，可以認爲，古老的仁政正義在現時代必須建立於法治正義的基礎之上。何以如此？原因在於，也只在於，法治正義是現代社會關係與社會結構的產物，法治正義體現了現代社會的倫理精神與根本要求，是現代社會制度的首要價值。我們的祖宗說得好：「周雖舊邦，其命維新。」（《詩經．大雅．文王》）因爲是「舊邦」，所以我們應當自覺承襲古老的仁政正義，否則我們的民族精神就成了無源之水、無本之木，也無益於人類文明發展的多樣性、豐富性與可選擇性。但是「其命維新」，中華民族現時代最迫切的任務在於革新，用體現現代精神的法治正義去批判改造古老的仁政正義。惟有如此，才能使古老的仁政正義喚起新的生機與活力；也惟有如此，中華民族才能跟得上人類文明前進的步伐，重新步入世界先進民族的行列。

〔註 19〕〔德〕黑格爾：《法哲學原理》，范揚、張企泰譯，商務印書館，1982 年版，第 70 頁。

參考文獻

（以作者姓名漢語拼音爲序排列）

第一部分：中國古籍類

1. 《十三經注疏》，上海：上海古籍出版社，1997 年版。
2. 李學勤主編，《十三經注疏》（標點本），北京：北京大學出版社，1999 年版。
3. 《二十二子》，上海：上海古籍出版社，1986 年版。
4. 《諸子集成》，北京：中華書局，1986 年版。
5. 《國語》，上海：上海古籍出版社，1988 年版。
6. 孫星衍：《尚書今古文注疏》，北京：中華書局，1989 年版。
7. 李鼎祚：《周易集解》，上海：上海古籍出版社，1989 年版。
8. 高亨：《周易古經今注》，北京：中華書局，1984 年版。
9. 許維遹：《韓詩外傳集釋》，北京：中華書局，1980 年版。
10. 杜預：《春秋左傳集解》，上海：上海人民出版社，1977 年版。
11. 楊伯峻：《春秋左傳注》，北京：中華書局，1990 年版。
12. 劉寶楠：《論語正義》，北京：中華書局，1990 年版。
13. 程樹德：《論語集輯》，北京：中華書局，1990 年版。
14. 錢穆：《論語新解》，成都：巴蜀書社，1985 年版。
15. 楊伯峻：《論語譯注》，北京：中華書局，1980 年版。
16. 《孔子家語》，上海：上海古籍出版社，1991 年版。
17. 孫詒讓：《墨子閒詁》，北京：中華書局，1986 年版。
18. 楊伯峻：《孟子譯注》，北京：中華書局，1980 年版。
19. 蔣鴻禮：《商君書錐指》，北京：中華書局，1986 年版。

20. 王先謙：《荀子集解》（上下），北京：中華書局，1988 年版。
21. 梁啓雄：《荀子簡釋》，北京：中華書局，1983 年版。
22. 盛廣智注譯，《管子譯注》，長春：吉林文史出版社，1988 年版。
23. 陳廳猷：《韓非子集釋》，上海：上海人民出版社，1974 年版。
24. 陳奇猷：《呂氏春秋校釋》，上海：學林出版社，1984 年版。
25. 林尹注譯，《周禮今注今譯》，北京：書目文獻出版社，1985 年版。
26. 孫希旦：《禮記集解》，北京：中華書局，1989 年版。
27. 陳澔：《禮記集説》，北京：中國書店，1994 年版。
28. 王聘珍：《大戴禮記解詁》，北京：中華書局，1983 年版。
29. 段玉裁：《説文解字注》，上海古籍出版社，1981 年版。
30. 董仲舒：《春秋繁露》，上海：上海古籍出版社，1989 年版。
31. 蘇興撰，鍾哲點校，《春秋繁露義證》，北京：中華書局，1992 年版。
32. 王明洲、徐超校注，《賈誼集校注》，北京：人民出版社，1996 年版。
33. 劉向集錄，《戰國策》，上海：上海古籍出版社，1985 年版。
34. 司馬遷：《史記》，北京：中華書局，1982 年版。
35. 張載：《張載集》，北京：中華書局，1978 年版。
36. 程頤、程顥：《二程遺書》，上海：上海古籍出版社，2000 年版。
37. 朱熹：《四書章句集注》，北京：中華書局，1983 年版。
38. 黎靖德：《朱子語類》，長沙：嶽麓書社，1997 年版。
39. 陳亮：《陳亮集》，北京：中華書局，1987 年版。
40. 鍾哲注譯：《陸九淵集》，北京：中華書局，1980 年版。
41. 王守仁：《王陽明全集》，上海：上海古籍出版社，1992 年版。
42. 李贄：《焚書・續焚書》，長沙：嶽麓書社，1991 年版。
43. 王夫之：《船山全書》，長沙：嶽麓書社，1991 年版。
44. 王夫之：《船山遺書》，北京：北京出版社，1999 年版。
45. 沈善洪主編，《黃宗羲全集》，杭州：浙江古籍出版社，1992 年版。
46. 黃宗羲：《明儒學案》，北京：中華書局，1985 年版。
47. 顧炎武著，黃汝成集釋，《日知錄集釋》，長沙：嶽麓書社，1996 年版。
48. 戴震：《孟子字義疏證》，北京：中華書局，1961 年版。
49. 戴震：《戴震文集》，北京：中華書局，1991 年版。

第二部分：中國論著類

1. 白壽彝：《中國通史》，上海：上海人民出版社，1994 年版。

2. 蔡尚思：《中國傳統思想總批判》，上海：上海古籍出版社，2006 年版。
3. 蔡元培：《中國倫理學史》，北京：商務印書館，2004 年版。
4. 陳來：《古代宗教與倫理——儒家思想的根源》，北京：三聯書店，1996 年版。
5. 陳戍國：《先秦禮制研究》，長沙：湖南教育出版社，1991 年版。
6. 陳瑛：《中國倫理思想史》，貴陽：貴州人民出版社，1985 年版。
7. 陳瑛：《人生幸福論》，北京：中國青年出版社，1996 年版。
8. 陳眞：《當代西方規範倫理學》，南京：南京師範大學，2006 年版。
9. 丁爲祥、雷社平：《自苦與追求——墨家的人生智慧》，武漢：武漢出版社 1998 年版。
10. 鄧小平：《鄧小平文選》（第二卷），北京：人民出版社，1994 年版。
11. 鄧小平：《鄧小平文選》（第三卷），北京：人民出版社，1993 年版。
12. 杜維明：《人性與自我修養》，北京：中國和平出版社，1993 年版。
13. 杜維明：《現代精神與儒家傳統》，北京：三聯書店，1997 年版。
14. 高兆明：《現代化進程中的倫理秩序研究》，北京：人民出版社，2007 年版。
15. 高兆明：《制度公正論》，上海：上海文藝出版社，2001 年版。
16. 高兆明：《倫理學理論與方法》，北京：人民出版社，2005 年版。
17. 高兆明：《幸福論》，北京：中國青年出版社，2001 年版。
18. 高兆明：《社會變革中的倫理秩序》，北京：中國礦業大學出版社，1994 年版。
19. 龔群：《道德哲學的思考》，鄭州：河南人民出版社，2005 年版。
20. 郭齊勇、吳根友：《諸子學志》，上海：上海人民出版社，1998 年版。
21. 郭齊勇編，《現代新儒學的根基——熊十力新儒學論著輯要》，北京：中國廣播電視出版社，1996 年版。
22. 郭沫若：《十批判書》，北京：東方出版社，1996 年版。
23. 何建華：《道德選擇論》，杭州：浙江人民出版社，2000 年版。
24. 何懷宏：《良心論》，上海：三聯書店，1988 年版。
25. 何懷宏：《契約倫理與社會正義》，北京：中國人民大學出版社，1993 年版。
26. 胡適：《胡適選集》，長春：吉林人民出版社，2005 年版。
27. 侯外廬：《中國古代思想學說史》，瀋陽：遼寧教育出版社，1998 年版。
28. 黃建中：《比較倫理學》，濟南：山東人民出版社，1998 年版。
29. 黃仁宇：《中國大歷史》，北京：三聯書店，1997 年版。

30. 黃仁宇：《萬曆十五年》，北京：中華書局，2008年版。
31. 焦國成：《中國倫理學通論》，太原：山西教育出版社，2003年版。
32. 景海峰：《新儒學與二十世紀中國思想》，鄭州：中州古籍出版社，2005年版。
33. 景海峰：《中國哲學的現代詮釋》，北京：人民出版社，2004年版。
34. 馮友蘭：《中國哲學史新編》，北京：人民出版社，1998年版。
35. 馮友蘭：《馮友蘭選集》，長春：吉林人民出版社，2005年版。
36. 馮友蘭：《三松堂學術文集》，北京：北京大學出版社，1984年版。
37. 梁啓超：《先秦政治思想史》，北京：東方出版社，1996年版。
38. 梁漱溟：《梁漱溟選集》，長春：吉林人民出版社，2005年版。
39. 劉軍寧，編：《民主二十講》，北京：中國青年出版社，2008年版。
40. 劉翔：《中國傳統價值觀詮釋學》，上海：上海三聯書店，1996年版。
41. 劉澤華：《中國政治思想史》（先秦卷），浙江人民出版社，1996年版。
42. 羅國傑主編，《中國傳統道德》，北京：中國人民大學出版社，2000年版。
43. 毛澤東：《毛澤東選集》（一卷本），北京：人民出版社，1964年版年版。
44. 牟宗三：《寂寞中的獨體》，北京：新星出版社，2005年版。
45. 牟宗三：《宋明儒學的問題與發展》，上海：華東師範大學出版社，2004年版。
46. 牟宗三：《中國哲學的特質》，上海：上海古籍出版社，1997年版。
47. 牟宗三：《中西哲學之會通十四講》，上海：上海古籍出版社，1998年版。
48. 牟宗三：《中國哲學十九講》，上海：上海古籍出版社，2005年版。
49. 牟宗三：《周易哲學演講錄》，上海：華東師範大學出版社，2004年版。
50. 錢穆：《國史大綱》，北京：商務印書館，2009年版。
51. 錢穆：《中國文化史導論》，北京：商務印書館，1994年版。
52. 任繼愈：《中國哲學發展史》（先秦卷），北京：人民出版社，1983年版。
53. 宋希仁：《西方倫理思想史》，北京：中國人民大學出版社，2004年版。
54. 唐凱麟：《西方倫理學名著提要》，江西人民出版社，2000年版。
55. 滕新才：《仁》，北京：中國社會科學出版社，2006年版。
56. 萬俊人：《現代西方倫理思想史》上、下卷，北京：北京大學出版社，1992年版、1995年版。
57. 萬俊人：《尋求普世倫理》，北京：商務印書館，2001年版。
58. 王海明：《新倫理學》，北京：商務印書館，2001年版。
59. 夏偉東：《道德本質論》，北京：中國人民大學出版社，1991年版。

60. 蕭漢明，郭齊勇：《不盡長江滾滾來——中國文化的昨天、今天、明天》，北京：東方出版社，1994 年版。
61. 楊國榮：《倫理與存在》，上海：上海人民出版社，2002 年版。
62. 楊國榮：《善的歷程》，上海：上海人民出版社，2006 年版。
63. 楊華：《先秦禮樂文化》，武漢：湖北教育出版社，1996 年版。
64. 楊志剛：《中國禮儀制度研究》，上海：華東師範大學出版社，2003 年版。
65. 楊澤波：《孟子性善論研究》，北京：中國社會科學出版社，1995 年版。
66. 楊澤波：《孟子與中國文化》，貴陽：貴州人民出版社，2000 年版。
67. 王國維：《王國維文集》，北京：北京燕山出版社，1997 年版。
68. 周輔成：《西方著名倫理學家評傳》，上海：上海人民出版社，1987 年版。
69. 周輔成：《西方倫理學名著選輯》，北京：商務印書館，1987 年版。
70. 朱貽庭：《中國傳統倫理思想史》，上海：華東師範大學出版社，2003 年版。
71. 張岱年：《中國哲學大綱》，北京：中國社會科學出版社，1982 年版。
72. 張岱年：《中國倫理思想研究》，上海：上海人民出版社，1989 年版。
73. 張豈之：《中國儒學思想史》，西安：陝西人民出版社，1990 年版。
74. 張立文主編：《聖境——儒學與中國文化》，北京：人民出版社，2005 年版。
75. 張之滄：《後現代理念與社會》，南京：南京師範大學出版社，2005 年版。
76. 張之滄：《馬克思主義與當代社會思潮》，上海：上海人民出版社，2003 年版。
77. 章海山：《當代道德的轉型與建構》，廣州：中山大學出版社，1999 年版。
78. 曾新中，李建華：《道德心理學》，長沙：中南大學出版社，2002 年版。
79. 鄒昌林：《中國禮文化》，北京：社會科學文獻出版社，2000 年版。

第三部分：外國譯著類

1. 〔德〕包爾生：《倫理學體系》，何懷宏、廖申白中譯本，中國社會科學出版社，1988 年版。
2. 〔古希臘〕柏拉圖：《理想國》，北京：商務印書館，1986 年版。
3. 〔美〕房龍：《寬容》，北京：北京三聯書店，1986 年版。
4. 〔德〕費爾巴哈：《費爾巴哈哲學著作選讀》，北京：商務印書館，1984 年版。
5. 〔法〕伏爾泰：《哲學通信》，上海：上海人民出版社，1961 年版。

6. 〔法〕伏爾泰：《風俗論》，北京：商務印書館，2003 年版。
7. 〔英〕哈耶克：《自由秩序原理》，北京：北京三聯書店，1997 年版。
8. 〔德〕黑格爾：《法哲學原理》，范揚、張企泰中譯本，北京：商務書館，1982 年版。
9. 〔德〕黑格爾：《精神現象學》，北京：商務印書館，1987 年版。
10. 〔德〕黑格爾：《小邏輯》，北京：商務印書館，1980 年版。
11. 〔德〕黑格爾：《哲學史講演錄》，北京：商務印書館，1983 年版。
12. 〔英〕霍布斯：《利維坦》，北京：商務印書館，1995 年版。
13. 〔德〕康德：《實踐理性批判》，北京：商務印書館，1999 年版。
14. 〔德〕康德：《道德形而上學基礎》，唐鉞譯本，北京：商務印書館，1957 年版。
15. 〔德〕康德：《道德形而上學原理》，北京：上海人民出版社，1986 年版。
16. 〔德〕康德：《法的形而上學原理——權利的科學》，北京：商務印書館，1997 年版。
17. 〔俄〕列寧：《哲學筆記》，北京：人民出版社，1974 年版。
18. 〔俄〕列寧：《列寧選集》第 1～4 卷，北京：人民出版社，1972 年版。
19. 〔德〕馬克思恩格斯：《馬克思恩格斯選集》，北京：人民出版社，1972 年版。
20. 〔德〕馬克思恩格斯：《馬克思恩格斯全集》，北京：人民出版社，1972 年版。
21. 〔德〕馬克思恩格斯：《德意志意識形態》，北京：人民出版社，1961 年版。
22. 〔德〕馬克思：《1844 年經濟學——哲學手稿》，北京：人民出版社，2000 年版。
23. 〔美〕麥金太爾：《德性之後》，北京：中國社會科學出版社，1995 年版。
24. 〔美〕麥金太爾：《誰之正義？何種合理性？》，北京：當代中國出版社，1996 年版。
25. 〔美〕麥金太爾：《倫理學簡史》，北京：商務印書館，2003 年版。
26. 〔英〕密爾：《功用主義》，北京：商務印書館，1957 年版。
27. 〔英〕密爾：《論自由》，北京：商務印書館，1986 年版。
28. 〔美〕羅爾斯：《正義論》，何懷宏等中譯本，北京：中國社會科學出版社，1988 年版。
29. 〔美〕羅爾斯：《政治自由主義》，萬俊人中譯本，南京：譯林出版社，2000 年版。

30. 〔美〕羅爾斯：《萬民法》，長春：吉林人民出版社，2001 年版。
31. 〔英〕羅素：《西方哲學史》，馬元德中譯本，北京：商務印書館，1986 年版。
32. 〔法〕盧梭：《社會契約論》，北京：商務印書館，2003 年版。
33. 〔法〕盧梭：《論人類不平等的起源和基礎》，北京：商務印書館，1996 年版。
34. 〔法〕盧梭：《愛彌爾》，北京：商務印書館，1978 年版。
35. 〔英〕洛克：《論宗教寬容》，北京：商務印書館，1982 年版。
36. 〔英〕洛克：《人類理解論》，北京：商務印書館，1959 年版。
37. 〔英〕洛克：《政府論》，北京：商務印書館，1981 年版。
38. 〔德〕尼采：《論道德的譜系》，桂林：灕江出版社，2000 年版。
39. 〔德〕尼采：《權利意志》，北京：中央編譯出版社，2000 年版。
40. 〔法〕薩特：《存在與虛無》，北京：三聯書店，1987 年版。
41. 〔法〕薩特：《存在主義是一種人道主義》，上海：上海譯文出版社，1988 年版。
42. 〔荷蘭〕斯賓諾莎：《倫理學》，北京：商務印書館，1991 年版。
43. 〔英〕斯密：《道德情操論》，北京：商務印書館，1997 年版。
44. 〔英〕斯密：《國民財富的性質和原因研究》，北京：商務印書館，1972 年版。
45. 〔英〕休謨：《道德原理探究》，北京：中國社會科學出版社，1999 年版。
46. 〔英〕休謨：《人性論》，北京：商務印書館，1994 年版。
47. 〔古希臘〕亞里士多德：《尼各馬科倫理學》，北京：中國社會科學出版社，1990 年版。
48. 〔古希臘〕亞里士多德：《政治學》，北京：商務印書館，1995 年版。
49. 〔英〕西季威克：《倫理學方法》，北京：中國社會科學出版社，1993 年版。
50. 〔德〕韋伯：《新教倫理與資本主義精神》，於曉、陳維剛中譯本，北京：三聯書店，1987 年版。

第四部分：外文著作類

1. A. F. Wright, The Confucian Persuasion, Stanford University Press,1.
2. Thomas A. Metzger, Escape from Predicament: Neo-Confucism and China's Evolving Political, New York: Columbia University Press, 1.
3. John Rawls: Political Liberalism, New York: Columbia University Press, 1.

第五部分：期刊類

1. 丁爲祥、高瓊：《牟宗三「本體宇宙論」解讀——儒家視閾中自然與道德關係的再檢討》，《陝西師範大學學報》2009 年第 3 期。
2. 丁爲祥：《孟子道德根源探討》，《哲學研究》2008 年第 10 期。
3. 陳來：《竹簡〈五行〉篇與子思思想研究》，《北京大學學報》（哲學社會科學版）2007 年第 2 期。
4. 程志華：《儒學之爲「道德的宗教」》，《四川大學學報》2009 年第 4 期。
5. 單純：《論古代儒家辨析齊法家與三晉法家的意義》，《中國哲學史》2007 年第 4 期。
6. 高兆明：《制度倫理與制度「善」》，《中國社會科學》2007 年第 6 期。
7. 高兆明：《中國古代「德治」發微》，《江蘇社會科學》2002 年第 3 期。
8. 高兆明：《「倫理秩序」辯》，《哲學研究》2006 年第 6 期。
9. 高兆明：《自由意志的內在定在——黑格爾〈法哲學原理〉讀書札記》，《倫理學研究》2005 年第 1 期。
10. 馮國超：《論先秦儒家德治思想的內在邏輯與歷史價值》，《哲學研究》2002 年第 4 期。
11. 馮兵：《論孔子善惡混存的人性觀》，《哲學研究》2008 年第 1 期。
12. 郭齊勇；《上博楚簡所見孔子爲政思想及其與〈論語〉之比較》，《哲學研究》2007 年第 2 期。
13. 賀來：《中國哲學、西方哲學、馬克思主義哲學：價值層面的對話》，《中國社會科學》2008 年第 5 期。
14. 江暢：《情感與人生：倫理學視野的審視》，《倫理學研究》2009 年第 4 期
15. 焦國成：《論作爲治國方略的德治》，《中國人民大學學報》2001 年第 4 期。
16. 景海峰：《五倫觀念的再認識》，《哲學研究》2008 年第 5 期。
17. 景海峰：《全球化背景下的儒家倫理反思》，《中國社會科學》2006 年第 5 期。
18. 景海峰：《儒家思想現代詮釋的哲學化路徑及其意義》，《中國社會科學》2005 年第 6 期。
19. 李景林、許家星：《國學：中國學術文化的家園》，《哲學研究》2008 年第 3 期。
20. 李開莉：《民本思想的倫理悖論》，《道德與文明》2008 年第 4 期。
21. 李蘭芬：《中西方德治思想比較研究》，《道德與文明》2002 年第 6 期。

22. 李蘭芬：《以德治國：路徑・功能・框架》,《哲學研究》2004 年第 12 期。
23. 李蘭芬：《政治倫理：「以德治國」的本體定位》,《倫理學研究》2003 年第 6 期。
24. 李蘭芬：《德治與法治結合的科學精神》,《馬克思主義研究》2003 年第 1 期。
25. 李翔海：《牟宗三「中國哲學特徵」論評析》,《哲學研究》2008 年第 4 期。
26. 李亞彬：《對我國古代德治的分析》,《哲學研究》2002 年第 4 期。
27. 黎紅雷：《人性假設與人類社會的管理之道》,《中國社會科學》2002 年第 2 期。
28. 梁濤：《論早期儒學的政治理念》,《哲學研究》2008 年第 10 期。
29. 龍靜雲：《仁政：先秦儒家政治倫理的核心及其借鑒價值》,《道德與文明》2000 年第 3 期。
30. 陸建猷：《中國哲學學理形態的建設視望》,《西安交通大學學報》（社科版）2009 年第 4 期。
31. 羅國傑：《提高對道德建設重要性的認識，堅持「法治」和「德治」兼重的治國方略》,《倫理學研究》2002 年第 1 期。
32. 秦平、郭齊勇：《中國哲學研究 30 年的反思》,《哲學研究》2008 年第 9 期。
33. 孫迎聯：《儒家倫理「普世化」之反思》,《道德與文明》2008 年第 4 期。
34. 唐凱麟：《德治建設中的一個重要問題——把握行爲「應當」、「失當」和「正當」的維度》,《道德與文明》2001 年第 3 期。
35. 武樹臣：《尋找最初的德》,《法學研究》2001 年第 2 期。
36. 夏偉東：《儒家德治爲什麼產生了人治的結果》,《道德與文明》2004 年第 4 期。
37. 夏偉東：《爲什麼法家的「法治」是人治的一種表現形式》,《倫理學研究》2004 年第 5 期。
38. 王傅：《論〈勸學篇〉在〈荀子〉及儒家中的意義》,《哲學研究》2008 年第 5 期。
39. 溫克勤：《略談孔子「論政」——兼論先秦儒家政治、倫理相貫通的倫理政治思想》,《倫理學研究》2002 年第 7 期。
40. 溫克勤：《說「人治」》,《道德與文明》2002 年第 6 期。
41. 楊國榮：《論人性能力》,《哲學研究》2008 年第 3 期。
42. 楊澤波：《從以天論德看儒家道德的宗教作用》,《中國社會科學》2006 年第 3 期。

43. 郁建興：《法治與德治論衡》，《哲學研究》2001 年第 4 期。
44. 詹世友：《先秦儒家道德教化的不同範型之分析》，《哲學研究》2008 年第 2 期。
45. 張立文：《國學的新理解——易、儒、禪、道的三句眞言》，《社會科學戰線》2007 年第 1 期。
46. 張立文：《和合、和諧與現代意義》，《江漢論壇》2007 年第 2 期。
47. 張再林：《中國古代關於「家」的哲學論綱》，《哲學研究》2008 年第 1 期。
48. 趙敦華：《中國古代的價值律與政治哲學》，《北京大學學報》（哲社版）2005 年第 9 期。
49. 周可眞：《「德治」的兩種維度：事功之德與人道之德》，《江海學刊》2003 年第 2 期。
50. 周永坤：《尋求憲法原則下的德治》，《法學》2002 年第 4 期。
51. 朱貽庭：《「卡里斯瑪」崇拜與中國古代「德治」》，《倫理學研究》2002 年第 1 期。

附錄一：仁政正義：政府堅守社會主義核心價值的底線倫理

摘要：社會主義核心價值的本體依據是社會主義經濟結構與政治結構，社會主義核心價值是社會主義經濟與政治的必然性要求的理論表達。社會主義核心價值應當繼承中國傳統文化中的優秀成分。仁政正義是中國古代政治倫理的精髓，是當代政府堅守社會主義核心價值的底線倫理，是檢驗眞假社會主義的試金石。仁政正義的現代路徑是市場經濟與民主政治，或者說，市場經濟與民主政治就是社會主義核心價值的重要內容。

關鍵詞：社會主義核心價值；仁政正義；底線倫理

社會主義核心價值是什麼，有哪些具體內容，它與普世倫理及傳統倫理是何關係，是當前中國理論界的熱點問題。本文擬從仁政正義這一古代中國的政治倫理切入，探究社會主義核心價值問題。

一、社會主義核心價值的本體依據及其歷史繼承性

2006 年中共中央十六屆六中全會首次提出社會主義核心價值體系的概念，並認爲，馬克思主義指導思想，中國特色社會主義共同理想，以愛國主義爲核心的民族精神和以改革創新爲核心的時代精神，社會主義榮辱觀，構成社會主義核心價值體系的基本內容。但 2011 年李長春在對黨的十七屆六中全會《決定》的說明中又說：「概括出能夠得到廣泛認同的社會主義核心價值觀，需要在實踐中繼續探索。」〔註 1〕近年來社會各界對於社會主義核心價

〔註 1〕劉建：《提煉社會主義核心價值體系的新思路——訪中央黨校教授、中央實施

值展開了熱烈的研討。有的認爲社會主義核心價值可概括爲八個字，如「仁義禮知忠敬誠信」〔註 2〕，或「愛國、守法、明理、誠信」〔註 3〕。有的認爲社會主義核心價值觀可以概括爲 12 個字，如「以人爲本，實事求是，獨立自主」〔註 4〕。有的認爲社會主義核心價值觀可以概括爲 16 個字，如「人民民主，共同富裕，中華復興，世界大同」〔註 5〕。有的認爲社會主義核心價值觀可概括爲 32 個字，如「天下爲公，愛國爲先；以人爲本，創新發展；尊嚴廉恥（八榮八恥），立身之道；民主富強，和諧大同」〔註 6〕。諸如此類的概括很多，讓人有眼花繚亂之感。這一方面說明大家都在關心與探索社會主義核心價值問題，另一方面如有的專家所批評，「要防止『空對空』，甚至搞文字遊戲」〔註 7〕。

避免社會主義核心價值的「文字遊戲」與任意言說，必須把社會主義核心價值置于堅實的基礎之上。李德順指出：「任何價值觀念，都一定是其主體頭腦中『應然』系統的主觀表達……但是，任何『應然』都必須以一定的『實然』爲根據……否則就是一套空想甚至幻覺。因此，要講社會主義的價值體系及其核心如何，就要以社會主義思想體系及其社會運動發生發展的歷史和經驗爲根據。」〔註 8〕換個哲學名詞說，我們研究社會主義核心價值必須找出它的本體，它的名詞之後的「Being」。這個本體，按照黑格爾的思想，應該是客觀的社會關係、社會結構與社會交往活動。黑格爾說：「倫理關係是實體性

馬克思主義理論和建設工程課題組首席專家嚴書翰》〔J〕，《人民論壇》2012 年第 36 期，第 40～42 頁。

〔註 2〕謝遐齡：《如何建設社會主義核心價值體系》〔J〕，《探索與爭鳴》2011 年第 12 期，第 41～46 頁。

〔註 3〕郭占恒：《愛國　守法　明理　誠信——關於概括社會主義核心價值觀的探討》〔N〕，《浙江日報》2012 年 1 月 30 日第 6 版。

〔註 4〕田心銘：《中國社會主義核心價值觀：以人爲本，實事求是，獨立自主》〔J〕，《馬克思主義研究》2011 年第 11 期，第 35～42 頁。

〔註 5〕鍾哲明：《凝練社會主義核心價值的十六字建議》〔N〕，《光明日報》2012 年 2 月 11 日第 11 版。

〔註 6〕龔群：《以馬克思主義有機論爲基礎概括社會主義核心價值觀》〔J〕，《紅旗文稿》2012 年第 7 期，第 8～10 頁。

〔註 7〕劉建：《提煉社會主義核心價值體系的新思路——訪中央黨校教授、中央實施馬克思主義理論和建設工程課題組首席專家嚴書翰》〔J〕，《人民論壇》2012 年第 36 期，第 40～42 頁。

〔註 8〕李德順：《表述社會主義核心價值觀的幾點思考》〔J〕，《決策與信息》2011 年第 12 期，第 18～19 頁。

的關係，所以它包括生活的全部」〔註9〕。黑格爾在《法哲學原理》中從家庭、市民社會、國家三個領域的具體社會關係分析各個領域的倫理道德。馬克思的唯物史觀對於社會關係與社會結構作了更爲明確的揭示，就是任何社會形態都可以概括爲「生產力與生產關係，經濟基礎與上層建築」的矛盾統一體。換言之，任一社會的核心價值都屬於上層建築的思想（文化）層面，它必有其經濟結構與政治結構的基礎。也即社會主義核心價值就是社會主義經濟結構與政治結構的內在的、必然的、規律性要求的理論表達。

如果把社會主義核心價值理解爲社會主義經濟結構與政治結構的精神表現，我們就會發現社會主義核心價值並不神秘，它的內容就是提煉概括「社會主義應該是什麼」。而且社會主義的理論家們事實上一直在不斷地回答這個問題。且不說馬克思、列寧關於社會主義的論述，就是建立於改革開放以來實踐基礎上的中國特色社會主義理論，如鄧小平的社會主義本質論，江澤民的「三個代表」重要思想，胡錦濤的科學發展觀與社會和諧理論，等等，也都可以看作他們的社會主義價值學說。大家所期盼的是社會主義核心價值的表述，能夠像中國封建社會的「三綱五常」、西方資本主義的「自由、平等、博愛」那樣簡潔明瞭、刻骨傳神、深入人心。這確實令人嚮往，值得追求。但是一則這需要理論家們的天才創造，與廣大民眾的接受與認可；二則，更重要的是，它有待於作爲它的本體依據的社會主義經濟結構與政治結構本身的成熟與穩定，如黑格爾所說「哲學總是來得太遲。哲學作爲有關世界的思想，要直到現實結束其形成過程並完成自身之後，才會出現。概念所教導的也必然是歷史所呈示的。……密納發的貓頭鷹要等黃昏到來，才會起飛」〔註10〕。

社會主義核心價值研究中一個重要的問題是正確認識它與當代普世倫理與中國傳統倫理的關係。就普世倫理來說，強調中國特色社會主義與歐美資本主義的不同之處，及從政治上警惕西方反動勢力的西化、分化中國的圖謀都是正確的。但是中國特色社會主義與西方資本主義諸多共同點也是難以否認的。否認二者的共同點，否認社會主義對於資本主的繼承性，拒絕「自由、平等、民主、人權」等理念，其實際結果會導致我們對於中國特色社會主義

〔註9〕〔德〕黑格爾：《法哲學原理》〔M〕，范揚、張企泰譯，北京：商務印書館，1982年，第176頁。

〔註10〕〔德〕黑格爾：《法哲學原理》（序言）〔M〕，范揚、張企泰譯，北京：商務印書館，1982年，第13～14頁。

理論上的空殼化與無以言說；在意識形態的鬥爭中「拱手讓西方發達國家佔據道義制高點」〔註11〕；在世界文明對話中「走向『自我另類化、邊緣化』。這正是那些敵視或懼怕中國的人所希望的」〔註12〕。

關於社會主義核心價值與中國傳統倫理道德的關係更是研究中的難點。關於這方面的分歧更大。比如，李德順認爲：「現在有一些人，很熱衷於將『仁愛』、『和合』、『誠信』之類所謂傳統美德，列爲『社會主義核心價值觀』的要素。……然而，它們究竟在何種意義上與社會主義相關，甚至可以成爲社會主義的核心理念」〔註13〕。且不論「仁愛」、「和合」之類是否應當屬於社會主義核心價值，值得注意的是，在李德順的思維方式中，社會主義核心價值可以與資本主義的價值觀有共同之處，而絕不能同中國傳統文化有共同之處。易言之，傳統文化在李德順的心目中只能是落後的，不可能有供社會主義借鑒之處。李德順的觀點並非個別現象，而是代表了許多只熟悉西方文化的知識分子的觀點。

我們現在所討論的社會主義核心價值，實際上有明確的地域性、民族性與目的性。從地域性與目的性上說，我們所討論的社會主義核心價值是立足於中國範圍內的社會主義實踐，是爲中國的社會主義事業的發展服務的。強調當代中國特色社會主義對於古代中國的否定，強調近代以來的民主主義革命與社會主義革命的重大意義是應當的。但是必須認識到民主主義與社會主義革命並不是也不可能是把古代中國的一切都否定了。我們現在說的社會主義建設，很大意義上是指中國的現代化。而如有的學者所揭示，現代化意味「四個不可分割的因素：市場經濟、民主政治、市民社會和個人尊嚴」〔註14〕，這些對於當代中國來說仍然是極爲艱難的任務。但是現代化並不能涵蓋生活中的一切。搞清「共相和殊相的關係，一般和特殊的關係，討論它們之間的區別及聯繫」〔註15〕是非常重要的。現代社會不同於古代社會，這是它們的

〔註11〕高兆明：《關於「普世價值」的幾個理論問題》〔J〕，《浙江社會科學》2009年第05期，第53～58頁。

〔註12〕李德順：《表述社會主義核心價值觀的幾點思考》〔J〕，《決策與信息》2011年第12期，第18～19頁。

〔註13〕李德順：《社會主義核心價值與當代普世價值》〔J〕，《學術探索》2011年第10期，第1～7頁。

〔註14〕杜維明：《儒家傳統與文明對話》〔M〕，北京：人民出版社，2010年，第36頁。

〔註15〕馮友蘭：《三松堂全集》（第1卷）〔M〕，鄭州：河南人民出版社，2001年，

「殊相」，但現代社會與古代社會都屬於人類社會，這是它們的「共相」。既然現代社會與古代社會存在共同性與貫通性，作爲列祖列宗心血結晶的中國傳統文化中的許多內容，必然可以爲當代中國人民服務，可以爲社會主義事業服務。在筆者看來，中國古老的仁政正義理念，對於當代中國政府堅守社會主義核心價值來說，依然是繞不過去的底線倫理，而且仍然需要付出巨大的努力才能達到。

二、仁政正義是考量當代中國政府堅守社會主義核心價值的試金石

當代中國的社會主義核心價值對於中國傳統倫理道德存在繼承性是毋庸置疑的。問題在於繼承什麼，如何繼承。許多學者認爲，傳統中國社會的核心價值就是「三綱五常」，三綱因爲是直接爲封建社會的宗法等級服務的，與社會主義格格不入，應予否棄，而「『仁義禮智信』應當成爲社會主義核心價值體系基本內容」〔註 16〕。此類觀點不能說錯誤，但持論者的學理分析尚顯薄弱，而且認識也不夠全面。

如果把人類追求的價值從主體上區分爲個體價值與社會價值兩個層面，無疑後者相較於前者更爲根本也更爲重要。羅爾斯說：「社會基本結構之所以是正義的主要問題，是因爲它的影響十分深刻並自始至終。……這種基本結構包含著不同的社會地位，生於不同地位的人們有著不同的生活前景……這類不平等是一種特別深刻的不平等。」〔註 17〕羅爾斯進而指出「正義是社會制度的首要價值」〔註 18〕。古代中國社會的核心價值，主要是儒家思想家加以概括與提煉的。「三綱五常」是他們最重要的概括，但也還有其它的概括，如《大學》所概括的「明明德，親民，止於至善」，「格物，至知，誠意，正心，修身，齊家，治國，平天下」，所謂「三綱領，八條目」。「三綱領，八條目」又可以進一步概括爲「內聖外王」。內聖是個體美德，外王是社會道德。

第 218 頁。

〔註 16〕陳劍：《「仁義禮智信」應當成爲社會主義核心價值體系基本內容》〔J〕，《新視野》2011 年第 6 期，第 82～83 頁；董平：《社會主義核心價值體系建設的傳統資源——以「仁義禮智信」爲例》〔J〕，《人民論壇》2012 年第 2 期，第 32～33 頁。

〔註 17〕〔美〕羅爾斯：《正義論》〔M〕，何懷宏等譯，北京：中國社會科學出版社，2001 年，第 5 頁。

〔註 18〕〔美〕羅爾斯：《正義論》〔M〕，何懷宏等譯，北京：中國社會科學出版社，2001 年，第 1 頁。

在儒家看來，內聖與外王並不是兩件事，如馮友蘭所說「人是不能離開家、國、天下而單獨成為『完人』的。……『明明德』和『親民』並不是兩回事，內、外是不能分開的，主觀和客觀是不能對立起來的。『止於至善』就是把這一件事做到最完全的地步。」〔註 19〕沒有外王的規定，內聖是空的；同樣，沒有內聖所造就的主體素質，外王也無法達到。儒家所說的外王，「三綱」只是規範性的東西，其要達到的最高目標是「王道」、「仁政」。「王道」相對於「霸道」，「仁政」相對於「暴政」，二者「同出而異名」。如果套用羅爾斯的正義理論，中國古代核心政治理念可稱之為「仁政正義」。

孔子學說的核心概念為「仁」，仁的最基本規定是「己所不欲，勿施於人」（《論語・顏淵》））、「己欲立則立人，己欲達則達人」（《論語・雍也》），當代學者譽之為社會規範中的「黃金規則」〔註 20〕。孔子的社會理想是是「天下歸仁」（《論語・顏淵》），其最高理想是「天下為公，選賢與能，講信修睦。人不獨親其親，獨子其子」（《禮記・禮運》）的「大同社會」。孟子繼孔子而倡言「仁政」，「不以仁政，不能平治天下」（《孟子・離婁上》）。孟子對仁政給予許多具體的描述。仁政就其原則來說，要求統治者充滿「惻隱之心」、「推恩於民」、「與民同樂」、「為民父母」。其具體的制度設計如「制民之產」，搞「井田制」，「五畝宅，百畝田」，減輕賦稅，達到人民「仰足以事父母，俯足以畜妻子，樂歲終身飽，凶年免於死亡」（《孟子・梁惠王上》）的生活水平。政治上主張賢良政治，「尊賢使能，俊傑在位」（《孟子・公孫丑上》），「惟仁者宜在高位。不仁而在高位，是播其惡於眾也」（《孟子・離婁上》）。荀子則要求「論德而定次，量能而授官，皆使人載其事，而各得其所宜，上賢使之為三公，次賢使之為諸侯，下賢使之為士大夫」，「明主有私人以金石珠玉，無私人以官職事業」（《荀子・君道》）。

仁政的對立面是暴政，儒家認為對於暴政與暴君應當「革命」。「湯武革命，順乎天而應乎人，革之時義大矣哉」（《易經・革卦》）。孟子認為誅殺桀紂類的暴君不存在以下犯上、弒君的問題，「聞誅一夫紂也，未聞弒君也」（《孟子・梁惠王下》）。荀子也說「桀紂非去天下也，反禹湯之德，亂禮義之分，禽獸之行，積其凶，全其惡，而天下去之也。天下歸之之謂王，天下去之之

〔註 19〕馮友蘭：《中國哲學史新編》（中）〔M〕，北京：人民出版社，1998 年，第 149 頁。

〔註 20〕杜維明：《儒家傳統與文明對話》〔M〕，北京：人民出版社，2010 年，第 93 頁。

謂亡。故桀紂無天下，湯武不弒君」(《荀子・正論》)。

社會主義核心價值無論如何表述，社會主義宏偉藍圖無論如何描繪，古代先哲所表達的仁政正義要求首先應予滿足。「己所不欲，勿施於人」、「己欲立則立人，己欲達則達人」是任何制度設計的最基本法則。制度設計的重要內容是處理政府（官吏是其實際主體）與人民的關係。西方人要求「設計任何政府體制……必須把每個成員都設想爲無賴之徒」〔註 21〕，這是從人性惡的視角看待官吏。中國古人要求把官吏設想成「民之父母」，當代又說成是人民的公僕、勤務員，這是從人性善的視角來看待官吏。這兩類看法都對，但又都不全面，應當互相補充。儒家一方面要求把政府與人民的關係看成父母式的慈愛與「推恩」，這當然是一種理想的狀況，雖然經常流於空想；但另一方面，儒家嚴厲告誡統治者不能成爲殘賊不仁的「獨夫」(孟子語）或「民之怨賊」(荀子語)，站在人民的對立面。對當代政府來說，儒家的告誡依然是不可違背的倫理準則，否則就會出現荀子所說的「水則載舟，水則覆舟」(《荀子・王制》) 的嚴重後果。就經濟層面來說，不管社會主義經濟體制如何改革，讓每個人都有謀生的產業或職業，讓「鰥寡孤獨」等弱勢群體能夠生存下去，是最基本的目標。孟子「井田制」的公平價值取向也值得我們深思，就是如何讓人民大眾都能通過勞動過上安樂的生活，並杜絕貧富懸殊的產生。就政治層面來說，不管社會主義民主政治如何發展，讓賢良當政，讓庸者、懶者、惡者退出公職崗位，是一個基本的目標。如果杜絕不了暴政與酷政，總不能說這種社會制度是合理的。

社會主義發展過程中所遇到的挫折，說明在社會主義歷史條件下實現仁政正義並不容易。鄧小平曾坦承計劃經濟很長一段時間沒有體現社會主義制度的優越性，「從一九五八到到一九七八年整整二十年裏，農民和工人的收入增加很少，生活水平很低」，「經濟建設……很長時間處於緩慢發展和停滯的狀態，人民的生活還是貧困」〔註 22〕。而政治領域的貪腐，更讓鄧小平發出「發展下去會形成貪污、盜竊、賄賂橫行的世界」〔註 23〕的警告。而蘇聯共產黨的失敗，只能用劣政亡國來加以總結了。「蘇東各國經濟發展不快，以至於停滯，出現危機。……人民生活水平低……產生信仰危機、信任危機」。「蘇

〔註 21〕劉軍寧編：《民主二十講》〔M〕，北京：中國青年出版社，2008 年，第 40 頁。
〔註 22〕《鄧小平文選：第三卷》〔M〕，北京：人民出版社，1993 年，第 115、233 頁。
〔註 23〕《鄧小平文選：第三卷》〔M〕，北京：人民出版社，1993 年，第 154 頁。

東劇變的一個重要的原因是這些國家的共產黨自身建設沒有搞好，某些幹部高高在上，甚至腐敗蛻化，嚴重脫離人民群眾。結果，宣佈以爲人民服務爲宗旨的黨，竟得不到人民群眾的支持，在重要的歷史關頭、在『自由選舉』中喪失政權」〔註 24〕。

三、政府以仁政正義體現社會主義核心價值的現代路徑

仁政正義在古代中國不僅是一種理論，也是不間斷的實踐。古代中國實踐仁政正義雖然取得了一些成就，但最終難以避免破產失敗的命運。在社會主義歷史條件下，實踐仁政正義理應當有更有效的路徑。

古代中國實踐仁政正義的制度設計，簡要地說就是經濟上的井田制與政治上的君主集權制。

「井田制」的經典藍圖是孟子的理論：「方里而井，井九百畝，其中爲公田。八家皆私百畝，同養公田；公事畢，然後敢治私事，所以別野人也。此其大略也；若夫潤澤之，則在君與子矣。」（《孟子・滕文公上》）也就是保證每個家庭都有一小塊土地，小農生產，自給自足，鄰里互助，有限賦稅。孟子的理論成爲後世政治家孜孜以求的目標。其中著名的實踐如王莽的王田制、曹操的屯田制、司馬炎的占田制，而唐朝的租庸調製則是其最成功的實踐。錢穆說：「在租庸調製下之農民生活，其比較寬舒安恬之景象，可以想像而得。……盛唐時代之富足太平，自貞觀到開元一番蓬勃光昌的氣運，決非偶然。」〔註 25〕但租庸調製最終破產，原因在於，一則政府對農民的授田的前提是政府必須掌控大批土地，如果壓制不了土地兼併，政府最終必然無田可授，二則必須賦稅合理，如果負擔過重，農民會逃避授田，寧願做地主的佃戶。自楊炎以「兩稅法」取代租庸調製，後世實際上不再實行孟子式的井田制。明朝朱元璋用打擊豪強地主的方式，清朝用「永不加賦」的政策，曲折地體現孟子的主張，成效不能說沒有，但最終也歸於失敗。另外，即使是漢文景、唐貞觀、明永樂、清康乾等所謂盛世，人民充其量是較好地解決溫飽問題，富裕是談不上的。

井田制式的仁政之所以成就有限，最終破產，是小農生產與自然經濟的必然結果。亞當・斯密指出：「中國是長期最富的國家之一，是世界上土地最

〔註 24〕黄宗良：《世界社會主義的歷史和理論》〔M〕，北京：中央編譯出版社，1995 年，第 260、261 頁。

〔註 25〕錢穆：《國史大綱》〔M〕，北京：商務印書館，2009 年，第 410 頁。

肥沃、耕種得最好、人最勤勞和人口最多的國家之一。可是，它似乎長期處於停滯狀態。……中國最下層人民的貧困，遠遠超過了歐洲最窮國家的人民」。「一個忽視或鄙視對外貿易的國家，只允許外國船隻進入它的一兩個港口，不能經營在不同的法律和制度下可能經營的那麼多的貿易」〔註 26〕。西方資本主義二三百年的歷史，中國改革開放 30 多年的歷史證明，讓人民普遍富裕的根本路徑是實行市場經濟。市場經濟的複雜分工與競爭機制，極大地提高了生產效率；市場經濟所帶來的廣大地域內的頻繁的商品交換，使用價值可以最大限度地兌現爲價值，從而爲社會主體的普遍富裕創造了可能。馬克思指出，「資產階級在它的不到一百年的階級統治中所創造的生產力，比過去一切世代創造的全部生產力還要多，還要大」〔註 27〕。這與資本主義市場經濟所激發的創造力是分不開的。而改革開放所開啓的市場經濟讓中國人民有史以來第一次較爲徹底地解決了溫飽問題，現在正在向高水平的小康生活邁進。

市場經濟並非完美無缺，經濟危機的一再暴發，及競爭失敗者的不利處境是其最嚴重的缺點。所以當代社會要用政府這隻「看得見的手」彌補市場這隻「看不見的手」的不足，如進行經濟的宏觀調控，完善社會保障制度，等等。但是權衡利弊，市場經濟相較於自然經濟與計劃經濟，終究是最有效的經濟模式。當代中國要實現仁政正義所追求的富裕目標，除了實行社會主義市場經濟別無選擇。

就政治體制來說，古代中國所設想的賢良政治，最終必然導致君主集權，人民大眾只是消極的被統治者，沒有組織管理社會的權利與義務。中國古代先哲，如先秦的諸子百家，所鼓吹的都是聖賢政治，無人主張人民主權。這一方面是中國先哲的認識局限所致，但更主要的是小農經濟的必然結果。馬克思在分析法國人民何以支持拿破侖·波拿巴當皇帝時指出：「小農人數眾多……他們的生產方式不是使他們互相交往，而是使他們互相隔離。這種隔離狀態由於法國的交通不便和農民的貧困而更爲加強了。……他們的利益的同一性並不使他們彼此間形成共同關係，形成全國性的聯繫，形成政治組織，就這一點而言，他們又不是一個階級。……他們不能代表自己，一定要別人

〔註 26〕〔英〕亞當·斯密：《國富論》〔M〕，楊敬年譯，西安：陝西人民出版社，2001 年，第 93、121 頁。

〔註 27〕《馬克思恩格斯選集：第一卷》〔M〕，北京：人民出版社，1995 年，第 277 頁。

來代表他們。他們的代表一定要同時是他們的主宰，是高高站在他們上面的權威，是不受限制的政府權力。」〔註28〕就是說農民的貧窮、分散、無組織，注定了他們不能集體扮演社會統治者的角色，而只能寄希望於少數政治強人來統治管理社會。〔註29〕如馮友蘭所說：「《水滸》裏邊的最激進的人物李逵，也只能希望打到東京，推倒『趙官家』，由『宋公明哥哥』當皇帝。……這並不是由於當時農民的階級覺悟不高，政治水平太低，這是因爲歷史的發展就是如此。」〔註30〕君主專制的實際結果是「其興也勃焉，其亡也忽焉」的歷史周期律。每個王朝的開國君臣較爲能幹，道德上也較爲自律。然而他們得不到制約，延續下去逐步變成腐敗無能的統治集團，人民困苦不堪，被迫起義暴動，顛覆舊王朝，造就新王朝。如此周期性的革命與戰爭，整個民族周期性在遭受劫難，文明成果周期性地嚴重毀壞。

市場經濟基礎上的民主政治，能夠比較有效地克服這種周期性的暴力革命悲劇。市場經濟可以有效提高國民的素質，使他們有可能參政議政。而人民主權的民主政治可以有效地實現政權的和平更迭，有效地防止統治集團不可遏止地腐敗墮落。波普爾說：「民主，不是多數人的統治，而是一種讓大家不受獨裁控制的制度。……最重要的是能夠允許政府以不流血的方式更換，隨後新政府還要有接管統治的權力」。「選舉應該是這麼回事：我們不是讓新政府合法化，而是評判舊政府的表現如何——投票日那天是舊政府交成績單的時間」〔註31〕。

民主政治也並非完美無缺，如俞可平所說：「民主……可能引發政局的不穩定……增大政治和行政成本……降低行政效率；民主還會使一些誇誇其談

〔註28〕《馬克思恩格斯選集：第一卷》〔M〕，北京：人民出版社，1995年，第677～678頁。

〔註29〕同樣，「三綱」倫理以現代眼光審視當然是不合理的，但它同樣是小農經濟的必然產物。「三綱」也非絕對的片面服從，孟子說：「君之視臣如手足，則臣視君如腹心；君之視臣如犬馬，則臣視君如國人；君之視臣如土芥，則臣視君如寇讎。」（《孟子·離婁下》）就強調了義務的雙向性。當然「三綱」的本質在於等級權利義務與等級服從制，這在古代財富有限及民主缺失的情況下，也是必然性的制度設計。等級權利義務與等級服從制，在現代社會也不會完全絕跡。

〔註30〕馮友蘭：《中國哲學史新編》（中）〔M〕，北京：人民出版社，1998年，第191頁。

〔註31〕劉軍寧編：《民主二十講》〔M〕，北京：中國青年出版社，2008年，第142～143、145頁。

的政治騙子有可乘之機，成為其蒙蔽人民的工具，如此等等」〔註 32〕。實行民主政治的條件也比較苛刻，托克維爾寫道，「有許許多多不依人的意志為轉移的環境條件，使美國容易實行民主制度。……最主要的……美國人沒有強鄰，所以不用擔心大戰、金融危機、入侵和被人征服，不必有鉅額的稅收、龐大的軍隊和偉大的將軍」〔註 33〕。中國卻是外患不斷，救亡自近代以來成為壓倒一切的任務。但是無論如何，民主政治終究是人類到目前所發現的盡可能保證賢良政治的唯一可行路徑。

概言之，社會主義核心價值是社會主義經濟生活與政治生活的精神表現，不是幾句空洞的教條，更不是隨心所欲的文字遊戲。社會主義核心價值應當繼承中國傳統文化中的合理內容，古老的仁政正義應當是政府堅守社會主義核心價值的底線。仁政正義的現代路徑只能是成熟完善的市場經濟與民主政治，或者說，市場經濟與民主政治就是社會主義核心價值最重要的內涵。

（本文的主要內容曾發表於《晉陽學刊》2013 年第 3 期）

〔註 32〕俞可平：《民主是個好東西——俞可平訪談錄》〔M〕，北京：社會科學文獻出版社，2006 年，前言 2 頁。

〔註 33〕〔法〕托克維爾：《論美國的民主》〔M〕，董果良譯，北京：商務印書館，1988 年，第 321 頁。

附錄二：城市政府仁政正義的本質及其現代渡越——以新生代農民工的市民化為重點

摘要：仁政正義是帶有中華民族特色的正義理念。以之審視當代中國城市政府對待新生代農民工的政策法規，它們存在如下的非正義：新生代農民工的「非農」性而城市政府以「農」待之；新生代農民工的「資本」性而城市政府以「賤」待之；新生代農民工的「城市」性而城市政府以「拒」待之。城市政府仁政正義的本質是：惠及全體，以人為本；不捨棄、不輕賤包括新生代農民工在內的任何人。產生於古代社會的仁政正義具有歷史的局限性，應向現代轉型與渡越，對於當代中國城市政府來說，其正義性的突出要求是實現新生代農民工的市民化。

關鍵詞：城市政府；仁政正義；新生代農民工

社會制度的首要價值是什麼，斯密、羅爾斯等西方哲人的回答是正義。〔註 1〕羅爾斯指出：「某些法律和制度，不管它們如何有效率和有條理，只要它們不正義，就必須加以改造或廢除。」〔註 2〕正義作為普遍的要求，因不同

〔註 1〕〔英〕亞當·斯密：《道德情操論》〔M〕，蔣自強等譯，北京：商務印書館，1997 年，第 106 頁。〔美〕羅爾斯：《正義論》〔M〕，何懷宏等譯，北京：中國社會科學出版社，2001 年，第 1 頁。

〔註 2〕〔美〕羅爾斯：《正義論》〔M〕，何懷宏等譯，北京：中國社會科學出版社，2001 年，第 1 頁。

民族的歷史條件與實踐過程的差異，必然有其不同的特點與表達方式。中國的先秦時期，處於雅斯貝爾斯所言之人類文明之軸心時代，諸子百家實際上是在王道與霸道之辯、仁政與暴政之爭的語境中，討論正義問題的。中國先哲，主要是孔子、孟子、荀子爲代表的儒家認爲王道與仁政是正義的，霸道與暴政是非正義的。仁政正義作爲帶有中華民族特色的正義理論，既有理性的權衡，如孔子所言之「己所不欲，勿施於人」（《論語・顏淵》）、「己欲立而立人，己欲達而達人」（《論語・雍也》）的消極與積極兩方面要求，西方神學家孔漢思等人譽之爲解決人類問題的「黃金規則」〔註3〕；又有情感的訴求，如孟子把統治者稱爲「民之父母」，希望統治者對待人民大眾能夠像父母對子女般的無私與奉獻。仁政正義作爲古代中國產生的政治主張，既有其超越時空的普遍價值，又有其難以避免的時代局限。故而對於當代中國來說，對於仁政正義就存在繼承其合理價值與促其現代轉型與渡越的雙重任務。本文以城市政府如何對待新生代農民工這一現實問題爲切入點，探討仁政正義的本質及其現代渡越問題。

一、城市政府對待新生代農民工的非正義

以仁政正義來審視城市政府對待新生代農民工的政策、法規與行政措施，不難發現其存在如下突出的正義問題。

（一）新生代農民工的「非農」性與城市政府以「農」待之的非正義

按照學術界的通常認識以及黨和國家相關法律文件的規定，現階段所謂的新生代農民工是指上世紀 80 年代後出生的 16～30 歲的持有農村戶籍的在城市的打工者。〔註4〕具體劃分又可分爲兩類，一類是第一代農民工攜往城市的，在城市讀完小學中學，然後在城市打工的仍持有農村戶籍的新生代農民工；另一類是在農村讀完小學中學，中學畢業就到城市打工的持有農村戶籍的新生代農民工。但不管如何分類，新生代農民工的「非農」性是清楚明白的。馬克思說，人的本質「在其現實性上，它是一切社會關係的總和」〔註5〕。

〔註 3〕杜維明：《儒家傳統與文明對話》〔M〕，北京：人民出版社，2010 年，第 93、183 頁。

〔註 4〕宋國英：《新生代農民工社會認同的倫理向度》〔J〕，《河南社會科學》2011 年第 6 期，第 207～210 頁。

〔註 5〕《馬克思恩格斯選集：第一卷》〔M〕，北京：人民出版社，1995 年，第 56 頁。

我們不妨從生產、生活各方面來分析新生代農民工的社會角色與社會屬性。按照馬克思主義的唯物史觀，生產力是社會發展的決定力量，生產關係是社會結構的基礎，人的屬性首要的是其在生產勞動過程中所呈現的屬性。從生產勞動方面來說，新生代農民工基本上沒有務農的經歷，從來沒有接觸過土地、穀物、牲畜、農具這些農業生產資料，作爲勞動者其自始就在城鎮從事不受氣候條件制約的製造業與服務業，即所謂第二產業與第三產業；從生活上說，新生代農民工不可能像典型的農民那樣「男耕女織」、「自給自足」，而是像城市居民一樣，但凡衣食住行所需，都是通過商品交換的途徑予以滿足，而且具體生活內容與城市居民基本趨同；從心理上說，「他們甚至厭惡帶『農』字的稱呼，認爲自己就是城市中的產業工人，更不願意回到農村去從事農業生產活動」〔註6〕。

但是到目前爲止，新生代農民工被絕大多數的當代中國城市政府以「農」對待，其根據只是他們持有的農業人口戶籍。其根源則應上溯到新中國成立後所逐步建立的計劃經濟體制，該體制截然把國民劃分爲農業人口與非農業人口，並以戶籍的方式固定下來，且以血統爲根據父子相傳，輕易不得變更。兩類人口並非只是名義上的區分，而是伴隨權利義務的天壤之別，「農業人口」只能在農村從事農業勞動，任由自給自足；「非農業人口」則主要在城市從事第二第三產業，其生老病死由國家包下來。除了通過招工、升學（中專以上）等少數途徑，「農業人口」不得變遷爲「非農業人口」。「農業人口」轉變爲「非農業人口」形象地被稱爲「跳龍門」（部分方言中農龍諧音）。改革開放以來，「非農業人口」的權利有所弱化，但在就業便利、社會福利等方面仍然具有相對「農業人口」的巨大優勢。目前各城市政府無視新生代農民工的就業與生活現狀，拒絕賦予新生代農民工作爲城市人所應該享有的權利與利益，其唯一的根據竟然是父子相傳的血統關係。

至聖先師孔子指出，政治的首要前提是「正名」。子曰：「名不正，則言不順；言不順，則事不成；事不成，則禮樂不興；禮樂不興，則刑罰不中；刑罰不中，則民無所措手足。」（《論語・子路》）孔子說的「正名」，並非僅僅是名詞術語的準確表達問題，而是要正確把握事物的本質，然後「物各付物」，依其（社會主體）本性賦予其應有的權利與義務。否則如孔子所言一則

〔註6〕張春華：《新生代農民工市民化與中國鄉村社會建設》〔J〕，《求索》2011年第9期，第73～75頁。

「禮樂不興、刑罰不中」，導致政策、法制的混亂；二則「民無所措手足」，人民產生困惑，不知如何行動。把根本不從事農業勞動的新生代農民工，僅以血統爲依據以「農」待之，確實不能讓農民工心服口服，也不能說是合理的、正義的。

（二）新生代農民工的「資本」性與城市政府以「賤」待之的非正義

新生代農民工爲什麼離開祖祖輩輩生活過的田園牧歌式的農村，轉而不避艱險義無反顧地走向嘈雜、混亂的城市呢，城市相對於農村的更優裕的生活條件，城市具有更好的生存與發展機會，當然是不可否認的原因。或者像有的人曾經說過的，他們是來城市「淘金」的。〔註7〕但「淘金」的主觀動機本身不是罪過，問題在於他們對於城市乃至全社會的發展有無積極的貢獻。以此觀之，新生代農民工是當代城市發展的不可或缺的人力資本。有關統計表明，農民工在我國第二產業人員中占58%，在第三產業從業人員中占52%。〔註8〕而且其中的六成以上是新生代農民工。〔註9〕新生代農民工有著健康的體魄，相對於父輩受過更好的教育，具有更高的知識與技能，在多賺錢以養家糊口與謀求發展的動機支配下也有不竭的工作熱情。中國作爲世界工廠、第二大經濟體，新生代農民工作爲勞動者的貢獻是不容否認的。

但是新生代農民工的待遇與他們的貢獻是不相稱的，他們有意無意地被當作「賤民」看待。如果他們與城市人口從事同樣的工作，常常會出現同工不同酬、同工不同權、同命不同價的現象。他們幹的是最髒最苦最累的活，拿的是世界範圍內的低工資，而且常常受欠薪的威脅。他們缺少勞動保護，一旦因傷致殘，就有生存之虞。他們的生活條件惡劣。恩格斯曾描繪早期資本主義工人的生活狀況：「這些地方的肮髒和破舊是難以形容的；……到處是一堆堆的垃圾和煤灰，從門口倒出來的污水就積存在臭水窪裏。住在這裏的是窮人中最窮的人，是工資最低的工人。」〔註10〕非常不幸在當代中國的眾

〔註7〕馬立誠：《特區30年：蛇口風波再回首》〔J〕，《中國社會工作》2010年第26期，第50～53頁。

〔註8〕國務院研究室：《中國農民工調研報告》〔M〕，北京：中國言實出版社，2006年，第71頁。

〔註9〕丁靜：《推進新生代農民市民化問題探討》〔J〕，《理論導刊》2012年第4期，第68～70頁。

〔註10〕《馬克思恩格斯全集：第二卷》，《家庭藏書集錦》〔M／CD〕，北京：紅旗出版社，1999年，第207～308頁。

多農民工身上重演了。

是以出身還是以貢獻與德行來評價與獎懲社會主體，儒家的標準是後者而非前者。荀子說：「論德而定次，量能而授官」（《荀子・君道》），「雖王公士大夫之子孫也，不能屬於禮義，則歸之庶人。雖庶人之子孫也，積文學，正身行，能屬於禮義，則歸之卿相士大夫」（《荀子・王制》）。荀子雖然是在任官封爵的意義上討論社會主體的評價與獎懲，但其反對血統論，主張依社會主體的現實德行來評價的精神是非常明確的。農民工的祖輩農民（傳統意義上的小農）是落後生產力的代名詞，在現代社會中面臨被淘汰的命運，此乃事實，但是他們的子孫新生代農民工卻是先進生產力的體現者，對當代中國的發展貢獻甚偉。無視新生代農民工的作用與貢獻，僅僅以血統關係以「賤民」對待之，有悖貢獻與權利的一致性，不能說是正義的、合理的。

（二）新生代農民工的「城市」性而城市政府以「拒」待之的非正義

中華民族是世界上少有的勤勞民族，但是傳統的小農經濟與建國後形成的僵化的計劃經濟不可能爲廣大人民提供更多的勞動機會，中國人民也因此成爲世界上的貧窮一族。改革開放後中國逐步建立起市場經濟，也快速融入了經濟的全球化，卓有成效地參與了世界分工，從而爲勤勞的中國人提供了充分的勞動機會，也有了致富的可能。正因爲如此，尋求幸福的農民工才義無反顧地離開祖祖輩輩熟悉的黃土地，走向混亂而陌生的都市。而事實也證明，只要走向城市，就會過上比農村更好的生活，也正因爲如此，任由城市的冷漠、歧視與驅趕，農民工，特別是新生代農民工也要死心塌地地留在城市，並渴求融入城市，做一個城市人。如果說第一代農民工因爲有務農的經歷，對農村有一定的眷戀，有的願意回到農村，做城市的「過客」，或者半工半農的往返城市與農村的「候鳥」，而新生代農民工因爲沒有農業勞動的經歷，對農村生活有莫名的恐懼感，因而走上奔赴城市的不歸之路。

但城市政府對於農民工的態度是拒斥的。從最初的「收容遣返」、「非本市戶口不得用工」，到收「暫住費」、農民工子女不得在城市就讀，等等，無不體現城市政府對於農民工的拒斥態度。新生代農民工幾乎自始就生活於城市，內心中以城市人自居，卻依然爲城市政府所拒斥。

孟子曾要求統治者「得民心」、「順民意」，並認爲這是「得天下」、「做天下」的依據。「桀紂之失天下也，失其民也；失其民者，失其心也。得天下有道：得其民，斯得天下矣；得其民有道：得其心，斯得民矣；得其心有道：所欲與之聚之，所惡勿施，爾也」(《孟子・離婁上》)。古訓說「天視自我民視，天聽自我民聽」(《尚書・泰誓中》)，民意就是天意。當代中國的城市政府如此地違背新生代農民工的民心、民意，其政治統治的正義性與穩定性是大有問題的。

二、城市政府仁政正義的本質：惠及全體，以人為本

梳理了城市政府對待新生代農民工的非正義表現，那麼仁政正義作為一種價值理念它對城市政府提出的應然性要求是什麼呢，概括起來主要有以下兩點：

（一）惠及新生代農民工：城市政府仁政正義不捨棄任何人

城市政府屬於政府的範疇，新生代農民工屬於生活於城市的人民的範疇，關於城市政府與新生代農民工之間的關係，應該從政府與人民的一般關係中尋求答案。關於政府與人民之間的倫理關係，中國古人（特別是儒家）有著豐富的理論。結合城市政府與新生代農民工的問題，可以得出以下幾點結論：其一，城市政府應該是為了城市人民的利益而存在的。這一理論可以簡要地概括為「立國為民」。法家人物愼到明確說：「立天子以為天下，非立天下以為天子也；立國君以為國，非立國以為君也。」(《愼子・威德》)荀子說：「天之生民，非為君也；天之立君，以為民也。」(《荀子・大略》)孟子則說：「民為貴，社稷次之，君為輕。」(《孟子・盡心下》)先哲所說的「天子」、「國君」、「國」等與現代人所說的政府，是家族相似的概念。在先人看來，政府的存在就是為民的，是為了人民的利益。關於人民利益的內容，孟子表達為：「明君制民之產，必使仰足以事父母，俯足以畜妻子，樂歲終身飽，凶年免於死亡。」(《孟子・梁惠王上》)荀子則以「性惡」與利益衝突作了更為深刻而抽象的揭示：「人生而有欲……不能不爭。爭則亂，亂則窮。先王惡其亂也，故制禮義以分之，以養人之欲，給人之求。」(《荀子・禮論》)城市政府作為當代中國政府的重要組成部分，它要維護全體國民的利益，首先是其轄區內的城市民眾的利益。其二，城市政府應捍衛所有城市民眾的利益，其中必須包括新生代農民工的利益。先人所說的民都是總體的民，並沒有把任何部分排除在外。另外，墨子倡「兼愛」、「愛人如己」；孔子言「泛愛眾」、「己欲立則立人，己欲達則達人」；孟子言「老吾老，以及人之老，幼吾幼，

以及人之幼……推恩足以保四海，不推恩無以保妻子」（《孟子・梁惠王上》）。以上理論都可以得出農民工應屬於城市政府所惠顧的對象的結論。其三，城市政府對於作爲弱勢群體的農民工更應給予特別的照顧。孟子提出：「老而無妻曰鰥，老而無夫曰寡，老而無子曰獨，幼而無父曰孤。此四者，天下之窮民而無告者。文王發政施仁，必先斯四者。」（《孟子梁惠王下》）荀子也說：「五疾，上收而養之，材而事之，官施而衣食之，兼覆無遺。」（《荀子・王制》）新生代農民工由於總體貧窮，文化教育水平相對較低，特別是離開祖居的農村而缺少經濟資本與社會資本，加之歷史上受歧視的傳統，是典型的社會弱勢群體，應當屬於孟子所說的施仁政的起點。概而言之，城市政府應當維護包括新生代農民工在內的所有民眾的利益。

（二）以新生代農民工為本：城市政府仁政正義不輕賤任何人

城市政府應當惠顧全體民眾的利益，這只是仁政正義的一個方面，還有另外一個方面，即城市政府存在與發展的力量源泉在於全體城市民眾，新生代農民工是其重要的組成部分。這仍可以從政府與人民的一般關係的分析中得出結論：其一，從功利的角度看，城市政府繁榮與強大的基礎在於民眾，這在古人看來是不言自明的。上古時期即有「民惟邦本，本固邦寧」〔註 11〕的古訓。從政治的角度看，兵火連天的春秋戰國時期，孟子、荀子都指出軍事力量的最可靠源泉在於民眾。孟子在回答梁惠王魏國何以強而屢敗的疑問時說：「王如施仁政於民……可使制梃以撻秦楚之堅甲利兵矣。彼奪其民時，使不得耕耨以養其父母。父母凍餓，兄弟妻子離散。彼陷溺其民，王往而征之，夫誰與王敵？」（《孟子・梁惠王上》）荀子在秦國議兵時也指出戰爭的根本不在於軍事將領的才能而在於民眾的支持，「臣所聞古之道，凡用兵攻戰之本，在乎一民。……故善附民者，是乃善用兵者也。故兵要在乎附民而已」（《荀子・議兵》）。從經濟的角度來說，政府的富庶依賴於民眾。孔子弟子有若說：「百姓足，君孰與不足？百姓不足，君孰與足？」（《論語・顏淵》）荀子也說：「下貧則上貧，下富則上富。故田野縣鄙者，財之本也；垣窌倉廩者，財之末也。」（《荀子・富國》）商鞅在秦國變法的重要內容是「徠民」，即用優惠政策吸收三晉民眾來秦國從事農業，此爲秦國由弱轉強的轉折點。對於當代

〔註 11〕「民惟邦本，本固邦寧」出自《尚書・五子之歌》。《五子之歌》據清人考據爲僞書，是晉人輯錄古佚書而成。然而如陳來等人指出，既然是輯錄古佚書而成，就說明他們是眞實的上古文獻，價值不能否認。

中國來說，現實的問題是，經濟發展的重要動力在於廣大勞動者，其中就包括大量新生代農民工。如果他們受到輕賤，積極性與創造性就調動不起來；如果農民工永遠拿的是低工資，人民就富不起來，經濟發展的內需動力也提升不起來。其二，先哲從人性的高度，宣稱人人都是高貴的、偉大的。孟子倡「性善」，批評告子「有性善，有性不善」的命題（《孟子・告子上》）。孟子並宣稱「人皆可以爲堯舜」（《孟子・告子下》），「舜，何人也？予，何人也？有爲者亦若是」（《孟子・滕文公上》）。荀子倡「性惡」，但其結論卻是通過修養與教化人性可善，所謂「塗之人可以爲禹」，「塗之人也，皆有可以知仁義法正之質，皆有可以能仁義法正之具，然則其可以爲禹明矣」（《荀子・性惡》）。荀子又通過人與草木鳥獸的比較而頌揚人的偉大，「水火有氣而無生，草木有生而無知，禽獸有知而無義，人有氣、有生、有知，亦且有義，故最爲天下貴也」（《荀子・王制》）。《中庸》則宣稱人可以化育天地，與天地齊肩，「能盡人之性，則能盡物之性；能盡物之性，則可以贊天地之化育；可以贊天地之化育，則可以與天地參矣」。依先哲的人性論，新生代農民工絕非天生的賤民。農民由於歷史與現實的局限，受教育程度與科技水平相對較低，在適應城市社會秩序的道德法制素質方面也有其不足，但這些不是不可克服的。一方面，農民工素質的提高有賴於政府的幫助與社會的幫助，另一方面，從根本上說是農民工素質的提高只能是他們的自我教育與自我提高。

城市政府仁政正義的首要理念在於捍衛人的平等。如羅爾斯所說：「在一個正義的社會裏，平等的公民自由是確定不移的，由正義所保障的權利決不受制於政治的交易或社會利益的權衡。」〔註 12〕然而人類追求平等的道路又是漫長的與艱辛的。托克維爾說：「人是相似的，生下來就對自由擁有同等的權利，這本是一個極其一般而且同時又是極其簡單的道理。但是，羅馬和希臘的最精明最博學的天才，從未達到這樣的思想境界。他們試圖以種種辦法證明，奴隸制度是合乎自然的，並且將永遠存在下去。……只是耶穌基督降世以後，他才教導人們說，人類的所有成員生下來都是一樣的，都是平等的。」〔註 13〕然而耶穌以後的很長歷史時期內，奴隸制或農奴制還是廣泛存在的。到了法國大革命，人類才把平等的要求寫入政治文獻。到了康德，才

〔註 12〕〔美〕羅爾斯：《正義論》〔M〕，何懷宏等譯，北京：中國社會科學出版社，2001 年，第 2 頁。

〔註 13〕〔法〕托克維爾：《論美國的民主》〔M〕，董果良譯，北京：商務印書館，1988 年，第 531～532 頁。

以「人人皆有理性」、「人是目的，不是手段」等命題，從理論上揭示了人的平等與尊嚴。然而時至今日，種族、貧富、地域等的不平等也還廣泛存在於西方發達國家，更不用說落後的發展中國家了。就中國來說，孟子、荀子等先哲早就從人性高度揭示了人的平等性；就社會結構來說，古代中國相對於古印度與古歐洲來說，人與人是相當平等的，黑格爾說：「除掉皇帝的尊嚴以外，中國臣民可以說沒有特殊階級，沒有貴族……人人一律平等……所以他國每每把中國當作一種理想的標準。」〔註 14〕但是古代中國又是專制色彩極爲濃厚的國家，實際上把國民分成三個等級：居於社會頂端的是皇帝，他是所有國民與財富的主人，所謂「溥天之下，莫非王土；率土之濱，莫非王臣」（《詩經．小雅．北山》），黑格爾批評說，「東方人……只知道一個人是自由的」。「在中國，大家長的原則把整個民族統治在未成年的狀態中」〔註 15〕。其次是龐大的官僚集團。他們在皇帝面前是奴才，在人民面前又是主人。再次是廣大民眾，他們處於社會的最底層。近代以來，上述社會結構，歷經資產階級民主革命、新民主主義革命、社會主義革命，受到了嚴重衝擊，但並未徹底剷除。新中國建立的城市二元結構，構成了新的不平等。溫鐵軍說：「城鄉二元結構本質上是一種城鄉的對立關係，是城市對農村的剝奪，或者說是所有城市市民對農民的一種剝奪。……城市中各種利益集團不肯出讓利益。這種現象在 20 年前是如此，20 年後的今天仍沒有發生根本變化。」〔註 16〕城市二元結構必然是與仁政正義不相容的。

三、城市政府仁政正義的現代渡越：新生代農民工的市民化

仁政正義是古代社會的產物，雖有其超越時空的普遍價值，但畢竟有其歷史局限性，所以應當與時俱進，向現代轉型與渡越。仁政正義的現代渡越，一是要揭示現代社會經濟、政治結構的本質、規律、發展趨勢，二是揭示這一過程中的國民的現代性本質。就城市政府仁政正義來說，突出的內容是要求實現新生代農民工的市民化。

〔註 14〕〔德〕黑格爾：《歷史哲學》〔M〕，王造時譯，上海：上海書店出版社，2006 年，第 124～125 頁。關於古代印度與古代歐洲的等級制情況，可參考黑格爾在該書中的相關論述。

〔註 15〕〔德〕黑格爾：《歷史哲學》〔M〕，王造時譯，上海：上海書店出版社，2006 年，第 16、129 頁。

〔註 16〕溫鐵軍：《城鄉二元結構的長期性》〔EB／OL〕，http://www.gmw.cn/02sz/2008-01/01/content_763708.htm.2008-01-01/2012-07-13。

孔子、孟子、荀子等儒學宗師所揭示的仁政正義是農業文明的產物。「耕者有其田」的自給自足而又能親鄰「相扶持」的小農經濟是歷代政治家、思想家夢寐以求的目標。農民是最理想的國民，「農人受了孔子學說的影響，被置於農工商三階級之首，因爲關心米穀之中國人，常能明瞭粒粒盤中餐從何而來，是以對農夫感戴無既」〔註 17〕。與這種經濟基礎相對應則是政治上的帶有家庭溫情色彩的君主集權制，「家族的基礎也是『憲法』的基礎。因爲皇帝雖然站在政治機構的頂尖上，具有君王的權限，但是他像嚴父那樣行他的權限」〔註 18〕。「皇帝對於人民說話，始終帶有尊嚴和慈父般的仁愛和溫柔」〔註 19〕。孔孟等先哲「理想的社會模式只是小農生產加聖人統治。然而聖人如韓非子所言只能是『千世而一出』(《韓非子・難勢》)，庸君與暴君卻是很常見的。而廣泛的整齊劃一的小農式生產又遲早要破產。所以古代中國的命運只能是周期性的革命、周期性的社會動蕩」〔註 20〕。

現代社會與古代社會的最大區別則是以工業文明取代農業文明，工業化是現代社會的基石。馮友蘭說：「工業革命可以說是近代世界所有革命中之最基本者，有了工業革命，使別的建築在舊經濟基礎之上的諸制度也都全變了」。「現在世界是工業化的世界，現在世界的文明是工業文明，中國民族欲得自由平等，非工業化不可」〔註 21〕。托克維爾揭示美國巨大成功的秘密時說：「沒有比商業更偉大和光輝的行業了，它吸引了大眾的注意力」。「大部分富人不斷地想法發財，自然而然地將他們的注意力轉向工商業」。「美國的農業經營者，幾乎都實行農業和商業聯營，他們大部分是亦農亦商」〔註 22〕。與工業化相伴隨的經濟體制必須是市場經濟。「如果說工業化和都市化就是現

〔註 17〕林語堂：《吾國與吾民》〔M〕，西安：陝西師範大學出版社，2002 年，第 178 頁。

〔註 18〕〔德〕黑格爾：《歷史哲學》〔M〕，王造時譯，上海：上海書店出版社，2006 年，第 116 頁。

〔註 19〕〔德〕黑格爾：《歷史哲學》〔M〕，王造時譯，上海：上海書店出版社，2006 年，第 128 頁。

〔註 20〕張傳文：《黨領導的革命對中國傳統革命的繼承與超越》〔M〕//《全國黨史界紀念中國共產黨成立 90 週年學術研討會論文集》，北京：中共黨史出版社，2011 年，第 275～283 頁。

〔註 21〕馮友蘭：《三松堂全集》(第 14 卷)〔M〕，鄭州：河南人民出版社，2001 年，第 264、267 頁。

〔註 22〕〔法〕托克維爾：《論美國的民主》〔M〕，董果良譯，北京：商務印書館，1988 年，第 690～692 頁。

代化的主要內涵，那麼，1989 年的蘇聯及東德、捷克、波蘭等國家都已經是現代化的國家了。……然而，晚近的世界發展表明，宣告馬克思主義和社會主義的終結當然是淺薄的近視之談，但是理性化市場經濟已被明確地公認爲現代性基本要素和框架條件，這是人類經歷了差不多整個 20 世紀才得到的經驗」〔註 23〕。

與工業化與市場經濟相伴隨的，是市民取代原來的小農經濟時代的農民。市民是市民社會的勞動者與交往者。市民社會的概念「有多樣性規定，它既可以內在在包含著『市場經濟』概念，又可以二者通用」〔註 24〕。通常理解的市民社會有兩個著重點，一是強調市場經濟，二是強調與國家相對應的排除國家干預的民間社會。但本文所言之市民與市民社會還強調其政治方面的要求。市場經濟與民間社會的健康發展，離不開相應的政治制度與法律，如，其一，應保證市場的自由與開放，排除人身等級與地域封鎖對市場的扭曲；其二，應提供市場經濟發展所必須的社會公共產品，如完善的社會福利制度以救濟市場競爭失敗者，公平的教育制度以保證勞動力的再生產，等；其三，應保證市民的意見表達權與政治參與權，等等。

從以上內容來判斷目前的新生代農民工，從純經濟的角度來看，他們已經是市場經濟的勞動者與交往者，已經是市民；但從政治的視角看他們又不是市民：其一，城鄉二元結構使新生代農民工不能成爲市場經濟的平等的、自由的參與者；其二，新生代農民工得不到城市提供的各類社會公共產品，其生存與發展面臨嚴重危險；其三，新生代農民工根本不享有城市的政治參與權與保障權。他們只能轉而尋求家族、親友、同鄉等社會網絡的保護，甚至被迫尋求黑社會的保護，並時而與城市政府發生尖銳的衝突，如重慶萬州事件、潮州古巷事件、廣東增城事件等嚴重的群體性事件。

仁政正義的理想是全體國民享受同等的現代國民待遇，就目前的城市政府來說，迫切的任務是進行新生代農民工的市民化，也就是賦予新生代農民工以城市居民同等的權利與義務。新生代農民工的市民化，會帶來社會利益格局的重組，也會衝擊一部分國民的原有既得利益。「利益結構固化於其中的城市制度，它是具有機體排異功能的，排斥對過去二元對立結構的積極改變，

〔註 23〕陳來：《迴向傳統——儒學的哲思》〔M〕，北京：北京師範大學出版社，2011 年，第 86～88 頁。

〔註 24〕高兆明等：《現代化進程中的倫理秩序研究》〔M〕，北京：人民出版社，2007 年，第 127 頁。

放大那些消極癌變」〔註 25〕。但是新生代農民工的市民化，一則從道義上說，如康德所言乃絕對的道德命令；二則從功利上說，長遠看會促進整個中華民族的生存與發展；三則是避免嚴重的社會衝突以維護社會穩定的現實要求。總之，新生代農民工的市民化是正義要求、歷史必然、大勢所趨。

（本文的主要內容曾發表於《江蘇科技學院學報（社會科學版）》2014 年第 5 期）

〔註 25〕溫鐵軍：《城鄉二元結構的長期性》〔EB／OL〕，http://www.gmw.cn/02sz/2008-01/01/content_763708.htm.2008-01-01/2012-07-13。

附錄三：文革時期尊法批儒的文化現象分析

摘要：毛澤東發動尊法批儒運動的直接原因在於利用法家厚今薄古思想為革命進行辯護。尊法批儒運動的深層原因在於人類文化演進的否定之否定的周期律。尊法批儒給我們的經驗教訓是，當代中國文化建設一方面必須捍衛其現代性指向，另一方面應當追求現代化與傳統文化資源的完美契合。

關鍵詞：尊法批儒；文化；現代化

隨著中國的物質文明建設取得長足的進展，如何使精神文明建設跟上去是個重大的問題。謀求文化的大發展大繁榮，離不開對傳統文化的繼承。就中國傳統文化來說，儒家學說是其主幹，弘揚傳統文化很大程度上就是弘揚儒學。然而一個重要的史實是，毛澤東在「文革」後期卻發動了一場聲勢浩大的尊法批儒運動〔註1〕。對於這件事，不能因為「文革」已被徹底否定而簡單放過。對其進行回顧與分析，對於正確理解中國傳統文化，對於當代中國的文化建設都是有所裨益的。

一、為革命辯護是毛澤東尊法批儒的直接原因

毛澤東尊法批儒的直接起因是林彪事件。林彪叛黨外逃身亡是「文革」期間的重大事件。從事後查獲的林彪政變計劃中，有指責毛是當代的秦始皇，

〔註1〕當時一般稱這場運動為「批林批孔」，有時也稱之為「批儒評法」，但其實質乃尊法批儒。本文為揭示其本質與論說的方便，稱之為「尊法批儒」。

是最大的暴君等內容（《「571」工程紀要》）。毛澤東對此的回應是，我就是當代的秦始皇。毛之所以會這麼說，他自幼形成的叛逆性格〔註2〕當然是重要原因。但如果把這件事理解爲只要別人罵毛澤東是什麼人，毛澤東就安然處之，並以此爲榮，是不合情理的。毛澤東的理據是把秦始皇和法家聯繫起來，並強調法家高於儒家，雖然儒家是古代中國最大的思想流派。毛爲什麼尊法而批儒，分析起來大致有以下幾個方面的原因：

其一，法家厚今薄古，符合毛澤東肯定他領導的革命及革命成果的需求，而儒家則相反。毛澤東終其一生主要是個革命家。概括起來領導了三場革命，即推翻帝國主義、封建主義與官僚資本主義的新民主主義革命，消滅生產資料私有制的社會主義革命，和晚年領導的旨在防止資本主義復辟的文化大革命。通過三場革命，毛澤東等於徹底打破了中國舊有的經濟、政治、文化秩序，建立了全新的各方面的社會秩序。問題在於上述變革的正當性合法性何在？對於社會運動的領導者來說，論證社會變革的合法合理性是非常重要的，又是非常困難的。重要的原因在於人民大眾是社會運動的眞正主體，人民大眾不能對社會變革眞心誠服，社會變革難以進行，勉強進行則難以鞏固，更談不上繼續發展。困難的原因在於人民是不會輕易被說服的。如黑格爾所說，「情緒中不願承認任何未經思想認爲正當的東西，這是使人類感到光榮的一種偉大的固執」〔註3〕。在毛澤東看來，馬克思主義特別是其唯物史觀當然可以爲社會變革的必然性作出有力的解釋。但是對於具有悠久歷史與燦爛文明的中華民族來說，如何從中國傳統文化作出解釋，仍然是個重要問題，否則由傳統文化所滋養的人民大眾還不會心服口服。爲此毛澤東舉起了法家的旗幟，認爲「法家的道理就是厚今薄古、主張社會要向前發展、反對倒退的路線，要前進」〔註4〕。並認爲歷史上有作爲的政治家都是法家，而儒家則厚古薄今，開歷史倒車。毛在會見外賓時聲稱讚成秦始皇，不贊成孔夫子。

毛澤東說法家厚今薄古，確有其文獻根據。韓非子說：「聖人不期修古，

〔註2〕〔美〕羅斯・特里爾：《毛澤東傳》〔M〕，胡爲雄、鄭玉臣譯，北京：中國人民大學出版社，2006年，第一章　少年時代。

〔註3〕〔德〕黑格爾：《法哲學原理》〔M〕，范揚、張企泰譯，北京：商務印書館，1982年，序言13頁。

〔註4〕中共中央黨史研究室：《中國共產黨歷史》（第二卷下）〔M〕，北京：中共黨史出版社，2011年，第900頁。

不法常可，論世之事，因爲之備」，「今有美堯、舜、湯、武、禹之道於當今之世者，必爲新聖笑矣」（《韓非子・五蠹》），並嘲諷以古法治今世乃「守株待兔」。而儒家雖然不拒絕變革，如孔子肯定夏商周之間的「損益」（《論語・爲政》），宣稱「麻冕，禮也；今也純，儉。吾從眾」（《論語・子罕》），等。但儒家總的傾向是頌古非今，孔孟言必稱堯舜之治、先王之法。韓非子批評儒家爲「守株待兔」並非全無根據。

其二，韓非子等法家鼓吹鬥爭學說，非常切合毛澤東的階級鬥爭需要。毛澤東是個革命家，而革命的本質乃是一個階級推翻另一個階級暴烈的行動。關於階級鬥爭的學說，馬克思的理論當然是經典。馬克思說：「至今一切社會的歷史都是階級鬥爭的歷史」〔註 5〕，「共產黨人不屑於隱瞞自己的觀點和意圖。他們公開宣佈：他們的目的只有用暴力推翻全部現存的社會制度才能達到。讓統治階級在共產主義革命面前發抖吧。無產者在這個革命中失去的只是鎖鏈。他們獲得的將是整個世界」〔註 6〕。毛澤東繼承與運用了馬克思的階級鬥爭學說，早在第一次國內革命戰爭時期，即發表《中國社會各階級的分析》的宏文，以後無論是新民主主義革命的各個階段，還是社會主義革命時期，以及他認爲非常重要的文化大革命，均把階級分析與階級鬥爭視爲推動革命的不二法門。

關於階級鬥爭，中國傳統文化中有無根據呢？先秦法家的集大成者韓非子雖未提出馬克思式的階級鬥爭理論，但對於鬥爭的鼓吹是無以復加的。韓非把各類社會關系統統概括爲殘酷的鬥爭關係，如君臣關係是「虎狗關係」，「虎之所以能服狗者，爪牙也。使虎釋其爪牙而使狗用之，則虎反服於狗矣」（《韓非子・二柄》），「黃帝有言曰：『上下一日百戰。』……臣之所不弒其君者，黨與不具也」（《韓非子・揚權》）；家庭關係是殘酷的，就王室來說「萬乘之君，千乘之君，后妃、夫人、適子爲太子者，或有欲其君之蚤死者。……情非憎君也，利在君之死也」（《韓非子・備內》），就普通百姓來說，「父母之於子也，產男則相賀，產女則殺之。……慮其後便，計之長利也。故父母之於子也，猶用計算之心以相待也，而況無父子之澤乎？」（《韓非子・六反》），「人爲嬰兒也，父母養之簡，子長而怨；子盛壯成人，其供養薄，父母怒而

〔註 5〕《馬克思恩格斯選集：第一卷》〔M〕，北京：人民出版社，1995 年，第 272 頁。

〔註 6〕《馬克思恩格斯選集：第一卷》〔M〕，北京：人民出版社，1995 年，第 307 頁。

誚之」(《韓非子・外儲說左上》)；商業關係更是冷酷的利害關係，「輿人成輿，則欲人富貴；匠人成棺，則欲人之夭死也。非輿人仁而匠人賊也。人不貴，則輿不售；人不死，則棺不買，情非憎人也，利在人之死也」(《韓非子・備內》)。而儒家思想雖有誅暴君、君子小人難以相容等鬥爭性內容，但其總的基調是鼓吹調和，所謂「禮之用，和爲貴」(《論語・學而)；戰爭乃是極大的罪惡，「善戰者服上刑」(《孟子・離婁上》)。宋儒張載則鼓吹「仇必和而解」(《正蒙・太和篇》)。

其三，韓非子等人鼓吹的文化虛無主義，十分契合毛澤東晚年的文化政策。毛澤東既然認爲他所締造的社會主義制度、社會秩序是前無古人的，那麼反映新社會之精神的文化自應是完全不同於古人的新文化，並由此而激烈否定舊文化，他批評當時的文化部是「帝王將相部」、「才子佳人部」，要求把大量的傳統文化作爲「四舊」掃除，所允許的文化形式則是全民學馬列、學毛選，唱樣板戲，甚至是背誦簡便的《毛主席語錄》。毛澤東這麼做當然有馬克思主義的理論根據，馬克思說：「共產主義革命就是同傳統的所有制關係實行最徹底的決裂；毫不奇怪，它在自己的發展進程中要同傳統的觀念實行最徹底的決裂」〔註 7〕。馬克思的上述論斷在毛澤東主持起草由林彪宣讀的中共九大報告中被置於顯赫的位置，作爲發動文化大革命的理論根據。

在傳統文化中契合這種思想的是商鞅、韓非的理論。商鞅說：「六虱：曰禮、樂，曰《詩》、《書》，曰修善、曰孝悌，曰誠信、曰貞廉，曰仁、義，曰非兵、曰羞戰。」(《商君書・靳令》)，總之傳統文獻與傳統道德都是壞東西。韓非子也要求廢詩書，要求「以法爲教……以吏爲師」(《韓非子・五蠹》)，秦始皇則把商鞅、韓非的理論付諸實踐，進行「焚書坑儒」。而儒家則強調對傳統文化的繼承，孔子是「信而好古」，孟子是「言必稱堯舜」。顯然法家的思想與主張非常符合毛澤東的文化政策，而儒家則反之。

毛澤東「文革」後期尊法批儒的直接原因，誠如上述。而毛澤東如此做法的深層原因則應當從人類文化演進的規律中加以尋找。

二、文化辯證演進規律是毛澤東尊法批儒的深層原因

尊法批儒是毛澤東較爲獨特的文化觀念。但如丟開尊法但就批儒這一點

〔註 7〕《馬克思恩格斯選集：第一卷》〔M〕，北京：人民出版社，1995 年，第 293 頁。

來說，毛澤東卻並非始作甬者，而是對自20世紀初新文化運動以來批儒思潮的繼承與發展，並且可以看作是這一思潮發展的頂點。問題在於陳獨秀、李大釗、胡適、魯迅等一大批飽讀了儒家經典的才智之士何以又不約而同地把文化鬥爭的矛頭指向中國傳統文化的主幹儒家呢〔註8〕，這應當從人類文化演進的規律加以解釋。

文化者何？廣義的文化包括人類超越於動物界的所有文明創造物，埃及的金字塔、中國的萬里長城等物質文明成果也屬於文化之列。但人們通常所說的文化是狹義的文化，也就是從物質與精神二分的視角來看，文化是精神現象，是對自然與人類社會等物質現象的主觀反映，其中科學（主要是自然科學，也包括以實證爲特徵的部分社會科學）、哲學、倫理學等是以抽象思維的形式反映之，而文學、藝術、宗教等是以形象思維的形式反映之。根據馬克思的唯物史觀，不存在一成不變的文化，文化一定隨著生產力、經濟基礎、政治上層建築的變化而變化，有時超前地反映之，有時滯後地反映之。易言之，從大的趨勢看，隨著奴隸社會、封建社會、資本主義社會、社會主義社會等社會形態的演變，文化必然發生形態的改變。另一方面，從辯證法來看，文化的發展必然既有繼承又有批判，是辯證地揚棄。文化發展的過程必定是曲折的，是否定之否定的過程，或用套黑格爾的語言說是無數個正、反、合的過程，其中後一環節對前一環節的否定常常是矯枉過正式的。

就中國文化的發展來看，儒家思想無疑是中國文化的源頭。儒家經典中的《尚書》記載了中國即將進入文明時代的堯舜時期的經典文獻。《尚書》之《洪範》篇記載了據說傳自禹的根本大法。而《易經》更是始自沒有文字的伏羲時代。儒家思想是上古文化緩慢積纍的成果，至周公發展了德性概念（如《尚書・蔡仲之命》中的「皇天無親，惟德是輔」等命題），把人的命運歸之於德性，而非神秘難測的天意，實現了類似於「自然宗教」向「倫理宗教」的轉變，標誌中國先民一次重要的主體性的覺醒。〔註9〕至孔子而發明「仁」之理念，進一步促進了主體性的覺醒。但是史至春秋戰國時期，出

〔註8〕毛澤東無疑自幼受過傳統文化，主要是儒家思想方面的良好教育。毛澤東1964年說：「我過去讀過孔夫子的四書，讀了6年，背得，可是不懂。那時候很相信孔夫子，還寫過文章。」（劉思齊：《毛澤東的哲學世界》〔M〕，北京：中國書店，1993年，第31頁。）

〔註9〕陳來：《迴向傳統——儒學的哲思》〔M〕，北京：北京師範大學出版社，2011年，第244～245頁。

現了史稱「禮崩樂壞」的社會秩序大崩潰，中國社會進入由奴隸社會向封建社會痛苦的演變過程。孔子、孟子、荀子等儒學宗師鑒於人民的苦難，力求以王道剋制霸道，恢復穩定的社會秩序，爲此而奔走呼籲上下求索。奈何儒家作爲上古文化的結晶，其打出的旗號乃是「堯舜禹湯」的先王之法，甚至要求恢復周天子的權威，顯得不合時宜，被時人視爲「迂遠而闊於事情」（《史記・孟子荀卿列傳》）。韓非子稱之爲「守株待兔」。說得更嚴重點是阻礙變革、開歷史倒車。相反，李悝、吳起、商鞅、韓非等法家人物，雖然個個都出自儒學宗師門下，但他們卻提出了與儒家截然不同的主張，打出變法的旗號，鼓吹耕戰，取消舊貴族特權，自覺不自覺地代表了時代的要求。法家政治人物秦始皇的最後一擊，終結了春秋戰國的混亂，迎來了封建社會的新時代。問題在於新社會形態建立後，如何建立穩固而有效的社會秩序。「打天下」與「坐天下」，破與立是有原則區別的。秦始皇雖然推出了郡縣制，「車同軌，書同文」等重大舉措。但一則秦始皇繼續南北兩線大舉用兵，透支國力，二則嚴刑峻法激起民變，終於二世而亡。繼秦而起的漢朝，在劉邦、陸賈、賈誼、晁錯、文帝、景帝等人的反覆摸索中，終至漢武帝、董仲舒時代而「罷黜百家、獨尊儒術」，而其實質乃如漢元帝所說「霸王道雜之」（《漢書・元帝紀》），但又以儒學爲主幹，較好地解決了封建秩序的建立、封建文化的重鑄問題。此種政治、文化格局終封建社會兩千年沒有根本改變。

思辨地說，春秋戰國至秦漢的文化演進是一個正、反、合的過程，先秦儒家是「正」，但不適應時代變革的要求，而被法家否定。法家文化是「反」，爲了變革的要求，把與夏商周奴隸制度無法切割的儒家總體否定。漢代的重尊儒術是「合」，把法家的變革成果與儒家的行爲規範在新時代有機地結合在一起。

用上述的文化演進規律來看待中國文化自鴉片戰爭以來的變化，許多問題可以不言自明。鴉片戰爭後，中國逐步淪爲半殖民地半封建社會的遭遇，說明封建形態的中國已很難在這個世界上生存下去。爲中華民族的生存計，變革是必須的。中國近代以來經歷的變革主要有李鴻章等的洋務運動，康有爲等的維新變法，孫中山領導的辛亥革命，以及中國共產黨領導的新民主主義革命等。上述變革林林總總，彼此宗旨懸殊，但蘊藏於其中的主線是實現中國的現代化。現代化爲何？現代化的基礎是工業化，以及工業化所帶來的社會關係的變革。中國要實現現代化，必須以工業文明取代小農經濟式的農業文明。這不僅是陳獨秀、李大釗、胡適等反儒學者們的主張，也是梁漱溟、馮友蘭等所謂新儒家的共識。〔註10〕到了二十世紀90年代，經蘇東劇變，人們又發現市場化也是現代化不可或缺的內容。「如果說工業化和都市化就是現代化的主要內涵，那麼，1989年的蘇聯及東德、捷克、波蘭等國家都已經是現代化的國家了。……然而，晚近的世界發展表明，宣告馬克思主義和社會主義的終結當然是淺薄的近視之談，但是理性化市場經濟已被明確地公認爲現代性基本要素和框架條件，這是人類經歷了差不多整個20世紀才得到的經驗」〔註11〕。循此，民主政治應該也是現代化的必然內容，「民主雖有各種不同的類型……但共同之處甚多，如選舉、多黨、公民參與之類；不向民主方向發展的現代性是不可能的」〔註12〕。

文化必然隨著經濟、政治的變化而發生變化。作爲自漢代就是中國主流意識形態的封建儒學，鼓吹小農經濟、家族社會與封建君主制，很自然地與現代化相矛盾。追求現代化的中國人自然而然地要否定封建儒學。特別是袁世凱、張勳等在復辟帝制、阻礙革命、開歷史倒車的過程中，都祭起尊孔讀經的文化旗幟，使追求現代化的中國人深惡痛絕。但冷靜地思考，儒學與現代化真的不能兼容嗎？馮友蘭在上世紀三十年代就回答過這個問題。馮友蘭認爲現代化的源頭確實在西方，所以存在向西方學習的問題，但是「所謂西洋文化是代表工業文化之類型的，則其中分子，凡與工業化有關者，都是相干的，其餘，都是不相干的。如果我們要學，則所要學者是工業化，不是西洋化。如耶穌教，我們就看出他是與工業化無干的，即不必要學了」〔註13〕。中國傳統文化有的與現代化是衝突的，如小農經濟等，但也有許多內容與現代化並不衝突，「至於中國原有文化之不與衝突者，當然不改」〔註14〕。而儒

〔註10〕陳來：《迴向傳統——儒學的哲思》〔M〕，北京：北京師範大學出版社，2011年，第24、58頁。

〔註11〕陳來：《迴向傳統——儒學的哲思》〔M〕，北京：北京師範大學出版社，2011年，第86～88頁。

〔註12〕杜維明：《儒家傳統與文明對話》〔M〕，北京：人民出版社，2010年，第36～37頁。

〔註13〕馮友蘭：《三松堂學術文集》〔M〕，北京：北京大學出版社，1984年，第391頁。

〔註14〕馮友蘭：《三松堂全集》（第5卷）〔M〕，鄭州：河南人民出版社，2001年，第321頁。

學與現代社會不相衝突的可以爲現代中國所用的內容是很多的。馮友蘭當時對現代化的理解，主要限於工業化，這當然是不夠的，但馮友蘭的基本思路並無大錯。

問題是中國只要在爲現代化而苦苦奮鬥，工業化、市場化、科學、民主等理念就是中國文化的主旨，與封建社會有較多親緣關係的儒學就常常是批評的矛頭所在，它所包含的可與現代化可兼容的內容就常常被忽視、被遮蔽。這也是文化演進的否定環節的必然現象。現代化完成之日，才是儒學的名正言順、全面復興之時。中國的現代化何時完成？陳來認爲：「革命早已成爲過去，經濟改革已基本完成……與相對短時段的革命和改革而言，儒學正是探求『治國安邦』、『長治久安』的思想體系」〔註 15〕。陳來的想法過於樂觀。中國的現代化還很漫長，即便按鄧小平三步走的戰略部署，中國也須等到 21 世紀中葉才能基本現實現代化。以此觀之，儒學的全面復興還是較爲遙遠的事。

三、尊法批儒的經驗教訓對當代中國的啓示

馬克思曾說：「哲學家們只是用不同的方式解釋世界，而問題在於改變世界。」〔註 16〕愛德華・卡爾則說：「歷史……是現在跟過去之間永無止境的問答交流。」〔註 17〕我們之所以回顧與分析「文革」期間尊法批儒的史實，目的是爲當代中國的現代化建設提供有益的經驗教訓。尊法批儒給我們的啓示是：

其一，尊法批儒所蘊含的深刻精神在於爲中國社會演進的現代性方向作辯護，這在當代中國依然是必須的。毛澤東批儒尊法的直接目的是爲他領導的三大革命辯護。三大革命中的「文化大革命」，因爲混淆了社會的主要矛盾與中心任務，誠如中國共產黨《關於建國以來黨的若干歷史問題的決議》所說，「『文化大革命』，不是也不可能是任何意義上的革命或社會進步」。三大革命中的社會主義革命，聯繫其後展開的人民公社化運動的濃厚的烏托邦色

〔註 15〕陳來：《迴向傳統——儒學的哲思》〔M〕，北京：北京師範大學出版社，2011 年，第 138～139 頁。

〔註 16〕《馬克思恩格斯選集：第一卷》〔M〕，北京：人民出版社，1995 年，第 61 頁。

〔註 17〕〔英〕愛德華・卡爾：《歷史是什麼》〔M〕，北京：商務印書館，1981 年，第 28 頁。

彩，及其後長期奉行的計劃經濟體制的嚴重弊端，說明其自始就存在盲目與誤區。自 1978 年展開的改革開放就是爲了糾正它的錯誤。但是不管三大革命存在這樣那樣的缺點與不足，它們的深刻精神都在於追求不同於古代中國的現代性社會。而建設現代社會是中國人民的根本利益之所在，因爲近代中國的慘痛教訓說明傳統中國社會已無法保證中華民族的生存與發展。中國人民對於現代社會的理解也是逐步深入的，最初的理解也就是堅船利炮而已。經過一白多年的風雨歷程，當代國人對於現代性的理解主要包括兩個方面，一是生產勞動方式的工業化（信息化是工業化的最新表現形式），以及「四個不可分割的因素：市場經濟、民主政治、市民社會和個人尊嚴」〔註 18〕。這些特徵是所有的現代化，不論是資本主義的現代化還是社會主義的現代化，都必須具備的。二是社會主義現代化應當具有高於資本主義現代化的價值追求，如鄧小平所概括的「消滅剝削，消除兩極分化，最終達到共同富裕」〔註 19〕的社會主義本質，或馬克思所描繪的共產主義社會：「代替那存在著階級和階級對立的資產階級舊社會的，將是這樣一個聯合體，在那裏，每個人的自由發展是一切人的自由發展的條件。」〔註 20〕

中國在走向現代的歷程中，始終存在反對現代化的思潮。這既可能是袁世凱、張勳等落後勢力爲維護其既得利益所祭起的旗幟，也可能是文化演進常有的滯後性所致。就此來說，「五四」時期的「打倒孔家店」，「文革」期間的「批孔」，均不是無緣無故，也確有其合理性與必要性（問題是越過合理界限，眞理走向謬誤）。更須警惕的是，傳統文化中的宗法等級、專制集權等落後內容常常以改頭換面的形式出現在當代的各類文化產品中，有時竟然打著馬克思主義的旗號，對此必須加以識別與批判。

其二，尊法批儒所代表的傳統文化虛無主義是錯誤的，在當代中國應予糾正。馮友蘭等學者所言甚是：中國迫切需要現代化，但並非一切都需要現代化，況且傳統中國社會所存在的許多事物也不存在現代化的問題，如種族、語言、文藝、宗教信仰、大量的生活習慣與行爲規範等；「民主、科學」所代表的現代性存在物也不可能滿足中國人民生存與發展的所有需要。中國

〔註 18〕杜維明：《儒家傳統與文明對話》〔M〕，北京：人民出版社，2010 年，第 36 頁。

〔註 19〕《鄧小平文選：第三卷》〔M〕，北京：人民出版社，1993 年，第 373 頁。

〔註 20〕《馬克思恩格斯選集：第一卷》〔M〕，北京：人民出版社，1995 年，第 294 頁。

傳統文化中所包含的大量德目，如孔子的「己所不欲，勿施於人」、「己欲立而立人，己欲達而達人」的「忠恕」理念，孟子的「仁義禮智」，荀子的「禮制」，管子的「忠孝仁愛禮義廉恥」，等等，依然可以爲中國人的生產生活提供有益的價值標準與行爲規範。而「文革」期間的尊法批儒則把上述傳統的合理資源全部當作封建遺毒予以拋棄。這一錯誤在當代中國依然沒有被足夠地認識到。前不久圍繞天安門孔子塑像發生的激烈爭論，特別是許多人口中原原本本的「文革」話語，就說明了這一點。

文化虛無主義與「文革」期間所奉行的階級鬥爭學說有一定的關聯性〔註 21〕。依據當時的理論，傳統文化，特別是其主幹儒家學說一概爲奴隸主階級和地主階級等剝削階級的意識形態，它們與工人、農民等勞動階級的利益是格格不入的，因而必須掃除之。但是，一則，階級鬥爭學說本身有簡單化的缺點。現代社會的階級關係並不能概括爲無產階級與資產階級的二分結構。況且「當代社會普遍發生的有關民族、種族、宗教信仰、人口泛濫、生態危機等方面的矛盾……使階級矛盾逐漸讓位於其它多種形式的矛盾」〔註 22〕。把所有社會矛盾一概歸之爲階級鬥爭是錯誤的。二則，「文革」期間奉行的階級鬥爭學說更爲偏狹，只注意到階級之間的對立，而沒有注意到階級之間也有合作與調和的一面。套用馮友蘭的共相與殊相概念，勞動階級與剝削階級二者是不同的，這是二者的殊相，但二者都是人，存在共同的需求、共同的意識、共同的行爲規範，這是他們的共相；社會主義社會與歷史上的所有剝削階級社會是不同的，這是它們的殊相，但不管那個社會形態，都屬於人類社會，這是它們的共相。共相的存在，說明原本產生於原始社會、奴隸社會、封建社會的中國傳統文化必定有許多內容可以爲社會主義歷史形態下的人民大眾所用。這是今日中國的文化建設與現代化建設應當繼承傳統文化的有益成分，而不能奉行文化虛無主義的理據所在。

其三，尊法批儒所體現的自由選擇性與主體創造性，是文化建設的必然要求。中國古代文化僅先秦就號稱百家爭鳴，其中儒學是傳統文化的主幹。但是出於頌今非古的需要，毛澤東提出尊法而批儒。法家思想內容也是很多的，法家之所以是法家首先在於它重視以法治國。林語堂說：「韓非子實爲那

〔註 21〕馬克思的階級鬥爭學說的合理性無可否認，如揭露政治、法律、道德體現全民意志的理論的欺騙性；揭示階級鬥爭是社會發展的動力等。

〔註 22〕張之滄：《後現代理論與社會》〔M〕，南京：南京師範大學出版社，2005 年，第 189 頁。

時代最偉大的政治思想家。……他主張組織一個法治的政府，他認爲法治政府才是政治上的出路」〔註 23〕。而毛澤東在「文革」期間卻鄙薄法治，說明毛澤東即使對法家思想的借鑒，也是有選擇性的。毛澤東對法家政治家秦始皇的評價，也是因時而變的。「秦始皇，是毛澤東曾經予以多次品評的人物。因爲政治時勢的差異和論說主題的區別，毛澤東的秦始皇評價，有不同的側重點」〔註 24〕，早年出於肯定農民起義反暴政對秦始皇多予否定，晚年出於肯定革命成果則多予肯定。毛澤東之所以如此並非出於主觀任性，而是根據需要自由選擇的文化規律的體現。我們無論是繼承傳統還是借鑒西方都必須以我爲主、自由選擇，而不能盲目推崇，生搬硬套。當代中國文化如何構建，主流的說法叫馬克思主義中國化。但所謂馬克思主義中國化也只是個籠統的說法，起碼包括四個方面：一是經典馬克思主義的繼承，二是對外國文化特別是西方近現代文化的借鑒，三是中國傳統文化的繼承，四是中國經濟、政治、文化建設中的現實經驗的理論提升與文化表達。當代文化建設無論如何複雜多樣，都必須以滿足中國人民的需要爲準則，都必須體現中國人民的創造性。

當代中國如何處理傳統文化與現代化的關係是個長期存在的重大問題。一方面，我們必須遵循社會演進的「前現代——現代——後現代」的必然規律。當西方國家在反思現代性之不足的時候，中華民族卻必須爲現代化而奮鬥。這雖然令人遺憾，卻是無可逃避的宿命。直接從前現代跳到後現代，猶如從天眞的兒童直接變成淳樸的老人一樣不可能。另一方面，如何在走向現代的過程中，充分利用傳統文化的資源，走出中國式的現代化，正考量著中華民族的智慧。機械地等待現代化完成後，再去發掘傳統文化的價值，是消極的與有害的，甚至是愚蠢的。在此方面日韓新加坡等國的成功經驗值得借鑒。杜維明說：「學習西方而同時不放棄國家和文化認同的本土資源，日本的這種能力有助於它成爲世界上最發達的國家之一」〔註 25〕陳來指出：「中國港臺地區和新加坡華人社會現代化的經驗，其最大的意義在於揭示

〔註 23〕林語堂：《吾國與吾民》〔M〕，西安：陝西師範大學出版社，2002 年，第 164～165 頁。

〔註 24〕王子今：《毛澤東論析秦始皇》〔J〕，《百年潮》2003 年第 10 期，第 38～43 頁。

〔註 25〕杜維明：《儒家傳統與文明對話》〔M〕，北京：人民出版社，2010 年，第 65 頁。

出：中國人或中國文化薰陶下成長的人完全有能力在開放的文化空間實現現代化。」〔註 26〕當代中國需要的不是片面的尊法與粗暴的批儒，也不是盲目的復古，而是儒法等傳統文化與現代化的完美契合。

（本文的主要內容曾發表於《武陵學刊》2013 年第 2 期）

〔註 26〕陳來：《迴向傳統——儒學的哲思》〔M〕，北京：北京師範大學出版社，2011 年，第 117 頁。

附錄四：一場空火虛耗式的論戰
——評「親親相隱」之爭

摘要：論戰雙方的觀點可以概括如下：鄧曉芒、劉清平等先生認爲，孔孟的「親親相隱」，導致了專制集權，而專制集權導致了腐敗，所以「親親相隱」的血緣倫理思想應對今日的腐敗負責；而郭齊勇等先生認爲「親親相隱」思想與今日的腐敗無關，「親親相隱」思想是合理的，在當代仍有著無上的價值。爭議雙方都脫離了社會結構轉型這一當代中國最基本的國情，因而雙方都是在空發議論，並無多大現實意義。

關鍵詞：親親相隱；腐敗；結構轉型；市場經濟

「親親相隱」之爭是新世紀以來，中國學界很熱鬧的一場爭論。自 2002 年初劉清平先生在《哲學研究》上發表《美德還是腐敗——析〈孟子〉中有關舜的兩個案例》始，引起郭齊勇等人的反駁，隨後眾多名人加入戰團，峰煙四起，蔚爲壯觀。2004 年，郭齊勇先生把主要的爭鳴文章收入《儒家倫理爭鳴集——以「親親相隱」爲中心》，以示總結。哪知，2007 年初鄧曉芒先生發表《再議「親親相隱」的腐敗傾向——評郭齊勇主編的〈儒家倫理爭鳴集〉》，以嚴厲的措辭與激憤的語氣向郭齊勇、楊澤波、范忠信、丁爲祥等先生發難，「親親相隱」之爭再度升溫。筆者拜讀了爭論雙方的文章，認爲雙方的觀點大致可以概括如下，鄧曉芒、劉清平等先生認爲，孔孟的「親親相隱」，導致了專制集權，而專制集權導致了腐敗，所以「親親相隱」的血緣倫理思想應對今日的腐敗負責，郭齊勇等人鼓吹「親親相隱」思想，實爲腐敗的幫兇；而郭齊勇等人認為「親親相隱」思想與今日的腐敗無關，「親親相隱」思想是合理的，在當代仍有著無上的價值，劉清平等人以西方思想否定孔孟，是崇洋媚外的洋奴。但是在筆者看來，如果可以作如下判斷：腐敗問題是關乎國家民族命運的大問題，而「親親相隱」與今日的腐敗並無多大的相關度，既無明顯的正相關，也無明顯的負相關，那麼，可以得出結論，「親親相隱」之爭並無多大的現實意義，爭論雙方都在放空炮，純粹是學術資源的浪費。

一、今日腐敗的根本原因：社會結構的轉型

今日之腐敗與《孟子》所載之「竊負而逃」、「封之有庫」有無相似之處呢？何清漣教授的描述可資比較，她寫道廣東商人行賄有所謂「送禮三部曲」，「首先是問清該主管幹部的電話號碼、住址，第一次上門時提一些水果『投石問路』，第二次再送『紅包』，以後就是面對面地『講數』。」〔註 1〕稍加比較就可以發現今日之腐敗與舜之故事的兩點差異，其一，今日之腐敗主體，如行賄人與受賄人，基本上不存在家庭成員甚至親朋好友間的關係，而是普通人甚至陌生人之間的關係，而舜之案則是父子、兄弟之間的事；其二，今日之腐敗基本動機是攫取金錢，而舜只是窩藏、包庇父與弟之罪責。概言之，今日之腐敗只是赤裸裸的權錢交易，並無親情可言。

今日腐敗的實質是商品交易原則在政治領域的泛化，它根植於市場經濟。改革開放以來，中國社會結構的最根本變遷是從有著數千年歷史的自然經濟及新中國建立後延續了幾十年的計劃經濟向市場經濟的躍遷。此乃中國千古之奇變。中國現階段的一切經濟、政治、文化問題都應當從中探究其原因。

自然經濟向市場經濟的躍遷，引起了倫理原則的變化。自然經濟狀態下，家庭是最基本的生產與生活單位，所以血緣親情是最基本的倫理取向，有所謂的「父慈子孝、夫義婦順、兄友弟恭」等。而在市場經濟中，商品交易、利益驅動是最基本的倫理取向。對此黑格爾與馬克思都有過精闢的論述。黑格爾在談到家庭時說，「作為精神的直接實體性的家庭，以愛為其規定」「對意識來說，最初的東西、神的東西和義務的淵源，正是家庭的同一性。」但當人進入了市民社會，他的精神就發生了巨大的變化。「在市民社會

〔註 1〕何清漣：《現代化的陷阱》〔M〕，北京：中國今日出版社，1998 年，第 57 頁。

中，每個人都以自身為目的，其它一切在他看來都是虛無。」〔註2〕市民社會純粹是角逐個人私利的戰場。馬克思在《共產黨宣言》中對資本主義社會的批評，對於市場經濟社會是具有普遍意義的。馬克思說：「它無情地斬斷了把人們束縛於天然尊長的形形色色的封建羈絆，它使人和人之間除了赤裸裸的利害關係，除了冷酷無情的『現金交易』，就再也沒有任何別的聯繫了。它把宗教虔誠、騎士熱忱、小市民傷感這些情感的神聖發作，淹沒在利己主義的冰水之中。」「資產階級撕下了罩在家庭關繫上的溫清脈脈的面紗，把這種關係變成了純粹的金錢關係。」「它把醫生、律師、教士、詩人和學者變成了它出錢招雇的雇傭勞動者。」〔註3〕按照當代的經濟學、政治學與法學的觀點，國家機關工作人員與廣大國民可視為商品買賣關係。國家機關工作人員以其公務行為向廣大國民提供管理、服務等公共產品，廣大國民以稅收、財政支出等形式付與國家機關工作人員以勞動報酬。我們不必賦予國家機關工作人員以高尚動機，他們的公務行為首先是謀生的手段，存在著利益取向，一旦有機可乘，他們就會搏取更多的利益。就是說如果公務人員的權力得不到有效制約，它們天然具有腐敗的傾向，而腐敗的基本動機則是攫取金錢。

問題在於，為什麼歐美諸國實行市場經濟由來已久，它們的國家機關工作人員的腐敗行為達到了較有效的抑制，而中國的腐敗行為卻如此觸目驚心呢？問題在於中國的經濟與政治體制。中國現行的經濟與政治體制是對前蘇聯模式與斯大林體制繼受的結果。蘇聯模式可以簡單概括為「公有制＋計劃經濟＋高度集權」。按照馬克思對社會主義的設想，社會主義應該以公有製取代資本主義的私有制。因此社會主義革命勝利後，首先進行對私有制的社會主義改造。私有制改造後的社會主義國家，政府掌握了整個國家幾乎全部的財富，財富集中的程度為奴隸制、封建制和資本主義社會所難以想像。問題在於龐大的公有財產總得有一個現實的管理者，最簡單的辦法就是以政府來代表全體國民管理公有資產，所以公有制主要就是國有制，也就是各級政府所有制。政府不是一個空洞的符號，而是由具體的工作人員所組成的機構。所以公有財產最終由國家機關工作人員來掌控。所以黃宗良先生

〔註2〕〔德〕黑格爾：《法哲學原理》〔M〕，范揚、張企泰譯，北京：商務印書館，1982年，第175、196、197頁。

〔註3〕《馬克思恩格斯選集：第一卷》〔M〕，北京：人民出版社，1995年，第274～275頁。

說，公有制得不到有效制約就成了「官有制」〔註4〕。依斯大林模式，公有經濟的運行機制是嚴格的國家計劃與層層的行政命令。從一定意義上說這種經濟體制（以一定的政治體制爲前提）是高效率的，可以集中力量辦幾件大事。所以前蘇聯社會主義革命成功後，很快由一個落後的農業國變成僅次於美國的第二大工業國，並爲「二次大戰」打敗納粹德國奠定了必要的物質基礎，對人類歷史的貢獻無可否認。新中國成立後，公有制加計劃經濟，也很快讓中國建立了具備工業化基礎的國民經濟體系與現代國防體系，使中國由幾千年的農業國走向了工業國，有效地改變了近代以來積貧積弱落後挨打的局面。改革開放後，實行了計劃經濟向市場經濟的變遷，使國民經濟煥發了空前活力，但公有制經濟仍然存在，計劃經濟與行政命令這一手也未放棄，所以我國現有的市場經濟是政府主導下的市場經濟。況且政府主導也有其優點，中國近二十年來國民經濟始終以 10%的速度高增長，政府驅動也是其重要的原因。問題在於「公有制＋行政命令」，爲腐敗提供了天然的土壤。權力易生腐敗，沒有制約的巨大權力必然導致腐敗。打個比方說，把一個猴子放入一個果實累累的花園，卻期望這個猴子去「慎獨」，這對猴子來說是個不現實也不盡合理的要求。要想讓猴子不摘果實，要麼是沒有果實，要麼是把果實鎖在櫃子中使猴子拿不著，這是比較現實的辦法。前蘇聯在斯大林時代，由於「肅反」等殘酷的政治運動，搞得人人自危，客觀上有效地遏制了腐敗。但是在後斯大林時代，隨著政治運動的終結，腐敗開始蔓延開來，如黃宗良先生所指出的，蘇聯解體前實際上形成了一個「官僚特權階層」〔註5〕，並由此而肇致喪權亡黨之禍。新中國成立後，毛澤東基於他的理念——「只有讓人民來監督政府，政府才不敢鬆懈。只有人人起來負責，才不會人亡政息。」而頻繁地發動「三反」「五反」、「四清」等政治運動，最後演變成讓人民自下而上奪權的「文化大革命」。所以終毛澤東之世，腐敗得到了較爲有效的遏制。但是由於「文革」造成「打倒一切、全面內戰」，國民經濟瀕於崩潰的後果，鄧小平主政後便徹底否定「文化大革命」。隨著政治運動的終結，以經濟建設爲中心，市場經濟的構建，集權體制與商品經濟的耦合，終於使腐敗之草瘋長，以致鄧小平驚呼「這個黨該抓了，不抓不行

〔註 4〕黃宗良：《蘇聯的教訓：要著力抑制和消除官僚特權階層》〔J〕，《中國與世界觀察》2007 年第 1 期。

〔註 5〕黃宗良：《蘇聯劇變的教訓與中國的改革開放》〔J〕，《科學社會主義》2007 年第 1 期。

了。」〔註6〕

有一個令人深思的問題是，腐敗所賴以產生的集權體制爲什麼會在蘇聯、中國得以產生呢？這一方面固然是由於馬克思關於社會主義制度的設想在蘇聯、中國實踐的結果，所謂社會意識反作用於社會存在，政治反作用於經濟。但是從根本上說卻是因爲蘇聯、中國原有經濟性質的落後。兩個國家原有的市場經濟都不成熟，市民階層都不強大，市民社會尚不足以有效地制約國家政權。馬克思對十九世紀的德國的分析可供我們參考，他說：「目前國家的獨立性只有在這樣的國家裏才存在：在那裏等級還沒有完全發展爲階級，比較先進的國家中已經被消滅了的等級還構成一種不定形的混合體而繼續起著一定的作用，因而在那裏任何一部分居民也不可能對其它部分的居民進行統治。」〔註7〕

二、爭論雙方的失誤

鄧曉芒先生以激憤的語氣指責是「親親相隱」的血緣倫理導致了專制集權，而專制集權導致了腐敗。筆者認爲，把腐敗歸因於專制集權有其合理性，但把專制集權歸之於血緣倫理則是錯誤的。可以證明如下：第一，今日之腐敗發生於親屬間的只能是偶然的例外，帶有必然性恰恰是發生於非親友的普通人之間的赤裸裸的權錢交易。第二，中國歷史上的專制集權本身並非建立於血緣倫理基礎上。中國封建社會的專制集權形成於戰國，定形於秦漢。而此時正是「法不阿貴，繩不繞曲。法之所加，智者弗能辭，勇者弗敢爭。刑過不避大臣，賞善不貴匹夫。」(《韓非子・有度》) 的法家思想大行其道之時。「秦嬴政立博士七十人，其中有占夢博士、儒學博士與方士雜技並列，卑微可知。」〔註8〕只有當集權統治已穩固形成之後，漢立國已七十年之久時，漢武帝才「獨尊儒術」、「陽儒而陰法」，以儒家血緣倫理思想來輔助統治。從時間上推論，專制集權並非儒家血緣倫理的產物。第三，世界歷史上集權政體多的是，幾乎沒有建立於血緣倫理基礎之上的。如前蘇聯的斯大林體制、前德國的納粹政體、法國大革命之前的波旁王朝政體、南美歷史上的印加帝國等等，不勝枚舉，都不是建立於血緣倫理基礎上的。第四，從前述馬克思的

〔註6〕《鄧小平文選：第三卷》〔M〕，北京：人民出版社，1993年，第314頁。
〔註7〕《馬克思恩斯全集：第三卷》〔M〕，北京：人民出版社，1960年，第70頁。
〔註8〕范文瀾：《中國通史簡編》(上)〔M〕，石家莊：河北教育出版社，2000年，第264頁。

觀點來看，一切專制政體都建立於市民社會不夠強大的前提下，市民階層一旦強大起來，都不會容忍專制政體的存在。第四，治國與理家有根本的差異。把專制君主認定爲大家長，只能是在打比方的意義上說的，而打比方從來都不是嚴格意義的論證。我們現在討論環境問題時，把地球比作地球村，把人類比作一個大家庭，難道說人類就只能實行血緣倫理了嗎？

郭齊勇、丁爲祥諸先生試圖捍衛孔孟的血緣親情倫理。問題在於，血緣親情倫理能解決當前關乎國家與民族命運的腐敗問題嗎？答案顯然是否定的。第一，當今社會是典型的商品經濟社會。社會交往活動是如此廣泛而複雜，以至於血緣親情倫理的作用是很有限的。當今的行賄受賄多發生於非親友的陌生人之間，就說明了血緣親情倫理對解決腐敗問題的無能爲力。解決當今腐敗問題的關鍵在於構建與市場經濟相適應的公正合理的社會制度。亞當·斯密曾辨析過仁慈之德與正義之德的關係。他所說的仁慈之德與我們所說的血緣親情倫理很相近。斯密承認仁慈之德是積極的美德，然而他說：「與其說仁慈是社會存在的基礎，還不如說正義是這種基礎。雖然沒有仁慈之心，社會也可以存在於一種很不令人愉快的狀態之中，但是不義行爲的盛行卻肯定會徹底毀掉它。」「正義猶如支撐整個大廈的主要支柱。如果這根柱子鬆動的話，那麼人類社會這個雄偉而巨大的建築物必然會在頃刻之間土崩瓦解」。〔註 9〕第二，孔孟思想是個龐大的體系，並非鐵板一塊，只是宣揚血緣親情倫理，它還有宣揚社會普遍正義的一面。其原因並非孔孟思想邏輯不一致，存在邏輯悖論，而是在於生活本身存在親友關係與非親友關係兩類社會關係。孔孟思想如果是深刻的話，它必然會如實反映這兩類關係。如《孟子》開篇就有孟子與齊宣王的一段對話：「曰：『寡人有疾，寡人好貨。』對曰：『……王如好貨，與百姓同之，於王何有？』王曰：『寡人有疾，寡人好色。』對曰：『……王如好色，與百姓同之，於王何有？』」（《孟子·梁惠王下》）孟子這裏所宣揚的君王應與百姓同苦樂的思想，與康德的可普遍化思想根本上是一致的。孟子的此類思想應該與當代現實相結合，做到與時俱進，發揚光大，而不能只是在血緣親情倫理中打圈子。第三，關於「竊負而逃」「封之有庳」的評判。關於舜的家庭故事，是《孟子》中極爲動人的篇章。舜生於一個非常不幸的家庭，他的父與弟一次次的要害死他，而他卻一次次地饒恕他們，

〔註 9〕〔英〕亞當·斯密：《道德情操論》〔M〕，蔣自強等譯，北京：商務印書館，2007 年，第 106 頁。

猶如耶穌所說的：「無論誰打了你的右臉，把左臉也轉過去由他打。」（《聖經·馬太福音》）以至於舜父殺了人被司法機關懲處，舜還要「竊負而逃」。如果按照鄧曉芒先生的意見，應當把舜及其父引渡回來，把舜判個窩藏罪，讓他坐上幾年牢。從現代眼光來看，舜的做法是錯誤的，確應接受法律的懲處。丁爲祥等先生不應當爲舜強辯。但是正因爲舜有著獨特的基督情懷，舜的遭遇有一種奇特的悲劇之美，讓人唏噓不已，令人慨歎命運之無奈及英雄之缺憾。只要我們能正確對待，舜的悲劇既不至於否證血緣親情倫理應有的合理性，也無損於舜作爲君王的偉大，因爲英雄常常是有嚴重缺陷的人。

論戰雙方有一個共同的錯誤，都認爲差愛與兼愛是不能相容的。其實這個問題先哲們已經解決。包爾生的「空間義務理論」，說明兼愛與差愛應該是統一的。包爾生作爲康德之後學，當然熟悉並認可康德的可普遍化理論，然而他指出：義務有其「自然的等級體系。最重要的義務是我的生活地位和職業加於我的義務；其次是我同他人的特殊聯繫加於我的義務；然後是那些同一般的人們的偶然聯繫所帶來的義務。……每一個自我都在一個同心圓中把所有其它的自我安排到自己周圍，離這個中心越遠的利益，它們的重要性和驅動力也就越少。這是一條心理學法則，它的必要性是很明顯的。……給予者與接受者的距離越近，援助越是有效，而給予者與接受者的距離越遠，援助也就越減少其效力。」〔註 10〕包爾生當然沒有否定人與人之間的平等，每個人都應該享有其作爲一個人應有的權利，也應當履行對他人的應有的義務。這是文藝復興以來西方的通行理論。但當一個人步入現實的關係之網時，他究竟對誰負有現實的義務，及對不同主體的義務的輕重多寡，只能取決於關係的親疏遠近。這與人的平等權並不矛盾。舜如果用錢去資助他人，而不去贍養自己的年老無依的父母，那才是不可容忍的。至於舜應否「竊負而逃」那就另當別論了，不應以差愛進行強解。

筆者認爲，鄧曉芒等先生宣傳自由、平等、民主等理念，急於在中國根除封建制度之殘餘，建立現代化的民主法制，以有效解決腐敗問題，其憂國憂民之心可鑒日月。但是他們既然把專制集權的帳算在血緣親情倫理上，便是攻錯了對象，不是亂了敵人，而是亂了自己，其結果只能是事與願違。而郭齊勇等先生急於弘揚孔孟絕學，光大祖宗遺產，其愛國之心自不可否認。

〔註 10〕〔德〕包爾生：《倫理學體系》〔M〕，何懷宏等譯，北京：中國社會科學出版社，1988 年，第 335 頁。

但是，如果孟子活至今日，他還會死抱住「父子有親，君臣有義，夫婦有別，長幼有敘，朋友有信」的「五倫」學說，而不去探究市場經濟情況下的「倫」與「理」嗎？論戰雙方均不應糾纏於血緣親情倫理，而應當爲如何建立奠基於市場經濟基礎上的倫理秩序與社會正義去鼓與呼。

集權體制的有效根除依賴於市場經濟的發育成熟，市民社會對國家的有效制約。但這不等於說，必須等到那一天，我們才能實行民主法治。馬克思關於上層建築何時變革時有過一段精彩的論述，他說：「如果這種理論、神學、哲學、道德等等和現存的關係發生矛盾，那麼，這僅僅是因爲現在的社會關係和現存的生產力發生了矛盾。不過，在一定民族的各種關係的範疇內，這種現象的出現也可能不是由於現在該民族範圍內出現了矛盾，而是由於在該民族的意識和其它民族的實踐之間，亦即在某一民族的民族意識和一般意識之間出現了矛盾」〔註 11〕。鄧小平也不止一次提到「爲什麼資本主義制度所能解決的問題，社會主義制度反而不能解決」〔註 12〕的問題。如果機械地等到那一天來實行民主法制，只能導致政治動蕩。前蘇聯很長一段時間經濟快速增長、與美國爭霸占上風時，人民尚能忍受專制集權，到了八十年代，經濟停滯、各種社會矛盾凸現，人民便斷然拋棄了蘇聯共產黨的領導。高放先生認爲「當今世界，民主潮流浩浩蕩蕩，……不是社會主義民主就是資本主義民主，……固守專制、極權的蘇聯模式政治體制，終究是被資本主義民主的巨浪衝垮的。」〔註 13〕中國目前經濟高速增長，形勢大好，但如以此爲藉口拖延政治體制的改革，一旦經濟趨緩甚至停滯——這一天終究會到來，局面如何孰難預料。中共十七大報告明確指出「人民民主是社會主義的生命。發展社會主義民主政治是我們黨始終不渝的奮鬥目標。」「社會主義愈發展，民主也愈發展。在發展中國特色社會主義的歷史進程中，中國共產黨人和中國人民一定能夠不斷發展具有強大生命力的社會主義民主政治。」報告並且就經濟民主、政治民主與黨內民主等做出了具體的部署。一切憂國憂民的知識分子都應投入到這一偉大的變革中來。

（本文的主要內容曾發表於《學術界》2008 年第 3 期）

〔註 11〕《馬克思恩斯全集：第三卷》〔M〕，北京：人民出版社，1960 年，第 36 頁。
〔註 12〕《鄧小平文選：第二卷》〔M〕，北京：人民出版社，1994 年，第 333 頁。
〔註 13〕高放：《杜鵑再拜憂天淚精衛無窮填海心》〔J〕，《探索》2006 年第 4 期。

附錄五：新型城鎮化建設過程中現代鄉紳的政府培育

摘要：國家治理體系與治理能力現代化，是十八屆三中全會提出的全面深化改革的總目標。在新型城鎮化的背景下，農村如何實現治理現代化是當代中國面臨的重大問題。回顧歷史，我們發現鄉紳之治是古代中國農村治理的有效方式。當代中國同樣存在鄉紳群體，但現代鄉紳具有與古代鄉紳相區別的現代性特徵。當代中國需要發揮鄉紳的作用以實現農村治理的現代化，爲達此目的，政府對鄉紳的培育規制是非常重要的。

關鍵詞：鄉紳；治理現代化；新型城鎮化

新型城鎮化包括的空間範圍很廣，既包括北京、上海這些大城市的建設，以及六百多個中小城市的建設，還包括二萬多個小城鎮的建設，並與廣大的農村社區緊密相連。就國土區分來說，所有的小城鎮、一部分小城市與所有的農村社區仍將構成廣大的農村區域。農村區域的社會關係與社會結構有別於城市區域，其社會管理方式也應當有所區別。本文考察的問題是，在新型城鎮化過程中，傳統所言之鄉紳有無存在的餘地，能在農村社會治理中發揮什麼樣的作用。

一、問題背景：國家治理的現代化與新型城鎮化

（一）國家治理體系與治理能力的現代化

中國改革開放已三十多年，中國以市場經濟爲主要內容的經濟建設取得

了長足的進展。經濟領域的變化必然要求政治領域進行相應的變革。鄧小平說：「只搞經濟體制改革，不搞政治體制改革，經濟體制改革也搞不通，因爲首先遇到人的障礙。……從這個角度來講，我們所有的改革最終能不能成功，還是決定於政治體制的改革。」〔註1〕中國的改革是一個全面的改革。在經濟體制改革的同時就伴隨著政治體制改革。歷經三十多年的改革，中共中央提出：「全面深化改革的總目標是完善和發展中國特色社會主義制度，推進國家治理體系和治理能力現代化。」〔註2〕現代意義上的治理是相對於傳統的政治統治而言的。俞可平認爲，統治與治理有五個方面的區別，「其一，權力主體不同，統治的主體是單一的，就是政府或其它國家公共權力；治理的主體則是多元的……其二，權力的性質不同……其三，權力的來源不同……其四，權力運行的向度不同……其五，兩者作用所及的範圍不同」〔註3〕。依筆者看來，第一個方面是根本性的，後面的四個方面實質上是由第一個方面派生出來的。就治理主體來說，傳統意義上的政治統治的主體只有一個，就是政府，而治理的主體是多元的，在政府主體之外，還應當有眾多的社會組織與公民個人參與治理。易言之，理想的治理應當是有限的政府統治與廣泛的民間自治的有機結合。

（二）新型城鎮化與新農村建設

國家治理體系與治理能力的現代化是全方位的，既包括城市也包括農村。人類發展史告訴我們，現代化的過程就是城市化的過程，大量的人口從農村遷往城市，以及國土空間上的城市區域的不斷擴大與農村區域的不斷縮小。但是不合理的城市化會引發各種「城市病」與「農村病」。如拉美與印度的城市中間與城市周圍的大量的貧民窟的存在，以及「由於農村勞動力過度轉移，造成了農產品歉收和嚴重的飢餓問題」〔註4〕。我國1.6億的農民工的生存問題也是「城鄉病」的重要表現。有鑒於傳統城市化的諸多弊病及難以爲繼，我國提出新型城鎮化，也就是更科學更合理的城市化。新型城鎮

〔註1〕《鄧小平文選：第三卷》〔M〕，北京：人民出版社，1993年，第146頁。

〔註2〕《中共中央關於全面深化改革若干重大問題的決定》〔N〕，《人民日報》2013年11月16日第1版。

〔註3〕俞可平：《推進國家治理體系和治理能力現代化》〔J〕，《前進》2014年第1期。

〔註4〕仇保興：《新型城鎮化：從概念到行動》〔J〕，《行政管理改革》2012年第1期。

化既包括大中小城市的進一步科學發展問題，也包括「三農」問題的解決。新型城鎮化必須是農業與農村的現代化，「城鎮化發展不是要消滅農村、農業、農民，而是要注重三農問題的解決」〔註5〕。中國現有農村居民約占總人口的 50%，即使將來中國城市化人口達到預期的 70%，還將有 4 億多人生活於農村。而農村的國土空間將永遠是廣大的，「未來中國眾多城鎮將……鑲嵌在廣袤的鄉村大地上」〔註6〕。中外現代化的歷史證明，農村的生產、生活、社會關係、社會結構與城市存在——也應當存在——明顯的差別。「歷史上看，凡是用城市發展規律來取代農村、農業發展自身規律時，『三農』問題就趨於惡化。……城鄉一體化應該追求城鄉兩者差異化互補協調發展」〔註7〕。爲了解決「三農」問題，我國推出新型城鎮化與新農村建設兩大戰略，內容涉及經濟、政治、文化、社會、生態各個方面。其中農村治理體系與治理的能力的現代化，應當是兩大戰略的題中應有之義。當我們探究農村治理體系與治理能力的現代化時，回溯中國歷史上悠久的鄉紳之治，會給我們很多的啓示。

二、鄉紳之治：古代農村社會治理的基本途徑

（一）何謂鄉紳

所謂鄉紳，就是農村的、民間的、社會精英分子。其本質特徵在於：1、鄉紳是農村人，有別於城市人。如果是城市的民間精英，稱之爲「城紳」更爲貼切。2、鄉紳是民間人士。有的學者稱之爲「在野」，有別於在職的官員。3、鄉紳是精英人士，在知識、能力、社會影響力方面有別於普通大眾。精英總是社會成員中的少數人。費正清說，明代的「縉紳……及其家屬不到總人口的 2%」〔註8〕。這個數字未必絕對可靠，但可以說明精英的稀缺性。

哪些人算得上精英？這是鄉紳研究中的疑難問題。鄉紳是明清兩代最爲

〔註5〕張占斌：《新型城鎮化的戰略意義和改革難題》〔J〕，《國家行政學院學報》2013 年第 1 期。

〔註6〕倪鵬飛：《新型城鎮化的基本模式、具體路徑與推進對策》〔J〕，《江海學刊》2013 年第 1 期。

〔註7〕仇保興：《新型城鎮化：從概念到行動》〔J〕，《行政管理改革》2012 年第 11 期。

〔註8〕費正清：《中國：傳統與變遷》〔M〕，張沛譯，北京：世界知識出版社，2002 年，第 221 頁。

典型的社會現象，研究者一般也是以明清兩代的社會制度來界定鄉紳的。鄉紳首先是指依科舉制度考上舉人、進士的人，這是研究者的共識。其中又分爲兩類：一是中舉後做過官的人，後來棄官了或被革職了，「退而爲紳」。這些人中，曾任的官越大，社會影響自然就越大。二是中舉後一直未能做官的人。這類人依明清制度有自由見地方官的特權，顯然符合精英的規定。研究者們爭論的是，未中舉的生員（秀才），甚至花錢捐來的監生是否是鄉紳？大多數研究者認爲，這些人曾比不上中過舉者，但其社會地位、社會影響非普通大眾可比，稱之爲鄉紳是適當的。「下層紳士指的就是各類生員、監生和例貢生，可見，如果將後者排除出去，鄉紳階層在社會中應有的作用將大打折扣」〔註 9〕。更進一步，連秀才也沒考上，甚至目不識丁者，是否就一定不是鄉紳？未必。古代中國是農業社會，土地是最重要的生產資料，大地主的影響非普通人可比。費正清說，「在農民大眾眼裏，士紳還包括大地主」〔註 10〕。況且有錢人弄個秀才頭銜也不是難事，顧炎武說，「今之生員，以關節得者十且七八矣，而又有武生、奉祀生之屬，無不以錢鬻之」〔註 11〕。

以科舉來界定鄉紳的精英性也不具有普遍適用性。中國 1905 年正式廢除了科舉制。清末與民國年間的鄉紳就不能用科舉來衡量了。王先明說：「傳統士紳階層多爲傳統學紳和官紳。而民國時期的士紳則更多地包括了商紳、軍紳、新式學紳以及部分以非法方式（土匪、寇首）進入這一階層的人物。」〔註 12〕鄉紳的精英性是普遍性與特殊性的統一。精英有別於大眾，這是它的普遍性。而鄉紳精英性的具體標準在封建王朝時期、民國時期及當代中國是有很大區別的，必須結合時代的變化具體分析。一概以科舉來判定鄉紳，難免一葉障目。

在職的官員是否鄉紳？應該說不是。研究鄉紳的目的就在於說明民間的自治現象，如果把在職官員也放在鄉紳的範圍之內，邏輯上自相矛盾，研究也就失去了意義。當然必須注意到官與紳存在密切的聯繫，二者可互相轉

〔註 9〕徐祖瀾：《鄉紳之治與國家權力——以明清時期中國鄉村社會爲背景》〔J〕，《法學家》2010 年第 6 期。

〔註 10〕費正清：《美國與中國》〔M〕，張理京譯，北京：世界知識出版社，1999 年，第 33 頁。

〔註 11〕顧炎武：《顧亭林詩文集》〔M〕，北京：中華書局，1983 年，第 21 頁。

〔註 12〕王先明：《鄉紳權勢消退的歷史軌跡——20 世紀前期的制度變遷、革命話語與鄉紳權力》〔M〕，《南開學報》（哲學社會科學版），2009 年第 1 期。

化，「進而爲官，退而爲紳」，昨日爲紳，今日爲官，是常有的事。如果一定要在官與紳之間絕對地劃線，就會如恩格斯所說，「法學家們……爲了判定在子宮內殺死胎兒是否算謀殺，曾絞盡腦汁尋找一條合理的界限，結果總是徒勞」〔註 13〕。但是從總體上說，官員在臺，鄉紳在野，這個界限是清楚的。

（二）古代鄉紳的社會治理功能

鄉紳的作用取決於古代中國的社會治理結構。古代中國政治統治的重要特點是成本低廉。關於古代中國的政治模式，秦暉寫道：「溫鐵軍先生把它概括爲五個字：『國權不下縣』，其實完整的概括是：國權不下縣，縣下惟宗族，宗族皆自治，自治靠倫理，倫理造鄉紳。」〔註 14〕

任何政治統治都要履行兩種職能，即階級統治職能與社會公共職能。古代中國沒有現代意義上的立法、行政、司法等複雜的國家機構的設置，加之「國權不下縣」，縣官集行政、司法大權於一身。而縣衙中的胥吏與衙役數量也相當有限。有限的人力決定了封建王朝只能把大量行政、司法事務委之於鄉紳。由此鄉紳要履行如下眾多職能。其一是治安及稅收。明清兩朝以及後來的民國將這兩項職能委之於保甲長，而保甲長或由鄉紳直接充任，或由鄉紳所舉薦。盜匪之防禦，除了依靠政府軍的力量，主要還是由鄉紳組織的團練類組織來擔當。

其二，民刑事案件的處理。縣官的重要職責是處理轄區內的民刑事案件，但只在所謂的「放告日」才受理案件，實際被允許訴至縣衙的民刑事案件相當有限。絕大多數的民事糾紛，甚至很大一部分現代意義上的刑事案件都是由鄉紳出面解決的。

其三，賑災等公共事務的舉辦。賑災的基金一部分由國庫支出，但大部分由鄉紳出資或籌集。賑災物資的分配只能由鄉紳具體操作。其它公共事務，如農村集市秩序的維持、修路建橋、節日慶典等，概由鄉紳組織。

其四，民眾教化及鄉規民約的制定與執行。鄉紳中眞正能出仕爲官者畢竟是少數，大多數只能扮演塾師的角色。塾師的教學內容基本上就是儒家的

〔註 13〕《馬克思恩格斯選集：第三卷》〔M〕，北京：人民出版社，1995 年，第 361 頁。

〔註 14〕秦暉：《傳統中華帝國的鄉村基層控制：漢唐間的鄉村組織》〔G〕//黃宗智：《中國鄉村研究》（第一輯），北京：商務印書館，2003 年，第 1～44 頁。

四書五經，自然而然對民眾起教化作用。朝廷也注重教化活動的推行。「洪武五年，詔禮部奏定鄉飲禮儀，命有司與學官率士大夫之老者，行於學校，民間里社亦行之。……舉行鄉飲，非爲飲食。凡我長幼，各相勸勉。爲臣竭忠，爲子盡孝，長幼有序，兄友弟恭。內睦宗族，外和鄉里。」（《明史・卷五十六》）古代在儒家禮義與國家法律的基礎上，常常族有族規，鄉有鄉約。此類族規鄉約均由鄉紳制定，並帶領執行。

其五，民間輿情的上達。任何社會都會發生重大的須由政府出面解決的社會公共問題，也會發生民眾與政府的利益衝突問題。鄉紳作爲宗族領袖，區域之精英，是古代民間大眾的天然的利益代言人。上述問題在古代中國主要是由鄉紳單獨或群體向上反映的。費孝通把這種古代的上傳下達的機制名之爲「雙軌」政治，此機制不通，「人民沒有渠道表示他們對於中央當局的反對意見。當局勢變得不可忍受時，唯一的出路便是造反」〔註 15〕。

（三）鄉紳之惡及其否定

古代鄉紳在社會治理中發生了重大作用，但也會發生鄉紳爲害民眾的事情。善與惡總是結伴而生的。善永遠擺脫不了惡的糾纏，黑格爾說「唯有人是善的，只因爲他也可能是惡的。……惡也同善一樣，都是導源於意志的」〔註 16〕。鄉紳具有優越於大眾的地位、知識與能力，他們的作惡會對社會造成更大的災難。而作爲整體的鄉紳階層會成爲腐朽勢力的牢固的階級基礎。林語堂說：「這些讀書人及其同類人物，在中國構成所謂『上流社會』……倘再把樹木來做比喻，則此輩……便是寄生蟲……一切中國榕樹，都受著此輩寄生蟲的包圍。……寄生蟲又是根深蒂固的盤踞於地方上，致任何新的統治權勢必俯就他們，與之合作，或交託他們經手。」〔註 17〕毛澤東說，「四種權力——政權、族權、神權、夫權，代表了全部封建宗法的思想和制度，是束縛中國人民特別是農民的四條極大的繩索。」〔註 18〕這四大繩索都會通過鄉紳而表現出來。

〔註 15〕費孝通：《中國紳士》〔M〕，惠海鳴譯，北京：中國社會科學出版社，2006 年，第 56 頁。

〔註 16〕〔德〕黑格爾：《法哲學原理》〔M〕，范揚、張企泰譯，北京：商務印書館，1982 年，第 144～145 頁。

〔註 17〕林語堂：《吾國與吾民》〔M〕，西安：陝西師範大學出版社，2002 年，第 178～179 頁。

〔註 18〕《毛澤東選集：第一卷》〔M〕，北京：人民出版社，1991 年，第 31 頁。

所有的惡都破壞了合理的社會秩序，進而損害了人民大眾的利益。但是合理的社會秩序必須恢復，人民的利益必須捍衛，所以惡必須被否定。黑格爾在論犯罪時說，犯罪之所以應予否定不僅在於其危害性，更重要的是其對於正義的踐踏，「首先犯罪應予揚棄，不是因爲犯罪製造了一種禍害，而是因爲它侵害作爲法的法；其次……才是眞實的禍害而應予剷除」〔註 19〕。惡的東西從本質上說都「不是眞的」，因而不具有繼續存在的合理性，「這些對象是眞的，如果它們是它們所應是的那樣，即它們的實在性符合於它們的概念。照這樣看來，所謂不眞的東西也就是在另外情況下叫做壞的東西。壞人就是不眞的人，就是其行爲與他的概念或他的使命不相符合的人。……那徹底壞的東西或與概念相矛盾的東西，因此即是自己走向毀滅的東西」〔註 20〕。人類的文明進步正是通過對惡的否定、善的發展而不斷取得的。

對鄉紳的惡的否定，古代的實際路徑有二，一是對個體的否定。也就是由官府或民眾對個別的作惡的鄉紳的懲治。二是對整體的否定。也就是對腐敗的王朝政權的否定，一般是以暴力革命的方式實現的。中國自湯武革命以來，所有的政權更迭都是通過革命實現的。所謂革命就是一群人起而反對舊政權，革命打擊的對象是當時的統治者及作爲其統治基礎的社會群體，附合舊政權的鄉紳必然屬於此群體之列。但是新的政權建立後，政治局面趨於平穩，新的鄉紳群體自動產生並發揮社會作用。對傳統鄉紳最根本的否定是現代社會的建立。

三、現代超越：鄉紳的現代規定與本質特徵

（一）打倒鄉紳：近代社會革命的對象及其原因

在辛亥革命之後的革命浪潮中，所有的革命者，無論國民黨還是共產黨，都眾口一詞地宣佈「打倒土豪劣紳」、「無紳不劣」。鄉紳群體一時間成了人人得而誅之的革命對象。研究者們對這一現象的解釋是：其一，「當清王朝作爲制度意義上的革命對象被推翻後，現存社會的一切弊端就指向了紳士階層」〔註 21〕。革命者認爲辛亥革命只是趕走了一個皇帝，社會結構沒有得到根本

〔註 19〕〔德〕黑格爾：《法哲學原理》〔M〕，范揚，張企泰譯，北京：商務印書館，1982 年，第 102 頁。

〔註 20〕〔德〕黑格爾：《小邏輯》〔M〕，賀麟譯，北京：商務印書館，2005 年，第 399 頁。

〔註 21〕王先明：《鄉紳權勢消退的歷史軌跡——20 世紀前期的制度變遷、革命話語

的改變。要改變社會結構，必須打倒土豪劣紳。其二，清末以來，大量的鄉紳走向城市，留在農村的鄉紳品質越來越低劣。其三，清末與民國因對外戰爭失敗賠款及發動國內戰爭，急於向民眾搜刮財富，鄉紳則是此政策的具體執行者，因而鄉紳與民眾成了利益對立的群體。「民國時期動亂不斷，執政的每一屆政府都在盡最大的努力控制國家的財力……政權越來越不具有合法性」〔註 22〕。

上述看法當然正確，但是還沒有清晰揭示背後的根源。在筆者看來，其一，打倒土豪劣紳是革命的邏輯使然。其二，革命者期盼建立現代社會的理想使然。就前者來說，革命總是造反者打倒現政權及其社會基礎。由於辛亥革命沒有達到預期的目的，帝制復辟與軍閥統治輪番上臺，「革命尚未成功」。革命者對此的反思是，擁戴新舊皇帝的社會基礎沒被打倒，這就是土豪劣紳。就後者來說，革命急於改變中國的封建社會結構，希望建立以工業文明爲基礎的現代社會。鄉紳作爲小農經濟與封建專制制度的產物與捍衛者，而成爲革命者急於消除的對象。

然而以工業爲基礎的現代社會的建立，絕非一場革命就能做到。它只能通過工業文明取代農業文明，商品經濟取代自然經濟的經濟領域的變革才能做到，這是一個漫長的過程。其實大多數研究者提到的，清末以來鄉紳由農村走向城市，也表徵了這一變化趨勢。然而，如果經濟領域沒有發生根本變化，政治領域與文化領域的革命是無濟於事的，政治與文化倒過來還是要遷就經濟的現實。馮友蘭曾就後來的「文化大革命」寫道：「宗法制度、家族思想，都是自然經濟的產物。不從根本上下手，而只大批孔、孟，縱寫千萬篇文章，也是沒有效力的。」〔註 23〕這也就是 1927 年以後國民黨政府再度建立保甲制，以及共產黨抗戰期間團結開明士紳的歷史必然性。

（二）現代鄉紳：現代背景下的農村精英

現代社會有無鄉紳？有的研究似乎認爲沒有。王先明說：在共產黨領導下，「以各級『勞模』和『群英』爲主體的鄉村新式權威逐漸控制了鄉村

與鄉紳權力》〔M〕，《南開學報》（哲學社會科學版），2009 年第 1 期。

〔註 22〕張勁松：《現代化：國家治理體系和治理能力的轉型》〔J〕，《晉陽學刊》2014 年第 5 期。

〔註 23〕馮友蘭：《中國現代哲學史》〔M〕，廣州：廣東人民出版社，1999 年，第 167 頁。

政治生活……鄉紳權勢地位的最終退出，才眞正標誌了一個時代的終結」〔註 24〕。王先明沒有就「群英」作出清晰的說明，讀者不知「群英」爲何物？「群英」的性質從根本上取決於經濟結構。馮友蘭曾就 1958 年刮「共產風」的人民公社寫道：「公社社員，也還是他們原來家庭中的成員，仍處於他們原有家庭的組織中。……勞動所得工分……還要如數交給家長，由家長支配。……人民公社……並沒有改變自然經濟，所以還不能超出封建經濟形態的範圍。」〔註 25〕如果王先明所說的「群英」還是自然經濟形態下的農民精英，甚至還是宗族領袖，那麼他只是服從共產黨領導的傳統意義上的鄉紳而已。如果「群英」是市場經濟條件下的農民精英，那麼名其爲現代鄉紳也未嘗不可。

何爲現代鄉紳？現代鄉紳與古代鄉紳的根本區別在於，現代鄉紳建立於工業文明與市場經濟的社會結構之上。工業文明與市場經濟決定了現代鄉紳具有以下特點：其一，現代鄉紳不可能是全社會的精英，而只能是國民的一部分即農村居民的精英。古代國民幾乎全部是農民。而現代化的過程必然是城市化的過程，大量的人口遷往城市。發達國家的城市人口率普遍在75%以上，而中國目前的城市人口率也已超過了 50%，並且將隨著新型城鎮化的建設而繼續擴大其比例。城市居民的精英只能說是「城紳」，而不能是「鄉紳」。

其二，現代鄉紳的社會階層基礎未必一定是農民，也可以是工業階層與商業、服務業階層。原因在於，現代社會人口密度較低的農村國土區域上，有相當部分的社會成員從事第二或第三產業。而現代農業也不再是自給自足的小農業，而是運用了工業化乃至智能化文明成果的、爲市場經濟體制所支配的現代農業。

其三，現代鄉紳的宗族色彩大爲減弱。留在農村的，沒有遷往城市的農村居民，受傳統社會的影響，必然還有相當程度的宗族性。但現代社會的人口流動性、雜居性遠非古代社會可比。加之市場經濟赤裸裸的逐利性，法制替代族規的規範性，現代鄉紳的宗族性大爲減弱，很大程度上只是某一區域

〔註 24〕王先明：《鄉紳權勢消退的歷史軌跡——20 世紀前期的制度變遷、革命話語與鄉紳權力》〔M〕，《南開學報》（哲學社會科學版），2009 年第 1 期。

〔註 25〕馮友蘭：《中國現代哲學史》〔M〕，廣州：廣東人民出版社，1999 年，第 165 頁。

的鄉賢而已。

其四，現代鄉紳的民主法治意識大爲增強。黑格爾曾比較了農業等級與工商業等級，認爲「第一等級比較傾向屈從，第二等級則比較傾向自由」〔註 26〕，原因在於農業受制於自然，而工商業很大程度上擺脫了自然的限制。馬克思也說，小農「不能代表自己，一定要別人來代表他們。他們的代表一定要同時是他們的主宰，是高高站在他們上面的權威，是不受限制的政府權力」〔註 27〕。現代鄉紳依附的可能是第二或第三產業，是農村區域的企業單位、事業單位或人民團體中脫穎而出的精英。現代鄉紳即使他們依附的還是農民，也不再是分散的、弱小的小農，而是密切交往、富裕有力的現代農民，因而其當家作主的民主意識，以及用法律約束權力的法治意識必然大爲增強。

上述對現代鄉紳的描繪多少是理想化的。現實生活中存在的鄉紳可能是非新非舊、亦新亦舊的。究竟讓現實生活中的鄉紳朝著現代方向發展，還是停留在傳統社會，取決於現代化的進程，但也存在一個政府引導與培育的問題。

四、政府培育：現代鄉紳發揮治理作用的政治保障

無論古代還是現代，都存在鄉紳群體，他們總是一股不可忽視的社會勢力。對於政治統治來說，忽視乃至敵視鄉紳勢力，鄉紳勢力就會成爲破壞力量。相反，承認、利用、引導與規制鄉紳勢力，鄉紳就會成爲鞏固與促進政治統治的積極因素。古代中國總的來說是成功地利用了鄉紳集團在農村社會的統治作用。在當代中國，完善農村區域的社會治理體系與提高社會治理能力，利用與培育鄉紳是一條可行的路徑。就現代鄉紳的培育來說，應注意以下幾個方面：

其一，加快中國的現代化進程，這是現代鄉紳形成的社會基礎。現代鄉紳必須建立於現代社會之上。不徹底改變自給自足的自然經濟，中國的農民還是傳統意義上的小農，則鄉紳也必然還是宗族利益的代言人，對市場經濟與民主政治的建設常常起阻礙作用。傳統帶有極大的慣性與惰性，「一切已死

〔註 26〕〔德〕黑格爾：《法哲學原理》〔M〕，范揚、張企泰譯，北京：商務印書館，1982 年，第 214 頁。

〔註 27〕《馬克思恩格斯選集：第一卷》〔M〕，北京：人民出版社，1995 年，第 678 頁。

的先輩們的傳統，像夢魘一樣糾纏著活人的頭腦」〔註 28〕。「千百萬人的習慣勢力是最可怕的勢力」〔註 29〕。這也是近代中國呼籲「打倒土豪劣紳」的重要原因。徹底消除鄉紳的小農性、宗族性、狹隘性，有待於現代社會的發展與完善。

其二，加快新型城鎮化與新農村建設，這是現代鄉紳培育的重要前提。現代化很大程度上是城市化。但如果城市化就是把農民都趕往城市，廣大農村都成了「空心村」甚至「鬼村」，則也不存在所謂鄉紳，「皮之不存，毛之焉附」。科學的城市化，也就是新型城鎮化，是城鄉差異互補協調發展的格局。部分發達國家的成功經驗是，「農村人口高度集聚在歷史形成的村落之中，並伴有開闊的原野和田園風光，同時將歷史的積澱和帶有地理標誌的優質特色農產品生產等結合在一起」〔註 30〕。就我國來說，「預計 2040 年……從人口空間分佈來看，25%居住在農村，25%居住在小城鎮，25%居住在中等城市，25%居住在大都市。……小城鎮具有連接城鄉、亦城亦鄉的獨特作用」〔註 31〕。新農村是城鄉一體化的新農村，「農民擁有與市民相當的知識、技能、素質和收入以及均等的公共服務，農村也擁有與城市相近的基礎設施」〔註 32〕。農村、農民與農業的科學發展是現代鄉紳形成的歷史前提。

其三，把鄉紳與基本政治制度相連接，這是鄉紳發揮治理作用的政治前提。人民代表大會制度是我國的根本政治制度，基層群眾自治制度是我國的基本政治制度。自改革開放以來，我國的村委會成員、農村區域的社居委成員，縣鄉兩級的人大代表、政府官員等，事實上主要是由農村精英來充任的。這與古代鄉紳的「出而爲官」本質上是一致的。這種做法應當繼續延續，這是聯繫政府與鄉紳、人民的必要的政治機制。

其四，發揮鄉紳的民間治理作用，國家從制度上予以承認與規制，這是實現農村治理現代化的基本途徑。現代社會普遍呼喚「少一些統治，多一些

〔註 28〕《馬克思恩格斯選集：第一卷》〔M〕，北京：人民出版社，1995 年，第 585 頁。

〔註 29〕《列寧選集：第四卷》〔M〕，北京：人民出版社，1995 年，第 154 頁。

〔註 30〕仇保興：《新型城鎮化：從概念到行動》〔J〕，《行政管理改革》2012 年第 11 期。

〔註 31〕倪鵬飛：《新型城鎮化的基本模式、具體路徑與推進對策》〔J〕，《江海學刊》2013 年第 1 期。

〔註 32〕倪鵬飛：《新型城鎮化的基本模式、具體路徑與推進對策》〔J〕，《江海學刊》2013 年第 1 期。

治理」。完全依賴村委會、居委會這些正式的政治組織來解決農村的各類矛盾與糾紛，提供必要的社會公共產品，顯然力不從心，也不符合管理經濟的原則。「國外的小城鎮沒有公務員制，所謂小城市市長都是兼任的……小城市一般都設有城市委員會，委員會的委員都是兼職的……這些城市用於公務員的工資基本上爲零」〔註 33〕，這些做法值得我們借鑒。應當發揮農會、商會、各行業協會等眾多的民間組織的社會治理作用，而鄉紳必然是其自發產生的領導者與組織者。當然，鄉紳及其領導的民間組織，代表的是某一區域、某一行業的部分民眾的利益，有其局限性是難免的，也會發生不同群體之間及其與國家間的利益衝突。黑格爾很早就認識到行業協會的重要社會作用，但同時指出了其缺點，「同業公會必須處在國家這種上級監督之下，否則它就會僵化，固步自封而衰退爲可憐的行會制度」〔註 34〕。對於鄉紳及其所代表的自治組織，國家必須立法進行規制。一旦發生了其自身難以解決的矛盾與衝突，黨委、政府、法院等權威性的政治組織必須加以最後的調解與裁決。

其五，注重鄉紳的精神內核，這是現代鄉紳培育的關鍵之點。鄉紳是精英，而精英與否不是由其肉體決定的，而是由其精神決定的。古代鄉紳的重要標準是科舉，實際上抓住了鄉紳的精神層面。現代鄉紳必須對市場經濟與民主政治等現代性存在有著深刻的理解，由此才能成爲現代化的領頭人。同時，現代鄉紳還要能很好地繼承傳統文化，特別是所在區域的歷史文化。「尊重與保護村莊文化遺產、地域文化特徵及其自然特徵的混合佈局，不僅成爲村莊整治建設的重要內容，更是吸引遊客發展農村第三產業的主要資源」〔註 35〕。現代性因素並非現代社會的全部，現代社會的許多領域與古代社會是一以貫之的，由此也決定了傳統文化在現代社會的適應性與巨大價值。既具有現代意識，又具有傳統底蘊的鄉紳，才是眞正的農村精英。

總之，鄉紳之治是中國古代農村社會治理的優良傳統，在現代社會，鄉紳群體的存在也是一個難以否認的必然事實。在新型城鎮化與新農村建設的

〔註 33〕仇保興：《新型城鎮化：從概念到行動》〔J〕，《行政管理改革》2012 年第 11 期。

〔註 34〕〔德〕黑格爾：《法哲學原理》〔M〕，范揚、張企泰譯，北京：商務印書館，1982 年，第 251 頁。

〔註 35〕仇保興：《新型城鎮化：從概念到行動》〔J〕，《行政管理改革》2012 年第 11 期。

歷史條件下，實現農村的治理體系與治理能力現代化，承認、利用與規制現代鄉紳是一條現實可行的路徑。

（本文的主要內容曾發表於《華南農業大學學報（社會科學版）》2015 年第 3 期）

知的客觀性。可以把王陽明的良知說與黑格爾的良心說作一對比，雖然良知在陽明心學中的地位遠比良心在黑格爾學說中的地位重要。黑格爾把良心分爲形式的良心與眞實的良心。黑格爾認爲形式的良心是主觀的、任意的、靠不住的，「良心如果僅僅是形式的主觀性，那簡直就是處於轉向作惡的待發點上的東西」〔註 4〕。而眞實的良心是有客觀性的，「眞實的良心是希求自在自爲地善的東西的心境，所以它具有固定的原則」〔註 5〕。王陽明的良知顯然相當於黑格爾所說的眞實的良心，而形式的良心如果脫離客觀標準則被王陽明歸入「人欲」的範疇。其二，良知是簡單的？還是複雜的？在王陽明看來，良知既是簡單的，又是複雜的。說良知是簡單的，是強調良知人人具有、與生俱來，「是非之心，不慮而知，不學而能，所謂良知也」(《傳習錄・卷中・答聶文蔚》)。說良知是複雜的，是說良知的精微深奧處需要無止盡地反思窮究下去。當弟子聲稱王陽明已把良知的精義說盡了的時候，王陽明說：「何言之易也？再用功半年看如何，又用功一年看如何。工夫愈久，愈覺不同。」(《傳習錄・卷下・陳九川錄》)

王陽明的良知論，對馬克思主義大眾化的啓示是：

其一，化大眾的馬克思主義必須經受大眾良知的檢驗。恩格斯曾說：「宗教、自然觀、社會、國家制度，一切都受到了無情的批判；一切都必須在理性的法庭面前爲自己的存在作辯護或者放棄存在的權利。」〔註 6〕恩格斯雖然說的是法國大革命前該國思想界的狀況，但也揭示了一個普遍的規律：任何學說都必須接受人民的理性的審核。恩格斯等西方學者所說的理性與孟子、王陽明都中國賢哲所說良知不完全相同，因爲良知除了理性的因素還有情感的因素。欲望與情感是人的行爲的不可缺少的動力，馮友蘭說：「理智無力，欲無眼。」〔註 7〕但是王陽明所說良知裏的情感因素絕非放肆的情慾，而是滲透了理性精神的，所謂「存天理，去人欲」是也。所以王陽明所說的良知與西哲所說的理性在根本上是一致的，但因包含了人的情感的因素而顯得更爲

〔註 4〕〔德〕黑格爾：《法哲學原理》〔M〕，范揚，張企泰譯，北京：商務印書館，1982 年，第 143 頁。

〔註 5〕〔德〕黑格爾：《法哲學原理》〔M〕，范揚、張企泰譯，北京：商務印書館，1982 年，第 139 頁。

〔註 6〕《馬克思恩格斯選集：第三卷》〔M〕，北京：人民出版社，1995 年，第 719 頁。

〔註 7〕馮友蘭：《三松堂全集：第四卷》〔M〕，鄭州：河南人民出版社，1986 年，第 518 頁。

合理。

強調馬克思主義必須經受大眾的良知的檢驗也有馬克思主義群眾史觀的根據。馬克思主義認爲人民大眾並非消極的任由幾個英雄人物擺佈的群氓，而是創造歷史的主人，既是物質文明的創造者，也是精神文明的創造者。人民是理性的存在物，任何蔑視人民乃至敵視人民的理論，都會被人民所否定，起碼不會被人民所接受。眞正的馬克思主義者都是尊崇與信賴群眾的良知的。毛澤東說：「群眾是眞正的英雄，而我們自己則往往是幼稚可笑的，不瞭解這一點，就不能得到起碼的知識。」〔註 8〕鄧小平說：「要全心全意爲人民服務，深入群眾傾聽他們的呼聲。」〔註 9〕「絕對不能同群眾相對立。如果哪個黨組織嚴重脫離群眾而不能堅決改正，那就喪失了力量的源泉，就一定要失敗，就會被人民拋棄」〔註 10〕。

強調化大眾的馬克思主義必須經受群眾的良知的檢驗還有一個現實的根據，就是當代人民群眾受教育程度的提高與理智的發達。如果說古代人民由於受教育狀況的落後，很多人處於蒙昧狀態，而當代社會這種情況已達到根本的改觀。在今日的中國，純粹的文盲幾乎絕跡，高等教育也已到了大眾化的時代。受到良好教育的中國人民都不同程度地接受過傳統文化、西方文化與馬克思主義經典理論的教育，也經受了自由、平等、民主等現代理念的洗禮。任何一種理論，大眾認爲有理就會信賴，認爲沒有道理則根本不予理睬。

其二，馬克思主義對大眾的灌輸的合理限度只在於引起大眾良知的共鳴。主張灌輸並非馬克思主義所獨有，儒家也是主張灌輸的，儒家的說法叫「先覺覺後覺」。在王陽明看來，「先覺覺後覺」不過是喚醒大眾本有的良知，絕不是民眾本無良知而是由聖人從外面強行輸入的。「良知在人，隨你如何不能泯滅，雖盜賊亦自知不當爲盜，喚他作賊，他還忸怩。」「只是物欲遮蔽。良心在內，自不會失」（《傳習錄・卷下・陳九川錄》）。而且一個人良知的覺悟，最終只有依賴於主體自身。毛澤東說：「事物發展的根本原因，不是在事物的外部而是在事物的內部……一事物和他事物的互相聯繫和互相影響則是事物發展的第二位的原因。」〔註 11〕在人的良知的最深奧處，外在因素是無

〔註 8〕《毛澤東選集：第三卷》〔M〕，北京：人民出版社，1991 年，第 790 頁。
〔註 9〕《鄧小平文選：第三卷》〔M〕，北京：人民出版社，1993 年，第 146 頁。
〔註 10〕《鄧小平文選：第二卷》〔M〕，北京：人民出版社，1994 年，第 368 頁。
〔註 11〕《毛澤東選集：第一卷》〔M〕，北京：人民出版社，1991 年，第 301 頁。

能爲力的，這就決定了灌輸作用的有限性。一方面，人的意志自由根本上外力強制不了，如荀子所說：「口可劫而使墨雲，形可劫而使詘申，心不可劫而使易意，是之則受，非之則辭。」（《荀子・解蔽》）另一方面，主體自身如果不去覺悟，外力也幫助不了。當有人一再追問良知是什麼時，王陽明說：「此亦須你自家求，我亦無別法可道。」（《傳習錄・卷下・黃省曾錄》）他又曾打比方說：「啞子吃苦瓜，與你說不得，你要知此苦，還須你自吃。」（《傳習錄・卷上・薛侃錄》）如果我們不顧良知的這個根本特點，一味以高壓態勢從外面死灌硬輸，只會引起民眾的反感而事與願違。特別是現代社會強調人與人的平等與自由，居高臨下的灌輸，更易激起大眾的抗拒。王陽明要求弟子只能以平等的身份向民眾傳播其學說，「你們拿一個聖人去與人講學，人見聖人來，都怕走了，如何講得行？須做得個愚夫愚婦，方可與人講學」（《傳習錄・卷下・黃省曾錄》）。

二、化大衆的馬克思主義的重點在於呈現良知的思想而非文本

思想與文本的關係是複雜的。思想離不開文本，一般須以文本爲載體。但文本一旦產生後就是一個獨立的存在，與原初的思想並不是一回事。王陽明時代的一個突出問題是，許多學者斤斤計較於儒家經典文本，而不是探究其思想，朱熹主張仔細研讀聖賢書以「今日格一物，明日格一物」的格物至知說對這一風氣起了推波助瀾的作用，「後世儒者，又只得聖人下一截，分裂失真，流而爲記誦、詞章、功利、訓詁」（《傳習錄・卷上・陸澄錄》），「聖學既遠……於是乎有訓詁之學，而傳之以爲名；有記誦之學，而言之以爲博；有詞章之學，而侈之以爲麗。若是者紛紛籍籍，群起角立於天下，又不知幾家。萬徑千蹊，莫知所適」（《傳習錄・卷中・答顧東橋書》）。正是鑒於這種流弊，王陽明才倡導「致良知」，體會聖人的良知而非注重經句，「使道明於天下，則六經不必述。刪術六經，孔子不得已也。……孔子述六經，懼繁文之亂天下，惟簡之而不得」（《傳習錄・卷上・徐愛錄》）。

馬克思主義在中國傳播過程中這一問題更爲突出。馬克思、恩格斯、列寧等人的經典文本，本來就是基於他國國情、他國文化傳統、用他國語言寫成的。中國人在學習這些經典文本時，或者因爲語言文化等的差異而經常不明所以，或者因爲國情的差異而易於生搬硬套。以陳紹禹爲代表的固守馬列文本的教條主義曾讓中國革命走入絕境，也是社會主義建設屢遭挫折的思想根源。就此而言，陽明心學給我們的啓示是：

其一，學習與解讀任何文本，只能依據大眾的良知。在王陽明看來，聖賢的書也只是聖賢的良知的記載。讀聖賢的書，字句訓詁是必要的，但最根本的是以自己的良知去體會聖賢的良知，「只要解心。心明白，書自然融會」(《傳習錄·卷下·陳九川錄》)。同理，依王陽明的說法，馬克思、恩格斯、列寧的經典文本也只是他們良知的呈現。如果說人類的良知是相通的，中國大眾一定能夠理解他們的文本。鄧小平說：「我們講了一輩子馬克思主義，其實馬克思主義並不玄奧。馬克思主義是很樸實的東西，很樸實的道理。」〔註 12〕

其二，對任何文本的判斷取捨，最終只能依據大眾的良知。這個問題具體又包括以下幾個方面，第一，對權威的判斷取捨。經典作家本身是權威，又有解讀經典作家的權威。權威有很多，而且權威們的意見往往是衝突的。判定哪個權威的意見是可靠的，最終只能依賴於大眾自身的良知。第二，對經典文本思想的判斷取捨。聖賢的話並非句句都是眞理。王陽明有個驚世駭俗的論斷：「學貴得之心，求之於心而非也，雖其言之出於孔子，不敢以爲是也，而況其未及孔子者乎？」(《傳習錄·卷中·答羅整庵少宰書》)同樣，馬恩列寧等經典作家的話也不可能句句是眞理。經典作家的有些思想是針對特定時期的，沒有普遍適用性。恩格斯 1872 年即說 1848 年的《共產黨宣言》「這個綱領現在有些地方已經過時了」〔註 13〕。經典作家的有些判斷本身就不正確。比如馬克思恩格斯認爲社會主義應該消滅商品經濟，但所有社會主義國家的實踐都否定了這個設想。第三，如果因爲語言、文化、國情的差異，中國大眾無法理解外來的文本，只有存而不論。少數人願意去考據訓詁，只是這一小部分人的自由，與大眾無涉。

我們過去常說實踐是檢驗眞理的唯一標準。實踐標準與良知標準並不衝突，實踐檢驗的效果只有在良知中反映出來才會產生檢驗眞理的作用，如果實踐者良知麻木、視而不見、聽而不聞，實踐標準並不湊效。而且實踐標準只對檢驗可以眞假加以判斷的事實命題有效，對於以善惡爲標準加以判斷的價值命題，最終的檢驗標準只能是人們的良知。羅爾斯在比較道德政治判斷與自然科學判斷的差別時說：「我們並不要求一道德判斷或政治判斷具有表明

〔註 12〕《鄧小平文選：第三卷》〔M〕，北京：人民出版社，1993 年，第 382 頁。

〔註 13〕《馬克思恩格斯選集：第三卷》〔M〕，北京：人民出版社，1995 年，第 249 頁。

它們與一種適當的因果過程相聯繫的各種理由……這一解釋在於我們眞誠認可的各種理由。除了探究我們的眞誠和理性之外，還需要什麼更多的東西呢？」〔註 14〕

其三，理論創新的實質在於思想而非文本。理論應當隨著實踐的發展而發展，隨著對實踐經驗的重新反思而發展。但是理論創新的本質在於對客觀眞理的揭示，在於創新者自己良知的呈現，並且有益於大眾良知的激發。如果政治家、思想家只是爲了博取著作家、理論家的頭銜，故意創造一套話語系統，爲文本而文本，內容空洞重複，此乃理論創新者私欲作祟的結果，是對大眾的愚弄。以這樣的理論成果來化大眾，不僅毫無效果，只能讓大眾失去對馬克思主義的信賴。

三、化大衆的馬克思主義須是「在事上磨」的理論

對王陽明「致良知」學說一知半解的人，很容易把陽明心學理解爲空喊道德口號的學說。實際上陽明心學是道德理想與實際事務密切結合的學說。有兩點值得注意，其一，陽明心學屬於儒學的範疇，是與佛家、道家學說相區別相鬥爭的學說。佛家與道家主張出世，要求遠離人倫世務，而儒家則主張入世，要求積極干預人倫事務。王陽明說：「佛氏不著相，其實著了相。吾儒著相，其實不著相。」「佛怕父子累，卻逃了父子；怕君臣累，卻逃了君臣；怕夫婦累，即逃了夫婦。都是爲了個君臣、父子、夫婦著了相，便須逃避。如吾儒有個父子，還他以仁；有個君臣，還他以義；有個夫婦，還他以別。何曾著父子、君臣、夫婦的相？」（《傳習錄・卷下・黃修易錄》）其二，王陽明是成就卓著的政治家與軍事家，其生活經歷決定了他不會空喊道德口號。他在回答顧東橋的指責時說：「區區格、致、誠、正之說，是就學者本心、日用事爲間，體究踐履，實地用功，是多少次第、多少積纍在！正與空虛頓悟之說相反。」（《傳習錄・卷中・答顧東橋書》）他提出道德須在「事上磨」的理論，「人須在事上磨，方立得住」（《傳習錄・卷上陸澄錄》），「人須在事上磨煉做工夫乃有益。若只是靜，遇事便亂，終無長進」（《傳習錄・卷下・陳九川錄》）。當有人提出良知論雖好，可惜自己公務繁忙沒時間修煉良知時，王陽明說：「我何嘗教爾離了簿書訟獄懸空去講學？爾既有官司之事，

〔註 14〕〔美〕羅爾斯：《政治自由主義》〔M〕萬俊人譯，南京：譯林出版社，2006年，第 125 頁。

便從官司的事上爲學，才是眞格物。……簿書訟獄之間，無非實學。若離了事物爲學，卻是著空。」(《傳習錄・卷下・黃以方錄》) 陽明心學就此給我們的啓示是：

其一，化大眾的馬克思主義須是能夠解決大眾現實問題的理論。中國人民需要馬克思主義只是因爲馬克思主義有價值，能夠滿足中國人民解決革命與建設問題的需要。毛澤東說：「馬克思列寧主義和中國革命的關係，就是箭和靶的關係。……有些同志則僅僅把箭拿在手裏搓來搓去連聲贊曰：『好箭！好箭！』卻老是不願意放出去。這樣的人就是古董鑒賞家，幾乎和革命不發生關係。馬克思列寧主義之箭，必須用於去射中國革命之的。」〔註 15〕鄧小平說：「學馬列要精，要管用的。」〔註 16〕如果說毛澤東、鄧小平強調的馬克思主義必須具有安邦治國的大作用，那麼對於尋常百姓來說馬克思主義也必須對於他們日常生活有用，否則爲生計而奔波的人民大眾那有時間與精力來學習此等理論呢。

其二，化大眾的馬克思主義必須能夠規範群眾的生活實踐。王陽明要求良知「須在事上磨」，也就是必須與人的具體實踐相結合。如何去磨呢？王陽明說「良知不滯於見聞，而亦不離於見聞」(《傳習錄・卷中・答歐陽崇一》)。「不離於見聞」是不脫離具體生活實踐，「不滯於見聞」是體現生活的理想性、規範性與應當性。這種理想性與規範性，王陽明的描述是「有個父子，還他以仁；有個君臣，還他以義；有個夫婦，還他以別」(《傳習錄・卷下・黃修易錄》)。儒家所倡導的這一套規範性，有些至今仍然是有效的，如「父慈子孝」之類，有的與宗法制、等級制相關聯，如「君惠臣忠」之類，已失去存在的合理性，應予以批判改造。特別是現代社會的基本結構是市場經濟與民主政治，此與古代社會的自然經濟與君主專制存在巨大的差異，也爲古代儒家聞所未聞。馬克思主義必須提供規範現代社會的理想與規範。如果馬克思主義無以規範，只能讓非馬克思主義乃至反馬克思主義去規範。

其三，化大眾的馬克思主義不能迴避現實生活中的突出問題。每個時代都有該時代所面臨的突出問題。而某些理論的興起都是因爲提供解決這些問題的答案而興起，而某些曾經是主流理論的衰亡正是對這些問題束手無策所

〔註 15〕《毛澤東選集：第三卷》〔M〕，北京：人民出版社，1991 年，第 819～820 頁。

〔註 16〕《鄧小平文選：第三卷》〔M〕，北京：人民出版社，1993 年，第 382 頁。

至。中國近代以來的突出問題是封建文明遇到了現代文明的挑戰，而當時占統治地位的儒家學說對此無能爲力，所以才漸次被資產階級改良理論、資產階級革命理論以及馬克思主義所取代。以毛澤東思想爲具體理論表現的馬克思主義的最終勝出就在於它能夠有效地解決中國近代的發展道路問題。鄧小平理論的崛起則在於它成功地解決了社會主義體制下所產生的經濟困境。就當前來說，一方面生產力水平不高、人民生活不富裕的問題依然存在，另一方面又產生了諸如貧富分化、利益分化、貪污腐敗等突出問題。馬克思主義必須提供解決這些問題的有效方案。「馬克思主義如果迴避人民關注的重大問題，躲避中心話題，那麼，其結果必然是『自我放逐』或『邊緣化』，喪失眞正的話語權和領導權，直至退場。」〔註 17〕

四、化大衆的馬克思主義必須是知行合一的學說

陽明心學的一個重要理論是他的知行合一理論。王陽明認爲知行是密不可分的，「知者行之始，行者知之成。聖學只一個工夫，知行不可分作兩事」（《傳習錄・卷上・陸澄錄》），「知之眞切篤實處即是行，行之明覺精察處即是知。知行工夫，本不可離」（《傳習錄・卷中・答顧東橋書》）。人們之所以提出知行兩個概念，「只爲世間有一種人，懵懵懂懂的任意去做，全不解思惟省察，也只是個冥行妄行，所以必說個知，方才行得是。又有一種人，茫茫蕩蕩懸空去思索，全不肯著實躬行，也只是個揣摸影響，所以說一個行，方才知得眞。此是古人不得已補偏救弊的說話」（《傳習錄・卷上・陸澄錄》）。就是說生活中存在無知的蠻干與不指向行爲的空洞思索，而這些在王陽明看來都不是眞正的知與行。王陽明的知行合一理論有其偏頗之處，他認爲知已經是行了，「我今說個知行合一，正要人曉得一念發動處，便即是行了」（《傳習錄・卷下・黃直錄》），並把學、問、思、辨諸項目一概置於行的範圍（《傳習錄・卷中・答顧東橋書》）「王守仁把『好』或『惡』的意向歸之於『行』，這實際上把人們的行爲動機也當作了行爲本身。儘管行爲離不開動機，所以這種說法是完全錯誤的。」〔註 18〕王陽明的這一觀點在邏輯上犯了概念混淆的錯誤，把指謂純粹思想活動的行爲與指謂依此思想內容的實際行動混爲一

〔註 17〕任平：《出場與差異：對馬克思主義時代化、中國化、大眾化路徑的哲學反思》〔J〕，《江蘇行政學院學報》2010 年第 4 期，第 5～11 頁。

〔註 18〕朱貽庭：《中國傳統倫理思想史》〔M〕，華東師範大學出版社，1989 年，第 435 頁。

談，其後果是不恰當地擴大了行的範圍，給虛僞的「滿口仁義道德」者以可趁之機。但王陽明的知行合一論的積極意義在於：不行之知並非眞知。王陽明經常舉孝的例子來說明行對於知的根本性，「如言學孝者，則必服勞奉養，躬身孝道，然後謂之學。豈徒懸空口耳講說，而遂可以謂之學孝乎？……盡天下之學，無有不行而可以言學者」(《傳習錄・卷中・答顧東橋書》)。王陽明知行論給我們的啓示是：

其一，馬克思主義執政黨在處理與人民群眾的關係方面必須「言必信，行必果」。今日中國馬克思主義最重要的載體，也是馬克思化大眾的最重要主體，是以馬克思主義作爲指導思想的執政黨中國共產黨。執政本身是一種承諾，承諾給予人民充分而合格的社會公共產品。其中最基本的是執政黨必須向大眾提出切實可行的執政目標。切實可行的含義有二，一是此目標是能夠以實踐加以驗證的。模棱兩可的，怎麼解讀都不會錯的行動目標，是不會爲大眾所信賴的。二是執政目標是能夠達到的，而非隨意誇大的，而且大多數事實上最後也兌了現。實事求是是馬克思主義的精髓，馬克思主義政黨在確定其行動目標時尤其要實事求是。執政黨必須給人民大眾以看得見的利益。鄧小平說：「一定要努力幫助群眾解決一切能夠解決的困難。暫時無法解決的困難，要耐心懇切地向群眾解釋清楚。」〔註 19〕不負責任的空口許諾只會喪失群眾的信任。

其二，馬克思主義執政黨的黨員特別是其擔任公職的黨員必須表裏如一、言行一致。執政黨是由一定數量黨員組成的社會團體。執政黨的行爲只能通過其具體的一個個黨員表現出來。黨員在入黨時都會宣誓遵守黨章黨紀的，但實際表現則不盡然。如果執政黨能夠很好地約束自己的黨員，使其令行禁止，爲黨的路線、方針、政策而奮鬥，大眾自然會高度信賴執政黨。如果執政黨的黨員實際行爲表現的是與黨章黨紀相違背的另外一套，就會造成言行不一。當然黨員人數眾多，難免魚龍混雜。對於一個執政黨來說，消除害群之馬，純潔黨的組織，是一個根本的任務。如果有相當數量的黨員奉行的是與黨章黨紀相區別的另一套規則，理性的大眾就會區分出兩套馬克思主義：黨章、黨紀與部分忠誠黨員實行的馬克思主義，另一部分黨員實際奉行的有別於黨章、黨紀的另一套馬克思主義。後者與馬克思主義的性質與宗旨相衝突，但它又是通過執政黨的黨員特別是其掌握國家權力的黨員表現出來

〔註 19〕《鄧小平文選：第二卷》〔M〕，北京：人民出版社，1994 年，第 368 頁。

的，很難與馬克思主義劃清界限〔註 20〕。如果說前一套是執政黨宣佈的顯規則，後一套則是實際發生作用的潛規則。部分民眾出於「理性」的權衡會充分利用潛規則而從中受益，但大部分民眾的利益會因爲潛規則的流行而受損。兩套馬克思主義都會發生化大眾的效果。但後一套馬克思主義化大眾只會從根本上否定了馬克思主義。

綜上所述，陽明心學作爲歷史上曾經化過大眾的一套學說，雖然與今天的世情、時情與國情有許多格格不入之處，部分內容已失去了存在的合理性，但它的良知論、知行說等許多積極內容仍可爲我們正在探索的馬克思大眾化所借鑒。

（本文的主要內容曾發表於《河海大學學報（哲學社會科學版）》2011 年第 3 期）

〔註 20〕惡也是事物本質的體現。舉例說，對毛澤東的評價須三七開，並非其中的七體現了毛澤東的本質，三就不體現毛澤東的本質。

附錄七：道德冷漠的先秦哲學拷問
——以小悅悅案爲解析對象

摘要：道德冷漠在何種意義上是合理的道德批判尺度，不是一個能簡單回答的問題。它取決於對「人——己關係」的合理性的判斷。就先秦哲學來說，墨家以兼愛否定道德冷漠，道家以自然否定道德冷漠，儒家以仁愛否定道德冷漠，但三家的立場不同，理據不同，且相互批評。法家的非道德主義是一種特別的道德觀。仔細分析，先秦諸子的學說在一定條件下、一定程度上都是合理的，但又都存在嚴重的問題。這給我們的啓示是，對於道德冷漠的判斷沒有絕對的終極眞理，而應從不同視角開放地、綜合地、辯證地加以審視。

關鍵詞：道德冷漠；先秦；儒家；道家；墨家

2011 年小悅悅事件中眾多路人的見死不救，引發了國人對於道德冷漠的討論與反省。但是道德問題猶如叔本華所言「鼓吹易，證明難」〔註1〕。而且道德問題上容易出現的偏頗是：責人易，責己難。批評別人振振有詞，大義凜然，一旦輪到自己，難以保證不會成爲不悅悅事件中 18 位見死不救的路人中的一員。因此，道德冷漠在何種程度上才是合理的道德批判尺度，卻並不是一個能夠簡單予以回答的問題。本文擬從先秦哲學的視角對道德冷漠進行一番探究。

〔註1〕叔本華：《倫理學的兩個基本問題》〔M〕，任立、孟慶時譯，北京：商務印書館，2004 年，第 127 頁。

先秦思想是中國文化發展史上的第一個繁盛期，被認爲是中國文化的原點。雅斯貝爾斯把中國先秦時期界定爲他所說的人類軸心時代，並認爲：「人類一直靠軸心期所產生、思考和創造的一切而生存。每一次新的飛躍都回顧這一時期，並被它重燃火焰。」〔註 2〕先秦號稱百家爭鳴，但據梁啓超的看法，「其實卓然自樹壁壘者，儒墨道法四家而已。其餘異軍特起，略可就其偏近之處附庸四家」〔註 3〕。本文側重從特點最鮮明的儒、墨、道三家展開討論，也兼及法家思想。

人們對道德冷漠的理解不盡一致，但通常指稱這樣一種道德現象，即當某一或某部分社會成員陷入或可能陷入災難與痛苦時，其它社會成員對此無動於衷，不積極地施予援手或制止災難。對於此一道德現象善惡之價值判定，依賴於對人與人之間應有的道德關係的判定。本文爲分析的方便，以「人——己關係」爲軸線展開討論，即「自己」與「他人」保持什麼樣的關係才是合理的；由此，當「他人」面臨災難與痛苦時，「自己」作爲積極的、能動的主體應當怎麼辦。對此不同的思想流派的回答可謂天壤之別。

一、墨家兼愛視域下的道德冷漠

墨家的核心思想是「兼愛」，在人與人的關繫上，要求愛人如己。「視人之國，若視其國。視人之家，若視其家。視人之身，若視其身」（《墨子・兼愛中》）。墨家主張兼愛的理據主要是兩點，一是訴諸所謂「天志」。「天必欲人之相愛相利，而不欲人之相惡相賊也。……以其兼而愛之、兼而利之也。……今天下無小大國，皆天之邑也。人無幼長貴賤，皆天之臣也。……兼而有之、兼而食之邪？天苟兼而有食之，夫奚說以不欲人之相愛相利也？」（《墨子・法儀》）二是比較人與人之「不相愛」與「相愛」之社會後果。墨家認爲一切社會災難源於「不相愛」（墨子有時稱爲「別」），一切社會幸福源於「相愛」。「是故諸侯不相愛，則必野戰。家主不相愛，則必相篡。人與人不相愛，則必相賊。君臣不相愛，則不惠忠。父子不相愛，則不慈孝。兄弟不相愛，則不和調。天下之人皆不相愛，強必執弱，富必侮貧，貴必敖賤，詐必欺愚。凡天下禍篡怨恨，其所以起者，以不相愛生也」（《墨子・兼愛中》）。相反，「人與人相愛，則不相賊。君臣相愛，則惠忠。父子相愛，則

〔註 2〕〔德〕卡爾・雅斯貝爾斯：《歷史的起源與目標》〔M〕，魏楚雄、俞新天譯，北京：華夏出版社，1989 年，第 14 頁。

〔註 3〕《梁啓超全集》（第十二卷）〔M〕，北京：北京出版社，1997 年，第 3636 頁。

慈孝。兄弟相愛，則和調。天下之人皆相愛，強不執弱，眾不劫寡，富不侮貧，貴不敖賤，詐不欺愚。凡天下禍篡怨恨，可使毋起者，以相愛生也」（《墨子・兼愛中》）。既然「相愛」與「不相愛」完全決定了社會的治亂，墨家理所當然地倡導兼愛。

墨家不僅如此主張，而且身體力行，「後世之墨者，多以裘褐爲衣，以跂蹻爲服，日夜不休，以自苦爲極」（《莊子・天下》），爲天下人而勤奮勞動，無私奉獻；一旦其它社會成員面臨危難，就會奮不顧身地前去援救。《墨子・公輸》記載了墨子止楚攻宋的事。《淮南子・泰族訓》稱：「墨子服役者百八十人，皆可使赴火蹈刃，死不還踵。」以墨家的主張，面臨小悅悅案件，拒絕道德冷漠、應當前去救援是毫無疑問的。

墨家的境界甚高，在先秦時期即受到廣泛讚譽。孟子說：「墨子兼愛，摩頂放踵利天下，爲之。」（《孟子・盡心上》）莊子也說：「墨子眞天下之好也。」（《莊子・天下》）秦漢後，墨家思想默默無聞，然「墨子在近代中國再一次被重新發現。……連梁啓超在《新民叢報》上也呼喊『楊學（指楊朱爲己）遂亡中國，今欲救亡，厥惟學墨』。當時及以後，從各種不同角度治墨家墨學和服膺墨子者盛極一時」〔註 4〕。其深層的原因在於，近代中國在民族危亡的大背景下，需要一大批「摩頂放踵利天下」乃至「赴火蹈刃，死不還踵」的偉大革命者以救國救民。即便在當今的和平年代，也不能說中國不需要英雄與聖徒。這就是墨家思想永存於世的價值所在。

但是自先秦起，各家就從不同的角度提出了墨家的矛盾與問題。其一，墨家兼愛說的邏輯根據並不可靠。天志說本身是玄虛的，根本算不上證據。反對者可以輕易地以天志證明相反的命題。而墨子的「別——愛」衝突說，實際上是「相害——相愛」的非此既彼邏輯。人與人的相害當然是社會混亂的根源。必須制止人與人之間的相害。故此穆勒說：「對人類的福利來說，禁止人類相互傷害的道德規則最爲至關重要……因爲一個人很可能並不需要別人的恩惠，但卻始終需要別人不傷害自己。」〔註 5〕恩格斯在論述國家的起源時說：「爲了使這些對立面，這些經濟利益互相衝突的階級，不致在無謂的鬥爭中把自己和社會消滅，就需要一種表面上凌駕於社會之上的力量……就是

〔註 4〕李澤厚：《中國古代思想史論》〔M〕，北京：人民出版社，1985 年，第 73 頁。

〔註 5〕〔英〕約翰・穆勒：《功利主義》〔M〕，徐大建譯，上海：上海人民出版社，2008 年，第 61 頁。

國家。」〔註 6〕實際上是說人類必須以國家機構來制止（起碼是緩和）人與人的相害，以保衛社會的存在。但是人與人的不相害，並不必然導致人與人的相愛（「兼愛」）。因爲「人——己關係」最典型的是三種狀態：相害——自愛（與他人無明顯的利益糾葛）——相愛，而人們通常是在「各人自掃門前雪」的「自愛」狀態下生活的。這種「自愛」生活在自然經濟時代是男耕女織、「不相往來」式的自給自足，在商品經濟時代是人與人之間的平等交易。不同時代「自愛」表現形式雖異，但其共同點、根本點在於都不依靠別人的恩惠。墨子顯然忽略了這種最常見的「自愛」生活。總之，墨家兼愛說的根據是不可靠的。

其二，墨家兼愛主張，對人性期許太高，少數人做得到，大多數人是做不到的。這一點莊子說得很清楚：「後世之墨者，必以自苦腓無胈、脛無毛相進而已矣」，「其行難爲也。恐其不可以爲聖人之道，反天下之心。天下不堪。墨子雖獨能任，奈天下何！」（《莊子・天下》）

其三，墨家鼓吹的兼愛人我，有時會導致難以抉擇的道德困境。也就是孟子所說的「墨氏兼愛，是無父也」（《孟子・滕文公下》的問題。朱熹進一步解釋爲：「有一患難，在君親則當先救，在他人則後救之。若君親與他人不分先後，則是待君親猶他人也，便是無父。」（《朱子語類・卷五十五》）假設饑荒時期只有一份飯，自己的父親與鄰人的父親誰吃了就可以活命，兩個人分著吃一個也活不了，如何抉擇呢，墨家提供不了答案。以小悅悅案爲例，假設小悅悅與另一在場者之子同時罹難，只能送一人去醫院搶救，此在場者怎麼辦，墨家會無所適從。

其四，墨家的捨己爲天下，會導致對自己親人的道德冷漠的間接後果。大禹是墨家最推崇的聖人。然禹爲治水「居外十三年，過家門不敢入」（《史記・夏本紀》），「娶于塗山，辛壬癸甲；啓瓜瓜而泣，予弗子，惟荒度土功」（《尚書・益稷》）。大禹對自己的妻兒等親人實際的後果是「道德冷漠」的。

其五，墨家的社會倫理與制度設計必然落腳於平均主義、大鍋飯與大家長制。墨家倡兼愛，但就「人——己關係」來說，自我是確定的，而他人是不確定的，可以說無邊無際。普通社會成員根本無法做到兼愛一切人。兼愛最終只能依賴於一個強大的政府來實行。「墨子可謂我國古代社會主義者」

〔註 6〕《馬克思恩格斯選集：第四卷》〔M〕，北京：人民出版社，1995 年，第 170 頁。

〔註7〕。又由於社會財富的有限性，只能在社會成員之間進行低水平的平均分配。墨子不得已而倡「節用」、「非樂」、「薄葬」等，實際上都與此相關聯。郭沫若批評墨子，「他只是把人民的生活限在極苟簡的階段，一切器用『足以奉給民用則止』，只求他們凍不死，餓不死。」〔註8〕「非樂』不僅在反對音樂，完全在反對藝術，反對文化。」〔註9〕其根源實在此。平均主義、大鍋飯的弊端，在中國計劃經濟時代表現得很明顯，且爲改革開放的實踐所否定，對此毋須多言。墨子要求有一個全能政府，只能鼓吹「尙同」。郭沫若批評其傾向獨裁，「尙同與尊天相應，尙賢與明鬼相應。……尊天既是絕對的神權統治，尙同便是絕對的王權統治。」〔註10〕其根源實在於此。

正因爲墨子的思想有如此眾多的缺憾，才激發了與其完全相反的主張，即道家思想。

二、道家自然視域下的道德冷漠

如果問是否應當救援小悅悅，道家的回答無疑也是肯定的。老子說：「我有三寶，持而保之。一曰慈……」（《道德經·六十七章》）。就是說慈是道家推崇的最重要的德性。老子又說：「聖人常善救人，故無棄人」（《道德經·二十七章》）。說明道家也有其濟世救人的慈悲心腸。如果說道家的核心理念是「自然」，那麼兩歲的小悅悅因車禍而逝去生命顯然是有違自然的，所以應予救援。但是能否得出結論說，道家的思想與鼓吹仁義的儒墨兩家完全一致呢。情況恰恰相反。其一，道家的最大特點是堅決反對儒墨兩家的仁愛主張。一則道家認爲鼓吹仁義是社會秩序失範的標誌與表現。二則鼓吹仁義常常是虛僞的，甚至有其卑鄙的目的。老子說：「失道而后德，失德而後仁，失仁而後義，失義而後禮。夫禮者，忠信之薄，而亂之首。」（《道德經·三十八章》）「大道廢，有仁義」（《道德經·十八章》）。「絕仁棄義，民復孝慈」（《道德經·十九章》）。莊子則明確指出：「愛利出乎仁義，捐仁義者寡，利仁義者眾。夫仁義之行，唯且無誠，且假乎禽貪者器。」（《莊子·徐无鬼》）小悅悅事件後，佛山市民聚集宣誓「不做冷漠佛山人」，這在道家看來是典型的鬧劇，是形式主義的，虛僞的，自欺欺人的。

〔註7〕陳鼓應：《老莊新論》〔M〕，北京：商務印書館，2008年，第84頁。
〔註8〕郭沫若：《十批判書》〔M〕，北京：東方出版社，1996年，第117頁。
〔註9〕郭沫若：《十批判書》〔M〕，北京：東方出版社，1996年，第119頁。
〔註10〕郭沫若：《十批判書》〔M〕，北京：東方出版社，1996年，第112頁。

其二，道家的正面主張是「自然」與「無爲」，追求淡漠的「人——己關係」。老子說，「人法地，地法天，天法道，道法自然」(《道德經・二十五章》)。郭象注「自然」曰：「塊然而自生耳。自生耳，非我生也。我既不能生物，物亦不能生我，則我自然矣。自己而然，則謂之天然。」(《莊子注疏・齊物論》)「自然」就是排除外來的干預，也就是「無爲」。就政治倫理秩序而言，道家認爲沒有政府最好，不得已而產生政府，則應當是管事最少的政府。莊子「反對任何形式的統治，是個『無治主義』者」〔註11〕。「君子不得已而臨蒞天下，莫若無爲」(《莊子・在宥》)。「我無爲，而民自化；我好靜，而民自正；我無事，而民自富」(《道德經・五十七章》)。「太上，下知有之」(《道德經・十七章》)。就社會倫理關係而言，道家要求人民過一種互不相干的自由自在的生活。老子要求「鄰國相望，雞犬之聲相聞，民至老死，不相往來。」(《道德經・八十章》) 後來莊子形象地說成是，「相濡以沫，不如相忘於江湖。」(《莊子・大宗師》) 如果說「人——己關係」上有「相害——自愛——相愛」三種典型狀態，道家顯然主張的是「自愛」。對於時下道德冷漠大討論中的諸多積極的道德主張，道家的回應可能是「沒必要」。但是說「自愛」也不是十分恰當，因爲道家對於自己不是主張「愛」，而是主張冷漠。

其三，道家從其欲望觀與生死觀出發，認爲適度的冷漠於己於人都是必須的。道家要求極大地剋制人的欲望。「五色令人目盲；五音令人耳聾；五味令人口爽；馳騁田獵，令人心發狂；難得之貨，令人行妨。是以聖人爲腹不爲目」(《道德經・十二章》)。林語堂概括爲，「人生但須果腹耳，此外盡屬奢靡」〔註12〕。莊子指出：「其耆欲深者，其天機淺。」(《莊子・大宗師》) 人最大的欲望是好生惡死，而道家認爲生死是非常正常的自然現象，應淡然處之。「死生爲晝夜」(《莊子・至樂》)，「死生，命也，其有夜旦之常，天也」(《莊子・大宗師》)。成玄英疏：「天不能無晝夜，人焉能無死生？故任變隨流，我將於何繫哉！」(《莊子注疏・大宗師》) 是以莊子妻死，莊子鼓盆而歌，認爲「是相與爲春秋冬夏四時行也」(《莊子・至樂》)。莊子甚至表達了這樣的情懷：生與死都是自然對於我們的饋贈，「夫大塊載我以形，勞我以生，佚我以老，息我以死。故善吾生者，乃所以善吾死也」(《莊子・大宗師》)。莊子由

〔註11〕陳鼓應：《老莊新論》〔M〕，北京：商務印書館，2008年，第427頁。

〔註12〕林語堂：《吾國與吾民》〔M〕，西安：陝西師範大學出版社，2002年，第47頁。

此描繪了子輿、子來、子桑等修道者病或死時，其本人與友人的通達態度。如果小悅悅不是車禍身亡，而是疾病死亡，道家可能認爲這是很「自然」的現象，根本不需要救援。

其四，道家崇尚樸素的生活方式，反對文明進步，認爲眾多道德災難是人類追求文明進步的結果。老子要求：「使有什伯人之器而不用……雖有舟輿，無所乘之，雖有甲兵，無所陳之。使民復結繩而用之。」（《道德經．八十章》）莊子批評：「有機械者必有機事，有機事者必有機心。機心存於胸中，則純白不備。」（《莊子．天地》）就小悅悅案來說，道家的可能指責是：爲什麼要發明與使用汽車呢，如果沒有汽車哪來的車禍；爲什麼小悅悅的父母要離開農村去城市打工，否則也不會發生這場災難。

道家的道德主張有許多發人深省之處，特別是對於輿論中常見的、習而不察的道德鼓吹，不失爲一副清醒劑。但道家思想的缺點也是很明顯的。荀子把道家的不足高度概括爲：「莊子蔽於天而不知人。」（《荀子．解蔽》）其一，人的社會性本質決定了人與人之間不可能是互不相干、互不支持的。道家爲反對仁愛而鼓吹動物式的生活，或無政府主義，是偏激的、不恰當的。孔子說：「鳥獸不可與同群！吾非斯人之徒與而誰與？」（《論語．微子》）近代以來，亞當．斯密比較早地發現人與動物的區分，在於人類以分工合作式的勞動來獲取生活必需品。「勞動生產力最大的改進，以及勞動在任何地方運作或應用中所體現的技能、熟練和判斷的大部分，似乎都是勞動分工的結果」〔註13〕。「每一動物仍然不得不獨自分別地維持自己、捍衛自己，絲毫得不到自然賦予它的同夥的那種不同才能的好處。反之，在人中間最不同的才能對彼此都有用處」〔註14〕。馬克思的唯物史觀，則進一步以生產力、生產關係、上層建築的辯證運動來分析社會結構及其演化。以上發現都說明莊子「同與禽獸居，族與萬物並」（《莊子．馬蹄》）的主張，漠視人的社會本性與人的分工合作是不可取的。

其二，人的欲望應予節制，但寡欲之說並不可取。荀子說：「夫人之情，目欲綦色，耳欲綦聲，口欲綦味，鼻欲綦臭，心欲綦佚。——此五綦者，人情之所必不免也。」（《荀子．王霸》）荀子之說更能爲大眾所認可。一味主張

〔註13〕〔英〕亞當斯密：《國富論》〔M〕，楊敬年譯，西安：陝西人民出版社，2001年，第7～8頁。

〔註14〕〔英〕亞當斯密：《國富論》〔M〕，楊敬年譯，西安：陝西人民出版社，2001年，第21頁。

寡欲，可能是愚弄大眾的說辭。當然，荀子從社會治理的角度說，「不足欲則賞不行。……不威則罰不行。賞不行，則賢者不可得而進也；罰不行，則不肖者不可得而退也」（《荀子‧富國》），也是有道理的。

其三，人類的文明進步，特別是科技進步，不可能因道家的指責而止步。人類的文明與文化就是人類不斷離開動物界而趨於自由的過程。科技進步是其中最基本的因素與動力。否定科技進步與生產發展，人類只能倒退至茹毛飲血時代，而這是不可思議的。人類在文明進步過程中，確實如道家所言引發了諸多新的問題，但人類也只能依靠文明的不斷進步，來解決新出現的社會問題與道德問題。

三、儒家仁愛視域下的道德冷漠

儒家的道德觀帶有濃厚的折中色彩。蔡元培先生說：「儒家之言……理論實踐，無在而不用折衷主義……折衷於動機論與功利論……折衷於文質之間……折衷於公德私德之間……折衷於政府人民之間……折衷於人鬼之間者也。其哲學之閎深，不及道家；法理之精覈，不及法家；人類平等之觀念，不及墨家。」〔註 15〕一方面，儒家認為中庸乃最高的德性。孔子說「中庸之為德也，其至矣乎！」（《論語‧雍也》）「過猶不及」（《論語‧先進》）。子思說，「中也者，天下之大本也」，「致中和，天地位焉，萬物育焉」，「極高明而道中庸」（《禮記‧中庸》）。宋儒程顥對中庸之「中」的注解為「不偏之謂中」（《四書集注‧中庸》）。曾子說，「為人君，止於仁；為人臣，止於敬；為人子，止於孝；為人父，止於慈；與國人交，止於信」（《禮記‧大學》）。「止」字說明任何道德義務都有其合理的限度，過頭了都不對。另一方面，儒家的道德觀可視為墨家與道家的折中。孟子認為「楊氏為我，是無君也；墨氏兼愛，是無父也。無父無君，是禽獸也。」（《孟子‧滕文公下》）實際上認為墨家的兼愛是「過」了，而道家的無愛是「不及」，而儒家則取其中間的態度。

就小悅悅事件來說，其一，儒家會以其鮮明的仁愛觀去反對道家的道德無為主義。孔子對仁的規定很多，其中最基本的規定是「愛人」（《論語‧顏淵》），「泛愛眾，而親仁」（《論語‧學而》）。儒家認為任何人都不能脫離社會的群體而單獨存在。除了孔子「鳥獸不可與同群」的經典說明，漢儒鄭玄注

〔註 15〕蔡元培：《中國倫理學史》〔M〕，北京：商務印書館，1999 年，第 30～31 頁。

「仁者，人也」時說：「人也，讀如相人偶之人。」（《禮記正義・中庸》）這種說法雖然在詞源學上不一定是正確的，但對於人的社會本性的理解是正確的。之於孔子以「己所不欲，勿施於人」（《論語・衛靈公》）的「恕」，以及「己欲立而立人，己欲達而達人」（《論語・雍也》）的「忠」來規定仁，既是仁的方法論，也可由此得出人須愛人的結論。

其二，儒家以愛的差序格局來反對墨家的兼愛主張。一則儒家以血緣關係的遠近來規定道德義務的輕重。孔子弟子有子說：「孝悌也者，其爲仁之本與！」（《論語・學而》）子思則說「仁者，人也，親親爲大」（《禮記・中庸》）。《儀禮・喪服》實際上以「斬衰、齊衰、大功、小功、緦麻」等五等喪服制度界定了社會成員的血緣關係的遠近及其對應的全方位的道德義務。就小悅悅案來說，儒家必然認爲其親屬應比其它人負有更多的救援義務。二則以原因力及空間關係的遠近來賦予不同主體的差序義務格局。「禮別異」（《荀子・樂論》），「罪禍有律，莫得輕重威不分」（《荀子・成相》）。就是說造成小悅悅受傷的肇事司機及其雇主負有最大的、最緊迫的救援義務，在場的路人負有次等的救援義務，其它社會成員的救援義務則更次之。

儒家的帶有差愛色彩的仁愛主張，很大程度上避免了墨家與道家的缺陷。儒家思想的重要特點在於折中。折中並不全是壞事。一則折中常常意味著恰到好處，避免了極端。道德的基本要求就在於恰到好處，避免過與不及。亞里士多德認爲，「過度與不及是惡的特點，而適度則是德性的特點」〔註 16〕，也其證也。二則折中常常意味著辯證與綜合，是事物發展的新階段。兼愛——無愛——差愛，可以視爲肯定——否定——否定之否定的發展階段與上升過程。儒家的重要特點在於繼承，在於兼收並蓄。孔孟思想直承上古三代，漢儒與宋儒則很好地借鑒了先秦諸子及印度佛學的思想。儒家的折中性與綜合性，使它很好地適應了時代的變遷與滿足中國人的道德需求。儒學一直是傳統文化的主幹，不是無緣無故的。

但是折中的儒學絕非完美無缺。如蔡元培所說，折中常常導致了不徹底與自相矛盾。特別是它的差愛主張帶來了嚴重的後果。林語堂指出：「一個家族，加以朋友，構成銅牆鐵壁的堡壘。在其內部爲最高的結合體，且彼此互助，對於外界則取冷待的消極抵抗的態度，其結局，由於自然的發展，家族

〔註 16〕亞里士多德：《尼各馬可倫理學》〔M〕，廖申白譯，北京：商務印書館，2003年，第 47 頁。

成爲一座堡壘，在它的外面，一切的一切，都是合法的可掠奪物。」〔註 17〕儒家的差愛主張，間接導致了廣泛的道德冷漠。差愛道德觀並非儒家所獨有，很大程度上是根植於人性的。亞當・斯密曾詳細分析了作爲仁慈對象的個人次序與團體次序，並指出「正是那種最重要的、或者可能是最重要的社會團體，首先和主要成爲我們的慈善對象」，「對自己國家的熱愛常常使我們懷著最壞的猜疑與妒忌心理去看待任何一個鄰國的繁榮與強大」〔註 18〕。但無論如何，差愛所導致的道德冷漠終究產生了嚴重的問題。

順便分析法家對於道德冷漠可能持有的觀點。古代思想家常常以法家思想的「粗陋」而對其不屑一顧。程顥說：「楊墨之害，甚於申韓。……申韓則淺陋易見，故孟子只闢楊墨，爲其惑世之甚也。」（《近思錄・異端》）但以現代眼光來看，法家還是重要的思想流派，林語堂甚至認爲「韓非子實爲那時代最偉大的政治思想家」〔註 19〕。韓非提出「不務德而務法」的主張：「夫聖人之治國，不恃人之爲吾善也，而用其不得爲非也。恃人之爲吾善也，境內不什數；用人不得爲非，一國可使齊。爲治者用眾而舍寡，故不務德而務法。」（《韓非子・顯學》）韓非對道德不屑一顧。但是韓非所說的法治，仍然是一種特別的道德觀。用今天的話來說，法制是一種底線道德。以法制的觀點來看，肇事司機與車主的救援義務是理所當然的。由於商鞅、韓非等人均鼓吹重刑，可能會對肇事者科加極重的責任與懲罰。對於其它的路人，法家從其底線道德觀出發，不主張他們的道德義務。對於類似南京彭宇案中的救人者承擔了不應有的責任，及其引起廣泛的「見死不敢救」的「多米諾效應」，法家一定會從法制的方面來解決這一不合理現象。這對作爲法治社會的當代中國來說，仍然是有重大啓發意義的。一方面，法制必須有其道德根據，否則法制就沒有合理性。「惡法」會把社會秩序與世道人心向壞的方向引導。所有的「惡法」都應盡快修改或廢止。另一方面，最重要、最基本的道德準則，必須以法制來加以規定與保證，才能得以落實。否則道德要求只能止於口頭呼籲，而流於軟弱無力。

〔註 17〕林語堂：《吾國與吾民》〔M〕，西安：陝西師範大學出版社，2002 年，第 166 頁。

〔註 18〕〔英〕亞當・斯密：《道德情操論》〔M〕，蔣自強等譯，北京：商務印書館，1997 年，第 294、296 頁。

〔註 19〕林語堂：《吾國與吾民》〔M〕，西安：陝西師範大學出版社，2002 年，第 164 頁。

我們簡要梳理了先秦諸子，主要是墨家、道家、儒家對於道德冷漠的可能看法。先秦諸子可以說不約而同地拒絕道德冷漠，但卻分別從兼愛、自然、仁愛的道德理念出發，且相互批評。公允地說，各家的道德觀點都有其合理性，或者說在一定時期、一定場合、一定歷史條件下是有其合理性的，但也都有其不足之處。我們不能簡單地說哪家對於道德冷漠的回應是絕對眞理。這給我們的啓示是，對於道德冷漠現象，不能簡單加以判斷，而應放在不同的思想體系中開放地、綜合地、辯證地加以審視。這也許就是老子所言「道可道，非常道。名可名，非常名」(《道德經・第一章》) 的偉大眞理吧。

（本文的主要內容曾發表於《湖南科技學院學報》2014 年第 9 期）